FORTIFICATION PERMANENTE

DES ÉCOLES MILITAIRES

PAR

Le chevalier Maurice BRUNNER

CAPITAINE A L'ÉTAT-MAJOR DU GÉNIE AUTRICHIEN

TRADUIT PAR J. BORNECQUE

CAPITAINE AU 3ᵉ RÉGIMENT DU GÉNIE

Avec un atlas de 16 planches in-folio

PARIS

LIBRAIRIE MILITAIRE DE J. DUMAINE

LIBRAIRE-ÉDITEUR

Rue et Passage Dauphine, 30

1877

GUIDE
POUR L'ENSEIGNEMENT
DE LA
FORTIFICATION PERMANENTE

Paris. — Imprimerie J. DUMAINE, rue Christine, 2.

PUBLICATION DE LA RÉUNION DES OFFICIERS.

GUIDE

POUR L'ENSEIGNEMENT

DE LA

FORTIFICATION PERMANENTE

A L'USAGE

DES ÉCOLES MILITAIRES

PAR

Le chevalier Maurice BRUNNER

CAPITAINE A L'ÉTAT-MAJOR DU GÉNIE AUTRICHIEN.

TRADUIT PAR J. BORNECQUE

CAPITAINE AU 3e RÉGIMENT DU GÉNIE.

Avec 16 planches in-folio.

PARIS

LIBRAIRIE MILITAIRE DE J. DUMAINE,

LIBRAIRE-ÉDITEUR,

Rue et Passage Dauphine, 30

1877

PRÉFACE DE L'AUTEUR.

L'ouvrage que nous publions aujourd'hui a été rédigé en exécution des ordres du ministère de la guerre autrichien, notamment de ceux en date du 8 décembre 1873. Il est destiné à remplacer le *Guide pour l'enseignement de la fortification permanente à l'usage des établissements d'instruction militaires, des écoles de cadets et des volontaires d'un an*, de feu le colonel von Tunkler.

Conformément aux instructions données par le ministère de la défense du pays, il doit aussi servir de guide pour les écoles d'aspirants officiers de landwehr.

Pour entrer dans l'esprit des ordres précités, il était indispensable de renoncer à la méthode historique employée dans l'ouvrage du colonel von Tunkler, car, en vue de faciliter et de simplifier l'enseignement, il fallait commencer par exposer la théorie, basée sur l'emploi des canons rayés et, autant que possible, des mortiers rayés, en s'appuyant en outre sur les règles ou types admis par le comité militaire technique et administratif; enfin, un exposé rapide de l'histoire de la fortification devait terminer le cours. De plus, il y avait lieu de faire usage des mesures métriques et de tenir compte des modifications survenues dans ces dernières années en beaucoup de branches de l'art de la fortification, ainsi que des simplifications impérieusement exigées sous le rapport militaire et financier. Pour toutes ces raisons l'ouvrage était entièrement à refaire.

Les simplifications en question portent principalement sur une diminution de force des éléments passifs en faveur des éléments actifs de la défense et des moyens de conserver ces dernières, puis sur la manière actuelle d'envisager la valeur, soit des ouvrages accessoires, dont la nécessité ne se faisait sentir autrefois que dans les dernières périodes du siége, soit des ouvrages isolés qui ne servent pas *au but principal* de la défense de la place. L'auteur ne peut évidemment pas exposer, dans un traité classique, les systèmes variés qui se sont produits dans cet ordre d'idées, tant que de hautes personnalités ne se les seront pas appropriés, et qu'ils ne seront pas admis généralement comme principes de fortification: avant tout, il devait se borner à tenir compte de ce qui est effectivement mis en pratique. Il a néanmoins fait tout son possible pour ne pas laisser passer les observations et les renseignements qui pourront guider les élèves et servir à former leur jugement, en présence d'opinions diverses.

Par suite de la brièveté qui lui a été imposée dans l'histoire du développement progressif de la fortification, l'auteur n'a pu faire entrer en ligne de compte que les principes et les méthodes ayant une valeur pratique. Ces notions seront suffisantes pour permettre de connaître et d'apprécier les dispositions de la fortification des anciennes places encore existantes, ou de celles dont il est principalement question dans l'histoire militaire. A ce propos, il n'était pas non plus possible de passer sous silence la description de la guerre de siége, en tant que celle-ci a exercé une influence sur le développement de la fortification.

L'auteur a profité aussi de l'occasion pour attirer l'attention sur le développement de la fortification autrichienne, au sujet de laquelle rien n'avait été publié jusqu'à ce jour.

En ce qui concerne les mortiers rayés, les expériences faites sur la justesse et la force de pénétration des bombes cylindro-ogivales ne sont pas assez concluantes pour permettre de juger, dès à présent, les modifications qu'il peut être nécessaire d'apporter dans les dispositions générales et de détail de la fortification permanente. Il y a pourtant lieu de tenir compte, dans la mesure du possible, *d'une* conséquence inévitable, qui est d'imposer une plus grande épaisseur aux constructions à l'épreuve de la bombe.

L'auteur se croit fondé, dès à présent, à attirer l'attention sur quelques leçons d'expérience. Il convient entre autres d'organiser autant que possible le parapet en ligne droite, au lieu de lui donner de l'étendue en profondeur, d'éviter le plus possible les lignes facilement enfilées et d'installer en principe des abris couverts pour les pièces, au moins pour celles destinées au combat rapproché.

Dans le choix et l'ordre des matières, l'auteur s'est inspiré de sa longue expérience comme élève et comme professeur.

Il pose d'abord en principe qu'on ne peut *apprécier* convenablement une arme, et en tirer un bon parti si on ne la connaît pas *suffisamment* ; une instruction *approfondie* est d'autant plus imposée dans cette question, que les officiers des armes tactiques, par suite des exigences considérables de leur service spécial, n'auront plus jamais l'occasion de compléter l'instruction qui pourrait leur manquer à ce sujet. Un autre motif prescrivant sérieusement l'étude de la fortification permanente, c'est que, à l'avenir, les garnisons des places fortes devant être composées en majeure partie d'hommes de la landwehr, les aspirants-officiers et les volontaires d'un an destinés à compléter les cadres des officiers de landwehr ne sauraient par conséquent trop se pénétrer de l'étude dont il s'agit.

Les passages importants sont imprimés en caractères italiques, les questions incidentes ont été mises sous forme de remarques, ou imprimées en caractères plus petits.

Dans les écoles pour les volontaires d'un an des armes tactiques, la 2me partie peut être passée après quelques explications données à ce sujet par le professeur ; dans la 4me partie, il suffit de connaître ce qui concerne le 1er système de Vauban, le système de l'école de Mézières et le système moderne.

Les mots imprimés en grosses lettres pleines tiennent lieu des indications marginales employées jusqu'alors : ils permettent d'embrasser l'ensemble d'un coup d'œil, ils présentent jusqu'à un certain point le canevas des matières et facilitent les recherches et les répétitions.

Les figures ont été dessinées à une plus grande échelle que d'habitude et ombrées, afin d'en faciliter l'intelligence aux élèves peu familiarisés avec ce mode de représentation.

Le présent ouvrage forme un tout avec le *Guide pour l'enseignement de la fortification de campagne* et le *Guide pour l'enseignement de la guerre de siége*, 2e édition, à l'usage des écoles militaires, de cadets et des volontaires d'un an, publiés à Vienne, en 1877, par le même auteur.

Enfin, celui-ci se croit obligé de faire connaître, avec l'expression de sa plus vive reconnaissance, l'appui efficace et bienveillant qu'il a reçu du général-major Ernest Walter von Eckwehr, de l'état-major du génie, qui a bien voulu approuver ce livre, comme déjà il l'avait fait pour la Fortification de campagne.

PRÉFACE DU TRADUCTEUR.

Il n'existe pas, en France, de traité de fortification permanente dans le domaine public. Avant la guerre de 1870, sous le prétexte de ne pas divulguer l'état de nos connaissances sur cette question, on se bornait à faire lithographier, pour les élèves, les cours professés à l'Ecole d'application, ou dans les écoles spéciales. Cette science restait forcément ainsi l'apanage des initiés, c'est-à-dire, en général, des officiers de l'artillerie et du génie. Pour les autres armes, l'enseignement de la fortification permanente n'allait guère au delà d'une nomenclature aride, probablement parce que l'on supposait inutiles pour elles des connaissances plus étendues. D'ailleurs, nous le répétons, les éléments leur faisaient défaut pour étudier la fortification permanente d'une façon plus approfondie.

Depuis 1871, nous croyons qu'on ne fait plus mystère de cette branche de l'instruction, et qu'on en a reconnu l'importance, mais, soit que la tâche ait paru trop ardue, soit pour toute autre cause, aujourd'hui encore, ainsi que nous l'avons dit, on ne trouve pas en librairie de traité français de fortification permanente.

Les puissances étrangères, notamment la Prusse et l'Autriche, sont plus avancées que nous sous ce rapport. La Prusse a publié, en 1873, le résumé du cours de fortification professé à l'Académie militaire de Berlin, par le capitaine des ingénieurs *Reinhold Wagner;* mais ce résumé est plutôt un aide-mémoire qu'un traité raisonné; en tout cas, il suppose des connaissances antérieures et ne peut convenir qu'aux armes techniques.

En Autriche, le capitaine du génie *Maurice Brunner* a fait paraître l'ouvrage dont nous offrons la traduction à nos camarades.

En entreprenant ce travail, nous avons eu pour but de combler la lacune que nous avons signalée, et nous croyons que le *Guide* du capitaine Brunner répond, aussi bien que possible, aux conditions que l'on peut demander à un traité destiné à des commençants, ou aux officiers des armes tactiques qui éprouvent le besoin de conserver ou d'agrandir les connaissances qu'ils possèdent sur la fortification permanente. Tout en étant très-concis, cet ouvrage est aussi clair et aussi complet que possible dans l'état actuel de la question, et des planches nombreuses et bien entendues facilitent l'intelligence du texte, que nous nous sommes efforcé de rendre de notre mieux.

Notre unique désir a été d'être utile à nos camarades, et nous serions heureux d'y avoir réussi.

LA
FORTIFICATION PERMANENTE.

INTRODUCTION

Définition et but de la fortification permanente. — On a expliqué, dans l'ouvrage intitulé *Guide pour l'enseignement de la fortification de campagne*, etc. (Vienne, 1877), la définition et le but de la fortification en général.

La *fortification permanente*, dont il est question dans ce livre, a pour objet de donner aux points d'une importance militaire spéciale et permanente, une force beaucoup plus considérable que celle qu'on pourrait obtenir au moyen de la fortification de campagne.

Ces points sont d'abord ceux dont l'occupation est impérieusement commandée pour la sûreté des premières opérations de guerre de l'armée ou de la flotte nationale, ou qui auraient la même importance pour l'ennemi. Ce sont ensuite les points qui peuvent exercer une influence décisive dans un cas donné, en permettant de soustraire pendant un certain temps, aux attaques de l'ennemi, une partie de l'armée ou de la flotte poursuivie par l'adversaire, et aussi de sortir à n'importe quel moment pour se porter immédiatement à la rencontre de l'ennemi. On réussira ainsi à la fois à maintenir et, pour ainsi dire, à enchaîner l'adversaire en place, et à l'empêcher de se répandre dans le pays pour achever de l'envahir.

L'assaillant ne pourra évidemment pas négliger une partie de l'armée adverse protégée par des fortifications ; mais, pour être à même de poursuivre ses opérations sans entraves, il sera forcé, soit de s'emparer d'abord des fortifications qui couvrent l'ennemi, ce qui nécessitera une grande somme de temps et de ressources, soit au moins de se garantir contre les entreprises de l'adversaire, en laissant en observation des forces supérieures à celles qui lui sont opposées.

Cette supériorité numérique de l'assaillant est indispensable, parce que le défenseur, demeurant libre de sortir de la place en n'importe quel point et à n'importe quel moment, peut accabler son adversaire par des forces très-supérieures, portées dans une seule direction, avant que celui-ci ait eu le temps de rassembler ses forces. Pour ne pas se mettre dans le cas d'être battu en un point quelconque, même partiellement, l'assiégeant doit avoir des forces suffisantes dans toutes les directions ; il est donc forcé de faire entourer de troupes toute la fortification, ce qui l'oblige à occuper un grand développement, et par conséquent à éparpiller ses forces.

Donc, la fortification permet au défenseur sachant tirer parti d'une supériorité partielle, d'être maître d'un ennemi dont le total des forces est *plus considérable,* et d'arrêter les progrès ultérieurs d'un assaillant *peu* supérieur en nombre.

D'un autre côté, la force d'un État et d'un peuple n'est pas toujours épuisée après les premiers efforts faits pour constituer les armées destinées à entrer en campagne. Souvent même ces armées n'ont pu être rassemblées complétement au début des opérations, et leur effectif peut être considérablement augmenté dans le courant de la guerre; il faut donc, en contenant la première armée d'invasion par des fortifications, gagner le temps nécessaire pour terminer la mobilisation et porter la force de l'État à son plus haut degré d'expansion et de valeur.

En admettant même que la fortification n'empêchera qu'*une partie* des forces de l'adversaire de poursuivre ses progrès en l'immobilisant autour d'elle, cette partie devant être plus forte que la garnison de la place, l'armée nationale défensive restera supérieure en nombre à l'armée envahissante, en supposant les deux armées égales au début.

A ce sujet, il y a lieu de remarquer que la garnison des fortifications permanentes peut être composée en partie des troupes les moins solides et même de troupes nouvellement formées. Ces dernières seront suffisantes pour arrêter l'ennemi au début (1).

---

(1) Pendant la guerre de 1870-71, les garnisons des places de Metz, Paris et Strasbourg (plus tard Belfort) ont absorbé à un tel point les forces de l'armée allemande que celle-ci, malgré sa supériorité numérique considérable, n'avait pas trop de troupes solides à opposer aux armées françaises de nouvelle formation.

Les places fortes en question renfermaient (à la fin de septembre), en soldats réellement capables de faire campagne, environ : Paris, 100,000 hommes, Metz, 154,000, et Strasbourg, 11,500, soit en tout : 265,500 hommes, tandis que les Allemands étaient obligés de leur opposer : 235,000 + 230,000 + 60,000, ensemble 525,000 hommes de troupes solides et exercées.

Les armées françaises nouvellement formées atteignirent, à Paris, le chiffre de 180,000 hommes, non compris 370,000 hommes de garde nationale, et en dehors de Paris, le chiffre de 500,000 hommes. Si, malgré cela, l'issue de la guerre n'a pas été favorable aux Français, la cause en

La fortification permanente, pour être à même de remplir parfaitement son rôle, exige plus de temps pour sa construction que la fortification passagère, et aussi des matériaux plus résistants et plus coûteux, surtout à cause de l'emploi de la maçonnerie et du fer.

Ces constructions doivent de plus être mises à l'abri des intempéries et sont, par conséquent, des constructions permanentes.

Certains ouvrages permanents, destinés à protéger des positions pour lesquelles la fortification de campagne ou l'occupation par des troupes seraient insuffisantes, exigent une force active beaucoup moins grande, mais en revanche l'emploi de pièces de forteresse en nombre proportionné à celui des troupes.

Division de la fortification permanente. — Le rôle important qui incombe à ce genre de fortification ne peut être rempli que par un système très-vaste de constructions permanentes, de façon à arrêter l'ennemi dès son entrée dans le pays et à le forcer à entreprendre ses opérations sur les frontières. Ce système peut aussi être reporté plus en arrière, sur les principales lignes de défense (chaînes de montagnes et fleuves importants), ou enfin comprendre les localités les plus considérables au point de vue politique et militaire, dont la possession peut exercer une influence décisive sur l'issue de la guerre.

On distingue des *fortifications continentales* et des *fortifications maritimes*.

---

est, non-seulement dans la supériorité tactique et morale des Allemands, mais principalement dans le manque de troupes servant de noyau pour les armées de nouvelle formation, et dans la situation des places fortes qui ne répondaient, ni sous le rapport de la construction, ni sous le rapport de la mise en état, aux exigences des temps modernes.

Dans le système des *fortifications continentales*, quelques places sont destinées à recevoir momentanément de grands corps d'armée, en vue de leur faciliter l'offensive et la défensive : on les nomme *places d'armes*, *places de manœuvres* ou *camps retranchés*. D'autres places, au contraire, sous la dépendance des premières, ont pour objet d'assurer la liberté de mouvements de l'armée nationale à travers les obstacles naturels sérieux, tout en entravant celle de l'adversaire : dans cette catégorie rentrent *les têtes de ponts*, *les places et les forts d'arrêt*, qui servent à barrer les vallées, les défilés, les routes, les chemins de fer, les fleuves et autres cours d'eau, les ponts, etc.

Pour les camps retranchés, les têtes de pont, et pour les places d'arrêt qui doivent permettre l'offensive en deçà du défilé qu'elles barricadent, il faut, comme pour les ouvrages qui ont le même but dans la fortification de campagne, disposer d'une grande enceinte fermée par quelques petits ouvrages de fortification (*forts*), et inaccessible à l'ennemi. Cette enceinte, destinée au rassemblement et à l'organisation des troupes chargées d'attaquer l'ennemi qui se tient devant la place, doit nécessairement les couvrir, au moins partiellement, contre les projectiles ennemis, lorsqu'il n'est pas possible de les en garantir complétement, comme le sont, dans un camp retranché, l'ensemble des établissements et des approvisionnements (1).

---

(1) Les anciennes places fortes encore existantes, consistant le plus souvent simplement en une enceinte continue sans forts détachés en avant, ne satisfont plus aux conditions les plus indispensables des temps modernes. Aussi elles n'exerceront plus aucune influence sur les grandes guerres comme places d'arrêt, mais elles pourront avoir encore une im-

Dans le système des *fortifications maritimes*, pour remplir le même but, il y a : *les ports de guerre*, qui protégent les flottes, *les fortifications des ports et des rades*, qui empêchent *les flottes* ennemies de se réfugier dans ces ports et ces rades, et les fortifications *des côtes*, qui barrent l'embouchure des principaux fleuves et ferment les canaux entre les îles ou les détroits.

Choix des points à fortifier. — Les endroits où doivent être établies les places fortifiées d'une manière permanente, sont suffisamment indiqués par un examen attentif des considérations stratégiques et politiques pour toutes les éventualités de guerre qui peuvent se présenter, en tenant compte des règles admises pour *la fortification des États*.

Pour ne pas enchaîner, peut-être inutilement, des forces dont on peut avoir si grand besoin en rase campagne, il importe de ne pas donner, au système général de fortifications, ni à chaque place en particulier, un développement dépassant ce qui est strictement indispen-

---

portance considérable en assurant la protection des approvisionnements qui y sont renfermés et en servant de point d'appui à la landsturm. Il y a lieu par conséquent de conserver ces places, que l'on nomme *places de dépôt simples*.

On désigne sous le nom de *castels* les anciennes constructions défensives en forme de donjon, le plus souvent situées sur des hauteurs, qui avaient été bâties pour tenir en respect une ville en général non fortifiée, dont la population était disposée à la révolte.

Les *citadelles* sont des forteresses d'une petite espèce attenant aux places fortifiées, qui avaient également pour but de dominer la ville, mais en même temps de servir de refuge à la garnison en cas de soulèvement sérieux, ou de permettre de continuer la lutte après la perte de l'enceinte principale.

Excepté dans la partie historique, il ne sera plus question dans cet ouvrage des citadelles, des castels, ni même des places de dépôt simples, dont la construction est actuellement supprimée.

sable, tout en faisant complétement abstraction de la question de dépense. Par conséquent, il n'y a lieu de fortifier, d'une manière permanente, que les localités qui sont d'une importance incontestable pour les opérations de guerre, et qui, par leur position (sur de grands fleuves ou de grandes chaînes de montagnes), et par le terrain qu'elles commandent, protégent essentiellement la liberté des mouvements et la défense générale du pays.

D'après cet exposé, *une seule et même* fortification peut être appelée à remplir plusieurs objectifs, en ce sens que l'on peut déposer les approvisionnements et construire les établissements militaires dans les camps retranchés, ce qui dispense d'avoir des *places* simplement *de dépôt.*

Résistance de la fortification permanente. — D'après ce qui vient d'être dit, on ne fortifie d'une manière permanente que les points qui ne perdent leur valeur à aucune période de la guerre. Il en résulte que la durée de la résistance des fortifications permanentes ne doit se terminer que lorsque les ressources militaires du pays sont à peu près épuisées et que, par la continuation de la lutte, il n'est plus possible d'espérer une issue favorable de la guerre, ou tout au moins seulement lorsque le rôle spécial assigné à la fortification est complétement atteint.

La durée de la résistance dépend en première ligne de *la force inerte ou passive de résistance de la fortification par elle-même,* et de celle que lui a départie *la nature* (le terrain), c'est-à-dire du degré de protection acquis et de la force de l'obstacle. Mais elle dépend en second lieu de *la défense,* c'est-à-dire *des forces vivantes, actives,* qui viennent en aide à la force passive. Les causes qui peuvent encore exercer une influence à ce sujet sont : l'approvisionnement en *objets nécessaires à la défense* (armes, munitions), *les vivres* dont on dispose et principalement *l'activité et l'habileté* avec lesquelles le défenseur sait tirer parti des forces actives et augmenter continuellement la force de résistance passive ou, le cas échéant, avec lesquelles il s'entend à réparer, sans perdre de temps, les dommages subis par celle-ci.

Lorsqu'il est possible de remplacer les hommes et les vivres, la durée de la résistance peut être considérée comme sensiblement égale à la durée de la guerre, surtout dans les conditions de durée admissibles pour les guerres actuelles.

Donc, lorsqu'on parlera d'une durée de résistance limitée, on entendra surtout par là, pour chaque place en général, cette durée par rapport : 1° au temps dont l'ennemi peut disposer pour une attaque jusqu'à la fin probable de la guerre ; 2° à la résistance que la fortification peut opposer aux efforts de l'ennemi cherchant à s'emparer de cette place.

Les calculs de temps, établis d'après ces considérations, doivent en principe servir de base à la fixation des munitions, objets et vivres nécessaires.

La force de résistance passive, et celle des éléments actifs coopérant à la défense, se complètent mutuellement à tel point, que la première doit être d'autant plus grande que la dernière est plus faible, et réciproquement.

Comme on l'a dit déjà, la résistance passive se divise en force naturelle et en force artificielle.

La force naturelle réside dans le terrain sur lequel est bâtie la fortification, dans l'emplacement de celle-ci, dans la nature du sol environnant, c'est-à-dire dans l'influence favorable exercée par les uns et par les autres sur la lutte en général, et spécialement sur les travaux de cheminements.

La force de résistance artificielle repose dans l'organisation d'ensemble et de détail de la fortification, par rapport à *la force naturelle* et aux *éléments actifs* qui prennent part à la défense.

Comme *minimum* de la force de résistance passive, on admet en principe que cette force ne puisse être brisée ou paralysée par l'adversaire en un seul combat.

En d'autres termes, il faut que toutes les tentatives faites par l'ennemi, avec les moyens dont on peut disposer en campagne ou même pour les siéges, et ayant pour but de s'emparer de vive de force de la place après une courte résistance, ce que l'on appelle les *attaques brusquées*, soient repoussées complétement et demeurent sans résultat. Par conséquent, si l'assaillant tient à avoir la place en son pouvoir, il sera forcé d'avoir recours à un mode d'attaque qui demande beaucoup de temps et exige un grand déploiement de forces.

Les attaques brusquées sont :

1º *La surprise* (coup de main), lorsque l'adversaire cherche à pénétrer dans la place, par surprise ou par ruse, le plus rapidement possible et à l'improviste.

2º *L'escalade* ou attaque de vive force, lorsque l'ennemi veut se rendre maître de la place par une *attaque ouverte*, sans avoir au préalable complétement détruit tous les moyens de défense, mais surtout les moyens de résistance passive de la fortification (murs d'escarpe et de contrescarpe).

3° *Le bombardement* avec des pièces de fort calibre, qui produit à l'intérieur de la ville fortifiée ou sur les remparts des dommages et des ravages tels, effraie et affaiblit la garnison à tel point que celle-ci ne se trouve plus en état de tirer parti des moyens de défense, souvent considérables, qui restent disponibles pour faire une longue résistance ou pour s'opposer à une escalade, et qu'elle rend la place à l'ennemi ou tout au moins qu'elle lui en abandonne une partie (un fort).

Les espèces d'attaque qui exigent une grande dépense de temps sont :

4° *Le blocus*, amené par *l'investissement complet* de la place fortifiée, et qui a pour conséquence de réduire la ville à ses propres ressources en vivres. Ce moyen exige d'ailleurs des troupes nombreuses, mais dans certaines conditions il conduit plus sûrement au but.

5° *Le siége en règle.* On entend par siége en règle le mode d'attaque au moyen duquel on ne peut se rendre maître de la place qu'après avoir complétement détruit ou surmonté les obstacles qui séparent les deux adversaires et empêchent l'assaillant de combattre le défenseur immédiatement de près. Mais, pour obtenir ce résultat, il faut avoir auparavant complétement anéanti ou sensiblement affaibli les éléments actifs de la défense — bouches à feu, troupes, mines — ou au besoin les avoir paralysés au moyen de couverts que l'assiégeant se procure de proche en proche.

Ces couverts consistent en fossés et en parapets, qui protégent contre les projectiles du défenseur non-seulement *les moyens de combat* dont on dispose (personnel et armement), mais aussi *les communications* à l'aide desquelles on s'approche de la place dans laquelle on veut finir par pénétrer.

Ces communications couvertes se nomment *tranchées*, et l'ensemble des tranchées prend le nom de *cheminements*. Le profil des tranchées a été donné en général dans la fortification de campagne.

L'attaque en règle d'une place comprend donc les opérations suivantes :

a) Le bombardement systématique et continu des ouvrages de la fortification et de leur intérieur, avec des pièces de fort calibre placées dans des abris ou derrière des épaulements — *batteries de siége* — qui les garantissent et permettent le tir ;

b) L'approche progressive de la place au moyen de cheminements, dont le réseau s'étend depuis la distance correspondant à la plus grande portée des canons jusque sur le glacis ;

c) La destruction, par le canon ou par les mines, des murs qui, dans les fortifications permanentes, forment l'obstacle et mettent la place à l'abri de l'escalade, ou bien, si les fossés sont inondés, la construction d'un passage pour traverser le fossé avant de pouvoir monter à l'assaut ; la destruction des dispositions prises pour la défense des fossés ; la construction des descentes de fossés et le passage de ces fossés jusqu'à la brèche, sous la protection de communications couvertes à organiser.

A toutes ces opérations, qui s'exécutent sous le feu ennemi, viennent s'ajouter, à toutes les périodes du siége, les mesures à prendre pour se maintenir sur le terrain conquis et occupé, contre les attaques de la garnison (sorties), et pour défendre les ouvrages enlevés contre les tentatives de reprise de l'adversaire.

Principes de l'organisation technique des fortifications permanentes. — Les conditions auxquelles doit satisfaire toute place fortifiée d'une façon permanente se déduisent de ce qui précède, et sont les suivantes :

1° La place à fortifier doit être mise *à l'abri de l'escalade*, c'est-à-dire entourée d'un obstacle qui rende impossible une *escalade* immédiate au moyen d'échelles ou de ponts mobiles, etc., eu égard à la défense présumée de l'obstacle. La mise à l'abri de l'escalade exige néanmoins qu'il soit pris des précautions contre *les surprises*. Ces précautions consistent à bien garder les portes et à bien surveiller toutes les issues, de manière à empêcher l'ennemi de pénétrer dans la place à l'improviste.

2° Il importe de garantir aussi efficacement que possible les forces actives qui prennent part au combat. Mais il faut abriter complétement et parfaitement contre le *bombardement* les moyens de combat actifs et passifs qui ne prennent pas directement part à la lutte, ainsi que les vivres et les munitions de guerre.

3° Les *approvisionnements en vivres* doivent suffire pour toute la durée de la résistance. Ce principe n'admet d'exception que pour le cas où, par suite d'obstacles naturels et artificiels, ou à cause de l'étendue relativement considérable de la place, *un investissement* complet n'est pas possible. Par conséquent, il n'y a pas moyen alors d'empêcher le ravitaillement.

4° L'organisation donnée à la fortification doit permettre l'utilisation durable et énergique de tous les moyens de défense actifs et passifs, afin que même un *siége régulier*, entrepris avec des ressources supérieures, ne puisse arriver au but qu'après l'épuisement complet de ces ressources et une perte de temps considérable.

L'utilisation des éléments *actifs* suppose :

a. L'emploi commode et sûr des *feux de mousqueterie et d'artillerie*, ainsi que l'existence de *mines*, pour maintenir l'ennemi éloigné, détruire ses travaux de siége et ses batteries et défendre l'obstacle à l'escalade ;

b. Le déploiement rapide, énergique et assuré de la garnison en tout temps, pour le combat en dehors de la fortification (*sorties*).

Pour tirer le parti le plus complet possible des éléments *passifs*, il est indispensable que la destruction de l'obstacle à l'escalade et des dispositions spéciales prises pour assurer sa défense pendant un assaut, ne puisse avoir lieu que comme l'acte suprême du siége et en même temps le plus pénible. Il faut en outre faire en sorte d'adapter le mieux possible le terrain aux emplacements des ouvrages de la fortification.

Degrés de la résistance passive. — Nous venons de voir qu'une organisation bien entendue de la fortification augmente sensiblement les difficultés des progrès de la marche du siége en règle décrite plus haut. On arrive encore à prolonger la résistance en renforçant l'obstacle opposé à l'assaillant, ce qui en rend la prise plus difficile, en augmentant le nombre des obstacles, ce qui oblige l'ennemi à une plus grande dépense de temps et de moyens, enfin en organisant mieux les abris, ce qui diminue le nombre des troupes exposées et par conséquent les pertes. On peut donc, en partant d'un minimum, parler de *degrés dans la valeur de la fortification*. Le maximum de la force de résistance passive consistera dans l'impossibilité d'attaquer la place, principalement au moyen d'un siége en règle, en raison des obstacles insurmontables qui l'entourent, tels que des marais et des surfaces d'eau d'une certaine étendue, etc.

D'après cela, on peut augmenter considérablement la valeur de la fortification lorsque, outre l'*enceinte principale* (corps de place), satisfaisant d'ailleurs à toutes les conditions voulues, on établit encore d'autres ouvrages formant avec le premier un système tel que l'assiégeant, pour arriver à pénétrer dans l'intérieur de la place, soit obligé de les enlever tous successivement, tandis qu'ils se prêtent un mutuel appui. Les ouvrages placés en avant du corps de place, lequel représente jusqu'à un certain point la résistance minimum, sont des *ouvrages extérieurs*, tandis que ceux placés en arrière du corps de place (à l'intérieur) prennent le nom d'*ouvrages intérieurs*.

Les ouvrages extérieurs se divisent à leur tour : 1° *en dehors*, qui sont en liaison immédiate avec le corps de place, dont ils sont très-rapprochés ; 2° en *ouvrages avancés*, pour ceux qui ne sont pas dans ce cas, mais qui ne sont en relation entre eux que par l'appui réciproque qu'ils se prêtent.

Toutefois, les ouvrages auxiliaires n'ont pas toujours simplement pour but de renforcer la résistance, mais ils doivent satisfaire en outre à un objectif particulier, comme par exemple battre une partie de terrain non vue par le corps de place, etc. Sans la réalisation de cet objectif, la fortification pourrait être très-défectueuse et ne correspondrait pas au minimum de force exigé. De pareils ouvrages font alors partie intégrante, essentielle de la fortification, c'est-à-dire qu'ils sont indispensables.

La valeur que peut acquérir la fortification est encore poussée plus loin dans le sens actif, lorsque le terrain des attaques rapprochées, principalement le glacis et même les ouvrages de la place, sont minés de manière à pouvoir faire sauter ou détruire les travaux de siége après qu'ils sont terminés. Ce fait a pour conséquence de forcer l'assiégeant à rechercher et à démolir les mines existantes, au moyen d'une guerre souterraine qui prend un temps considérable.

Les ouvrages auxiliaires, les mines et les cours d'eau employés pour augmenter la force de l'obstacle, peuvent, par conséquent, être considérés comme un *accroissement* de la valeur de la fortification.

La force de résistance passive des fortifications permanentes en général, et des diverses parties de la fortification en particulier, est par conséquent en corrélation avec *la durée de la résistance* que l'on a en vue (*la force de résistance passive naturelle*), ainsi qu'avec la force et la coopération des *éléments de la défense active*.

L'importance tactique des différents ouvrages de la place, leur position plus ou moins exposée et la possibilité d'être soutenus par les parties de la fortification en arrière, exercent aussi une influence décisive sur la valeur de la fortification.

Ces facteurs imposent divers degrés dans l'organisation de la fortification des places permanentes, et, pour simplifier le discours, on en a désigné d'une manière spéciale quelques-uns, qui sont reconnaissables à des indices caractéristiques.

On distingue, par exemple : *les fortifications demi-permanentes* et les fortifications demi-permanentes et permanentes construites dans *le style provisoire*.

On nomme *demi-permanents* les ouvrages qui, tout en n'ayant pas précisément le même degré de force que les fortifications permanentes, sont pourtant mis à l'abri de l'escalade dès le temps de paix; mais qui, pour des raisons d'économie ou autres, ne sont complétés qu'au moment de la guerre, particulièrement en ce qui concerne les abris à l'épreuve et les autres détails qui constituent *la mise en état de défense*.

Les fortifications permanentes établies dans *le genre provisoire* sont également construites en temps de paix *dans leurs parties principales, surtout en ce qui concerne les travaux de terrassement,* mais le profil et l'organisation du rempart sont semblables à ceux des fortifications provisoires que l'on exécute seulement au moment d'une guerre. Comme maçonneries, on ne construit que les casemates ou abris les plus importants, que l'on ne pourrait, en temps de guerre, établir en temps utile ou avec la solidité nécessaire eu égard à leur importance particulière, comme par exemple les magasins de munitions, les poternes, les coffres, qui doivent être établis dès le temps de paix. Tout le reste (organisation d'abris couverts et augmentation des obstacles constituant la mise à l'abri de l'escalade) est réservé pour le cas de guerre.

Les fortifications provisoires proprement dites sont celles qui sont destinées à remplacer dans la mesure du possible les diverses espèces de fortifications permanentes, mais dont la construction est réservée entièrement pour le cas de guerre, et qui d'après cela portent en elle-même le caractère d'un besoin passager. Leurs parties principales, c'est-à-dire le tracé, le rempart et l'organisation du rempart, sont exécutées complétement *d'après les règles* de la fortification permanente, mais *avec les moyens* de la fortification de campagne. Toutefois, dans ce cas, il faut pouvoir compter sur des circonstances qui permettent de consacrer à leur construction effective au moins six semaines, pour arriver à mettre les ouvrages en état de défense, et huit semaines pour les achever entièrement.

On peut employer aussi, comme soutiens des fortifications permanentes ou provisoires, des retranchements de campagne établis de manière à pouvoir résister aux pièces de siége.

Mais l'augmentation de la force de résistance par les moyens inertes suppose aussi une coopération correspondante des forces vives, puisque évidemment les places fortes, comme moyens passifs, n'atteignent leur valeur que par la *défense active*. Cette valeur est notablement accrue par *l'activité* soutenue du défenseur, par *son intelligence et ses qualités militaires* (1).

---

(1) C'est ainsi qu'en 1761, la forteresse de Schweidnitz fut enlevée en une nuit aux Prussiens par les Autrichiens commandés par Laudon, tandis que ces derniers défendirent cette place pendant 62 jours contre le même adversaire, et seule l'explosion du magasin à poudre de l'ouvrage assiégé vint mettre une fin prématurée à la lutte.
Le faible ouvrage de campagne Arab Tabia, devant Silistrie, fut défendu en 1854 par les Turcs contre les Russes, qui furent obligés de l'attaquer par un siége en règle, le bombardèrent des semaines entières avec des pièces de siége et en firent sauter une partie par la mine, tandis que pendant la guerre franco-allemande de 1870-71, nombre de places françaises, dont la fortification de quelques-unes avait une sérieuse valeur, se rendirent au bout de peu de temps, même après quelques jours.

En admettant que l'on ait à sa disposition, dans toutes les circonstances, des défenseurs possédant les qualités qui viennent d'être énoncées, les propriétés exigées pour la résistance passive peuvent être considérablement diminuées, ainsi que l'enseigne l'histoire militaire. *Seulement, l'art de la fortification doit toujours tenir compte des facteurs défavorables, parce que les places fortes, comme éléments défensifs, n'arrivent le plus souvent à rendre les services qu'on en attend que dans le cours d'une guerre malheureuse, et alors leur défense est confiée à des troupes complétement ou partiellement novices et peu solides, qui en outre sont très-souvent sous l'impression morale immédiate des désastres subis.*

Conditions que doivent remplir les parties intégrantes des fortifications permanentes. — Le but auquel doit satisfaire un ensemble d'ouvrages de fortification permanente exige les conditions suivantes.

1° *Pour les places offensives :*

a) La fortification doit renfermer des emplacements dans lesquels l'ennemi ne puisse pénétrer, pour servir aux rassemblements et aux déploiements des corps d'armée (flottes) qui s'y trouvent ;

b) Elle doit faciliter essentiellement les attaques dirigées contre l'ennemi qui entoure la place, protéger le retour dans celle-ci et procurer un abri assuré contre les poursuites de l'adversaire ;

c) Il est nécessaire d'organiser une seconde ligne intérieure de défense, qui ne puisse pas être attaquée en même temps que la ceinture des forts ; cette seconde ligne doit empêcher l'ennemi, après la perte d'un fort, d'entreprendre immédiatement la lutte avec les troupes de la défense placées à l'intérieur, et permettre à celles-ci de continuer la résistance ; enfin il faut placer les munitions de guerre dans des endroits où elles ne risquent pas de tomber au pouvoir de l'assiégeant ;

d) Dans les camps retranchés et les ports de guerre, il y a lieu de garantir complétement contre un bombardement effectué avec des pièces de siége l'emplacement des troupes, le mouillage de la flotte, les approvisionnements et les établissements militaires ;

e) Les ponts couverts par les têtes de pont et les défilés barricadés par les ouvrages d'arrêt doivent être soustraits au bombardement effectif le plus violent.

2° *Pour les places défensives*, il faut :

Se maintenir pendant le temps nécessaire en possession de la position occupée ; il faut, en outre, empêcher que les communications interceptées par les places d'arrêt soient forcées ou tournées à une distance trop rapprochée.

Les parties principales indispensables sont par conséquent :

Pour les places offensives : une ceinture ou un cordon d'ouvrages (forts) détachés, puis une seconde ligne de défense, qui consiste d'ailleurs le plus souvent dans une enceinte renfermée dans cette première ceinture dont elle forme *le noyau*.

Pour les places défensives, servant simplement à occuper les localités dans un but spécial, quelques ouvrages de grande ou de petite étendue ; par exception, un seul ouvrage peut au besoin suffire.

La ceinture des ouvrages possède la propriété d'*enfermer sûrement une position*, lorsque les ouvrages isolés (forts) sont distants l'un de l'autre au plus de la portée efficace des canons, de manière à rendre impossible une irruption dans la ceinture par les intervalles ouverts. *La sécurité des camps retranchés et des ponts est assurée,* lorsqu'ils sont situés à une distance telle des ouvrages qui les protégent, qu'il devient impossible à l'assiégeant de les bombarder efficacement.

La configuration *du sol* peut en outre rendre indispensable :

A. *Des ouvrages en avant de la ligne des forts* (ligne de ceinture) :

a) pour faciliter l'offensive (*ouvrages avancés offensifs*), ou

b) pour occuper près de ces forts des points qui permettent en général d'assurer la possession complète du terrain en avant, ou

c) pour assurer à la défense, par la possession de ces points, un avantage marqué sur l'adversaire.

On appelle *forts de manœuvres* les ouvrages placés en avant de la ceinture, le plus souvent hors de la portée efficace des feux des ouvrages de cette dernière, ouvrages dont ils sont d'ailleurs très-indépendants. Ces forts ont pour objet de s'opposer à ce que l'ennemi prenne possession d'une partie de terrain pouvant faire échouer l'offensive du défenseur.

B. *Des ouvrages en avant des forts de ceinture isolés,* pour achever de bien battre le terrain, spécialement en avant ou sur les côtés d'un ouvrage de ceinture.

C. *Des ouvrages en avant du noyau,* ayant à remplir le même but que ceux en avant de la ligne de ceinture dans les cas *b* et *c*, et dans certaines conditions pour le cas *a* aussi.

La distance des ouvrages de la ceinture (forts) entre eux et le noyau, ainsi que celle des ouvrages avancés aux ouvrages principaux, dépend aussi en partie *du terrain*.

D'autres causes exercent également une grande influence sur la répartition des parties essentielles de la fortification. Ce sont : les obstacles à la liberté des mouvements présentés par le terrain et créant une séparation entre l'adversaire, *le degré de viabilité et les couverts du sol*, qui rendent une certaine partie du terrain particulièrement favorable à l'offensive (*champs offensifs*) ou qui la font paraître défavorable (*champs défensifs*), ou qui excluent la possibilité d'un siége.

Degré de la force à donner à la fortification des ouvrages isolés. — On pourra déduire de ce qui suit jusqu'à quel point les indications précédentes sur les degrés de la force à donner à la fortification, en partant du minimum, doivent entrer en ligne de compte dans les parties essentielles isolées d'une place forte ;

Des deux parties principales de toute grande fortification, la ceinture des forts et le noyau, la ceinture est de beaucoup la plus importante et c'est aussi celle qui est la première exposée aux attaques, tandis qu'au contraire le noyau n'entre en action qu'en manière de soutien et beaucoup plus tard, ce qui dans certains cas permet d'en achever la construction. Pour la ceinture des forts, l'appui que prêtent les ouvrages voisins à l'ouvrage attaqué est beaucoup moindre, le nombre de pièces pouvant agir contre un point déterminé de la campagne est plus petit, tandis que l'assiégeant au contraire est à même de déployer contre des ouvrages isolés la supériorité écrasante que procure une position enveloppante.

Ces considérations seules suffisent déjà pour motiver une plus grande valeur de la fortification en faveur des ouvrages de la ceinture en général.

Les ouvrages avancés de la ligne de ceinture, mais surtout les forts de manœuvre, qui sont très-exposés aux attaques ennemies, exigent le plus haut degré de force de résistance passive. Au contraire, les ouvrages placés en arrière de la ligne de ceinture, qui n'entrent en action que comme soutiens, peuvent être tenus plus faibles, et par conséquent construits dans le genre de la fortification provisoire.

On peut en général déduire comme principe de ce qui précède, que *la force à donner aux ouvrages doit croître en allant vers l'extérieur.*

Les ouvrages avancés du noyau, les ouvrages extérieurs et intérieurs peuvent comporter un degré de force moindre que le corps de place, auquel appartient l'action décisive. D'ailleurs, les ouvrages extérieurs peuvent être soutenus par le corps de place, mais les ouvrages intérieurs, dans le cas d'une issue défavorable de la défense, doivent simplement permettre une dernière résistance, en général très-courte.

D'après *la situation* relative des ouvrages, et par rapport *au terrain environnant*, il y a lieu également de distinguer plusieurs degrés bien marqués dans la force qu'il convient de donner à la fortification.

Il suffit évidemment à l'assiégeant de pénétrer dans l'intérieur de la place par *un seul endroit*, et par conséquent, il n'y a lieu pour lui de détruire la continuité de l'obstacle, de combattre les moyens de défense, et d'exécuter des cheminements que pour arriver à ce point. Or, pour obtenir ce résultat, il n'est pas nécessaire de surveiller rigoureusement les autres parties de la place que l'on ne peut inquiéter. La mise en état de défense nécessaire pour une résistance énergique, et qui comprend l'organisation des détails, la construction des mines et d'ouvrages auxiliaires, ne doit donc être effectuée que pour les ouvrages et les lignes de la fortification (*fronts*) certainement ou vraisemblablement exposés à une attaque en règle, — *les fronts d'attaque*. — Les parties en arrière, ou bien les ouvrages et les fronts qui en général ne peuvent pas être attaqués méthodiquement (par des cheminements), comporteront simplement le minimum de la force à donner à la fortification.

Abstraction faite du cas où le genre de fortification provisoire paraît suffisant pour certains ouvrages qui n'ont besoin que d'un faible degré de résistance passive, les principes fondamentaux exigent que l'on réserve, pour le temps de guerre, l'exécution de toutes les parties des ouvrages et des établissements servant à la défense, qui peut être différée jusque-là sans danger pour leur solidité et leur achèvement en temps opportun. Par suite, on construit ces ouvrages en fortification provisoire ou même simplement en fortification de campagne. Mais s'il est indispensable de remplacer par des créations provisoires les constructions permanentes qui devraient exister, il faut, à cause de l'insuffisance de l'obstacle à l'escalade et du nombre des abris blindés, augmenter en conséquence les éléments actifs de la défense, aussi bien sous le rapport de la quantité que sous celui de la qualité, quoique, malgré tout, il ne soit jamais possible de suppléer parfaitement aux causes de faiblesse citées plus haut.

L'histoire a souvent démontré que, dans les fortifications provisoires, la durée de la dernière période de résistance du siége est sensiblement diminuée par les défectuosités que présente à ce moment l'obstacle à opposer aux moyens d'escalade.

Seules, des conditions exceptionnelles et des nécessités impérieuses peuvent par conséquent justifier la construction, dans le genre provisoire, de places ou d'ouvrages qui exigent une organisation permanente (1).

Mise en état de défense. — Outre son achèvement au moyen de constructions du genre passager ou provisoire, toute place fortifiée doit être armée, en temps de guerre, de manière à pouvoir soutenir un combat d'artillerie, et être mise dans un certain état de défense nécessitant

---

(1) Les fortifications de Sébastopol, construites presque exclusivement dans le genre provisoire sous le feu de l'assiégeant, furent emportées d'assaut en 1855, après une brillante défense qui dura près d'un an, et bien avant encore que l'assiégeant fût arrivé au glacis, où il aurait eu à subir les lenteurs d'une guerre de mines toute préparée, et à exécuter les autres travaux meurtriers encore indispensables comme dans le cas de fortifications permanentes, tandis que, de l'aveu même du *général Niel*, qui dirigea le siège, il eût été impossible de prendre la place, si elle avait été fortifiée d'après le système permanent.

Le fort provisoire Wagner à Charleston fut, en 1863, abandonné par les défenseurs, seulement lorsque l'assiégeant eut poussé ses cheminements jusqu'au pied du glacis.

Les fortifications provisoires des Danois à Düppel furent prises d'assaut par les Prussiens en 1864, bien que les tranchées les plus rapprochées fussent encore au moins à 150 pas des ouvrages.

L'ouvrage d'Arab Tabia, mentionné à la page 17, et les fortifications du Hagelberg à Dantzig, en 1813, font au contraire exception.

divers préparatifs, dont l'exécution prend le nom de *mise en état de défense.*

Les places frontières doivent se trouver, déjà en temps de paix, dans un état de défense qui exclue la possibilité d'une surprise ou d'une escalade.

PREMIÈRE PARTIE

ÉLÉMENTS DE LA FORTIFICATION PERMANENTE.

Cette partie renferme les règles concernant l'organisation *de détail* de la fortification permanente, d'après les principes exposés dans l'Introduction.

Nous donnerons d'abord les *règles générales* :

1° Pour l'enceinte simple fortifiée d'une position, avec le minimum de résistance passive correspondant à un but déterminé ;

2° Pour une enceinte fortifiée qui exige un accroissement de résistance comportant, pour la renforcer, des moyens tels qu'ouvrages auxiliaires, système de mines (dispositif d'une défense souterraine) et manœuvres d'eau.

Puis viendront les *règles spéciales*, qui diffèrent sensiblement des précédentes, en ce qui concerne l'organisation des fortifications :

a) Sur les côtes de la mer, et

b) En pays de montagnes élevées.

Les fortifications *demi-permanentes* et *provisoires*, ayant à remplir le même but que les permanentes, doivent aussi être organisées d'après les mêmes principes ; elles n'en diffèrent que par la force de résistance passive et les moyens de construction. Par conséquent, il ne sera question de ces fortifications que brièvement et en même temps que des constructions permanentes. Pour le reste, il y aura lieu de se reporter aux figures établies en conséquence, et qui serviront, en conciliant les principes développés avec les ressources dont on dispose, à indiquer, en général, comment il est possible de remplacer la maçonnerie, d'un emploi peu pratique alors, par des constructions en bois que l'on fait supporter par des rails de chemin de fer et les fers de diverses sortes que l'on trouve dans le commerce.

Au contraire,

c) Pour les *fortifications provisoires* à exécuter seulement *en cas de guerre*, les règles indispensables, pour une période de construction restreinte, seront développées d'une manière particulière.

Les ouvrages de fortification passagère employés à côté de ceux de fortification permanente seront exécutés d'après les règles de la fortification de campagne, mais en tenant compte, dans l'épaisseur du parapet et la construction des abris blindés, du bombardement qui sera effectué avec des pièces de siége. De plus, le rempart sera organisé pour recevoir les pièces de forteresse qui devront y être placées, par suite, de manière à se rapprocher le plus possible des constructions provisoires.

RÈGLES GÉNÉRALES POUR L'ORGANISATION DES ENCEINTES SIMPLES.

Le rempart et ses annexes (Pl. I, fig. 1).

Le rempart doit commander la campagne éloignée, principalement par son feu d'artillerie, augmenter la difficulté de l'établissement de l'ennemi devant la place et rendre impossibles les approches à découvert (ouvertes) qu'il voudrait tenter contre elle.

Le rempart et *le parapet* doivent en outre protéger l'intérieur de la fortification contre les vues et le bombardement direct, et de plus le parapet doit garantir des projectiles ennemis les pièces et les défenseurs placés sur le rempart.

A. — LE PROFIL.

Le profil du rempart est semblable, dans ses parties principales, à celui qui a été donné dans la fortification de campagne ; on se bornera à indiquer ici les différences qui peuvent exister dans les dimensions.

Epaisseur du parapet. — Le parapet doit avoir une épaisseur suffisante pour résister au feu de longue durée des pièces de siége qui seront employées contre lui (1).

A ce sujet, il y a lieu de tenir compte tout particuliè-

---

(1) Les pièces les plus lourdes qui aient été employées dans les temps modernes pour les siéges des places fortes sont des canons frettés de 15 c. du système prussien (poids du canon 3050 kil.) et des mortiers rayés se chargeant par la culasse, de construction autrichienne. Pour le moment, on ne songe pas à faire usage de calibre plus forts, à cause des difficultés insurmontables que leur poids considérable opposerait à leur transport dans les tranchées.

rement de l'effet souterrain des projectiles creux, qui labourent le parapet et diminuent progressivement son épaisseur par les entonnoirs qu'ils produisent (1).

D'après les données de l'expérience, il suffit, dans des terres moyennes, d'une épaisseur de parapet de 7^m à 8^m.

<small>On n'admettra des épaisseurs plus grandes que pour des lignes peu étendues et très-exposées.

Une épaisseur de 6^m suffit aussi pour les lignes qui n'ont pas à craindre un tir à démonter réglé.

Pour arriver à percer d'outre en outre un parapet, même de peu d'épaisseur, c'est-à-dire pour y pratiquer un trou ayant environ 1^m de diamètre, il faut faire une très-grande consommation de munitions et, par suite, l'assiégeant n'entreprendra cette opération que dans des cas particuliers.</small>

Relief des crêtes intérieures. — On donne à la crête intérieure un relief suffisant au-dessus du terrain naturel, pour couvrir convenablement l'intérieur (même contre les feux indirects rasants, dans les parties les plus rapprochées du rempart), pour procurer des vues étendues sur la campagne et dans les plis de terrain, et enfin pour arriver à battre le glacis par des feux rasants.

<small>(1) Le projectile creux du canon long de 15^{cm} se chargeant par la culasse pénètre de 3^{m}75 dans des terres moyennes bien tassées, à 300^m de distance; de 4^{m}71 dans l'argile nouvellement remuée, à 750^m de distance; de 3^{m}45 dans le sable, à 1050^m de distance.

Lorsque le parapet est déjà fort bouleversé par le tir, la pénétration des projectiles est presque double.

L'entonnoir produit par un de ces projectiles a jusqu'à 2 mètres de diamètre.

Pour les mortiers rayés de 21^{cm} se chargeant par la culasse, la pénétration verticale dans un terrain caillouteux solide va jusqu'à 2^m, dans la même terre non tassée jusqu'à 3^m, le diamètre de l'entonnoir variant de 2 à 3^m.

Dans l'argile et la marne pure, la pénétration est double, par conséquent cette espèce de terre ne doit pas entrer dans la construction des parapets.</small>

En terrain horizontal on admet en général un relief de 6ᵐ à 8ᵐ.

Le relief de 4ᵐ peut être considéré comme un minimum pour les parties peu importantes de l'enceinte; un relief de 10ᵐ peut, au contraire, devenir nécessaire quand le défilement l'exige, ou quand il s'agit de commander certains ouvrages de la place ou certaines parties de terrain qu'on ne pourrait voir sans cela, enfin quand il y a lieu d'organiser de grandes constructions creuses (casemates) sous le rempart.

Souvent encore, un tel relief est indispensable pour couvrir les bâtiments construits derrière le rempart.

Pour des raisons d'économie, on fait en sorte de déterminer le profil du parapet, du rempart et du glacis, de manière à disposer pour leur construction strictement de la quantité de terre que peut fournir le fossé exécuté d'après les dimensions absolument indispensables.

Inclinaison de la plongée. — Cette inclinaison doit satisfaire à la condition de battre le glacis par des feux rasants; elle comporte en moyenne 12 %, c'est-à-dire 0ᵐ,12 par mètre (1/8), au plus 15 % (0ᵐ,15 par mètre), proportion qui correspond à la plus grande inclinaison des pièces montées sur des affûts de place (1/6) (1).

Pour rendre plus difficile l'écrêtement du parapet, il y a lieu de tenir toujours la plongée *aussi peu inclinée* que possible.

Le talus extérieur doit toujours être en terre et n'être pas tenu plus roide que 1/1 (à terre coulante).

Pour de grands reliefs, où la hauteur du talus extérieur est de plus de 5 à 6ᵐ, on admet comme base les 5/4 de la hauteur (5/4) ou

---

(1) A l'aide d'un procédé particulier, la plus grande inclinaison possible pour du canon de 15ᶜᵐ modèle 1864, comporte 16° (1/4); avec des affûts de dépression, on peut obtenir une inclinaison de 26° (1/2), mais on ne fait usage qu'exceptionnellement de ces engins spéciaux.

bien l'on organise, surtout lorsque les terres sont mauvaises, pour chaque hauteur de 3 mètres une *berme* de 0ᵐ,50 à 1ᵐ de largeur, que l'on plante de broussailles plates et pénétrantes. Pour éviter la production d'entonnoirs profonds et le glissement des terres délitées, de même que pour rendre plus difficile le renversement du parapet après une brèche pratiquée dans le mur d'escarpe, on plante sur le talus extérieur et l'escarpe des buissons et des haies ayant de profondes racines.

Le talus intérieur est tenu en temps de paix à 1/1, ou revêtu en terre à 3/2, mais en temps de guerre il est recoupé à 4/1.

La hauteur du parapet doit être telle que ce dernier commande le terre-plein au moins de 2ᵐ 50 et au plus de 3ᵐ,25, pour abriter convenablement les pièces et les défenseurs qui se trouvent sur le rempart.

Il convient de donner au terre-plein une inclinaison d'environ 3 % vers l'intérieur, pour permettre l'écoulement des eaux pluviales.

La largeur du terre-plein, mesurée à partir de la crête intérieure, comporte au moins 10ᵐ,50, pour qu'il soit possible d'amener commodément sur les châssis correspondants les pièces de forteresse qui doivent être employées avec des affûts de place.

Les traverses établies sur le rempart exigent souvent aussi une plus grande largeur de terre-plein, surtout quand les lignes peuvent être battues dans le sens de leur longueur (enfilées) et que les communications doivent tourner autour des traverses extraordinairement longues dans ce cas.

Le talus de rempart est tenu à 1/1, quand le rempart n'est pas casematé.

Le terre-plein bas. — Après le talus de rempart, à 1ᵐ,50 ou 2ᵐ au-dessous de l'emplacement des pièces, on organise un terre-plein bas, qui a pour objet de mieux protéger contre les projectiles ennemis les personnes qui y circulent, mais surtout de faciliter les communications entre les différentes pièces, dans les cas de grands reliefs.

<small>Ce terre-plein a une largeur de 4^m (au moins 2^m,50 dans les endroits les plus étroits).</small>

Les hommes qui circulent sur le terre-plein bas doivent être couverts, même contre les feux plongeants à 1/6, (Voir fig. 1).

B. — TRACÉ.

Le tracé du parapet et du rempart, c'est-à-dire le tracé de la ligne des crêtes intérieures, doit satisfaire aux conditions exigées pour battre convenablement la campagne dans le sens horizontal.

La ligne des crêtes, dans ses différentes parties, doit être dirigée le plus possible en ligne droite et perpendiculairement aux principales directions de son propre tir ou du tir ennemi, et en même temps suivre les sinuosités du terrain (se plier au terrain). Toutes les lignes, ou au moins les lignes principales, doivent être soustraites (*défilées horizontalement*) à l'action des coups arrivant dans le sens de leur longueur (enfilade) pour tout le terrain que l'ennemi peut occuper, de manière que leur prolongement ne vienne pas rencontrer ces parties de terrain.

La ligne des crêtes (le rempart) n'a pas besoin de suivre toujours la direction de l'escarpe, mais de distance en distance elle peut aussi prendre une autre direction (*rempart détaché*).

C. — ORGANISATION DU REMPART.

Son objet. Par *organisation du rempart*, on entend les constructions et les dispositions prises en vue de permettre l'emploi le plus avantageux de l'artillerie et de l'infanterie, tout en protégeant le mieux possible les troupes, l'armement et les munitions contre les projectiles ennemis.

La supériorité de l'artillerie de la place sur celle de l'attaque, ainsi que l'installation la plus avantageuse de l'artillerie et de l'infanterie sur le terre-plein, dépendent avant tout d'une organisation bien entendue du rempart ; celle-ci est par conséquent de la plus extrême importance. Il y a donc lieu d'attacher une très-grande valeur à une bonne organisation du rempart, car la durée de la résistance de la place est en relation directe avec la perfection qui est apportée à cette organisation beaucoup plus qu'avec tous les autres moyens employés pour augmenter la valeur de la fortification.

1. *Dispositions pour le placement et l'emploi des pièces sur le rempart et pour mieux les protéger pendant le feu.*

Espèces de pièces employées. Les pièces ci-après désignées peuvent, d'une manière logique, être placées sur le rempart :

a). Les canons longs rayés de 12^{cm} et de 15^{cm} se chargeant par la culasse, modèle 1861.

Ces canons reposent soit sur des affûts de place avec roues en bois sur des châssis ordinaires et double poutrelle de frottement, soit sur des affûts de batterie élevés, et, dans certains cas aussi, sur des affûts de place avec roues en fer sur des châssis ordinaires avec simple poutrelle de frottement.

b) Les canons lourds de 15^{cm} *à obus*, sur des affûts de batterie élevés, pour renforcer le tir à mitraille du rempart, pour le tir de plein fouet et pour éclairer la campagne éloignée.

c) Les canons courts de 15^{cm} *se chargeant par la culasse*, du parc du siége, peuvent également être placés sur le rempart avec des affûts de place, mais surtout avec des affûts de batterie élevés.

d) Les canons de campagne de 10^{cm} sur des affûts élevés, *les canons légers de* 15^{cm} *à obus*, sur des affûts de place, comme pièces mobiles pour renforcer rapidement le feu d'artillerie des points menacés; on emploie également ces dernières et des mitrailleuses pour le flanquement des fossés par le rempart.

e) Les mortiers à obus de 15^{cm}, *les mortiers lisses à bombes de* 24^{cm} *et de* 30^{cm}, *les mortiers de* 17^{cm} *et de* 21^{cm} *se chargeant par la culasse et les mortiers de côtes de* 30^{cm} (1).

Choix des affûts. Les affûts de place présentent l'avantage de pouvoir être manœuvrés facilement pendant le feu, de permettre une grande hauteur de genouillère et un grand angle de tir horizontal. Les affûts de batterie élevés offrent en revanche l'avantage d'une grande mo-

---

(1) Outre ces pièces d'un emploi normal, il existe encore en service diverses pièces de construction ancienne, qui sont indiquées dans la II⁰ partie, chap. 15, du *Manuel de l'artillerie autrichienne*.

bilité, et ils permettent ainsi une mise en batterie rapide et en outre le déplacement immédiat des pièces.

La hauteur de genouillère et l'espace minimum nécessaire pour l'emplacement des pièces mentionnées sont indiqués dans le tableau ci-après (1) :

---

(1) On a intercalé ce tableau pour permettre de comparer d'un seul coup d'œil les différentes espèces de bouches à feu et d'affûts entre elles. Des données plus étendues à ce sujet, entre autres l'emploi des pièces avec d'autres modèles d'affûts qui ne sont plus employés normalement ou d'anciens modèles de pièces, sont contenues dans le chap. 15, IIe partie, du *Manuel de l'artillerie autrichienne*.

A. — CANONS.	CANONS				
	de 10cm de campagne.	de 12cm	longs de 15cm.	courts de 15cm.	lourds à obus de 15cm.
Hauteur de genouillère.					
Affûts de place sur châssis ordinaires avec double poutrelle de frottement :					
a) avec l'axe du canon horizontal.	»	1,90	1,90	»	1,85
b) avec une dépression de 10°...	»	1,64	1,60	»	1,66
c) avec une élévation de 10°....	»	2,06	2,06	»	2,01
Affûts de place avec roues en fer sur châssis ordinaires avec simple poutrelle de frottement :					
a) avec l'axe du canon horizontal.	»	1,55	1,55	»	1,55
b) avec une dépression de 10°...	»	1,29	1,23	»	1,36
c) avec une élévation de 10°....	»	1,69	1,69	»	1,69
Affûts de batterie élevés :					
a) avec l'axe du canon horizontal.	1,70	1,70	1,70	1,65	1,65
b) avec une dépression de 10°...	1,54	1,42	1,40	1,44	1,45
c) avec une élévation de 10°....	1,80	1,85	1,84	1,80	1,80
Largeur minima de l'emplacement des pièces.					
Affûts de place :					
pour un angle de conversion de 23° de chaque côté........	»	5,00	5,00	»	»
pour un angle de conversion de 60° de chaque côté (1)......	»	8,20	8,20	»	»
Affûts de batterie élevés :					
pour un angle de conversion de 18° de chaque côté.........	2,80	4,40	4,40	4,40	4,40
Profondeur minima de l'emplacement des pièces.					
A partir de la magistrale :					
pour l'emploi d'affûts de place (2).	»	6,60	6,60	»	6,60
pour l'emploi d'affûts de batterie élevés (3).............	5,70	7,60	7,60	7,60	7,60

(1) Cette largeur permet de placer l'une à côté de l'autre, sur des plates-formes ordinaires, deux pièces montées sur des affûts de batterie élevés.
(2) En tenant compte de la facilité avec laquelle les pièces sont montées sur les châssis, la largeur de terre-plein, à partir de la crête intérieure, ne doit pas être de moins de 10m50.
(3) En même temps la largeur nécessaire pour le terre-plein.

B. — Mitrailleuses.

Montées sur affûts de campagne, les mitrailleuses ont

besoin d'une hauteur de genouillère de 1 mètre lorsque leur axe est horizontal et de 0^m,86 avec 10° de dépression ; la largeur de l'emplacement est de 2^m,80 et la profondeur de 5^m.70 ; l'angle de flanquement est de 7° 30′ au moyen de l'appareil de dispersion et de 18° de chaque côté au moyen de la conversion de la crosse d'avant-train.

C. — MORTIERS.	ESPACE POUR L'EMPLACEMENT	
	en largeur.	en profondeur.
Mortiers lisses à obus....................	3,80	7,00
Mortiers de côtes et mortiers se chargeant par la culasse { avec une petite conversion.....	3,80	7.60
{ avec une grande conversion....	7,60	
Le mortier à obus de 15^{cm} trouve place sur tous les terre-pleins.		

Pour se servir des canons, il faut des plates-formes (barbettes) et des embrasures.

On emploie toujours **des plates-formes** pour les pièces qui doivent faire feu par-dessus la plongée, c'est-à-dire *tirer à barbette*. On en fait aussi usage, *pour les pièces tirant à embrasure*, lorsque la profondeur de l'embrasure et la hauteur de genouillère sont moindres que la hauteur du parapet au-dessus du terre-plein.

On emploie aussi le tir à barbette pour les pièces qui doivent avoir un grand angle de tir, mais qui ne sont pas exposées au tir à démonter de l'ennemi, ainsi que pour les pièces ambulantes qui ont pour mission de se porter rapidement au secours des lignes menacées.

Les pièces avec affûts à éclipse (non adoptés encore en Autriche) tirent toujours à barbette. Les affûts à éclipse sont ceux qui, après le tir, ramènent d'eux-mêmes les canons dans une fosse profonde placée au-dessous des crêtes intérieures. Pour cette espèce d'affûts, la hauteur du parapet comporte de 3^m à 4^m.

Les embrasures (pl. I, fig. 2 *bis*, 11, 12, 13, 14) sont *plates*, c'est-à-dire entaillées dans le parapet de $0^m,75$ au plus en hauteur, *ou profondes*, lorsqu'elles sont entaillées sur une hauteur qui va jusqu'à $1^m,25$.

On emploie les embrasures plates principalement sur les faces qui ne sont exposées qu'aux feux de plein fouet, les embrasures profondes sur les faces qui sont exposées aux feux d'écharpe ou d'enfilade, ainsi que sur les flancs pour lesquels les pièces n'ont pas indispensablement besoin d'un champ de tir très-étendu.

La profondeur de l'embrasure, pour une hauteur donnée du parapet, dépend aussi de la hauteur de genouillère exigée par les pièces placées derrière celui-ci, en tenant compte des affûts et de l'espèce d'emplacement sous les angles déterminés de dépression ou d'élévation.

Les ouvertures intérieure et extérieure des embrasures se déduisent de l'angle de tir que l'on a en vue.

L'ouverture intérieure est au minimum de $0^m,64$ pour un angle de tir de 18° de chaque côté de l'axe, de $1^m,90$, 3^m et 5^m en moyenne pour des angles de tir de 60°, 90° et 120°. L'ouverture extérieure, à 4^m du bord intérieur de l'embrasure, est de $3^m,30$, $6^m,50$, 11^m et 18^m, pour les quatre angles de tir ci-dessus.

Les joues et le fond de l'embrasure doivent être distants de l'axe du canon du diamètre simple de la tranche du canon, même avec le plus grand degré de conversion et au besoin avec une dépression de la pièce.

Pour plus de détails, il y a lieu de se reporter aux manuels d'artillerie.

Il convient toujours de masquer les embrasures qui

pourraient faciliter le pointage de l'ennemi; le meilleur moyen pour cela, avec des embrasures étroites, consiste dans l'emploi d'un masque en cordages, qui sert à garantir en même temps contre les éclats et les projectiles d'infanterie.

Pour des embrasures très-larges, le blindage se fait à l'aide de légers branchages, que l'on plante dans le fond de l'embrasure près de l'ouverture intérieure.

Les joues des embrasures plates sont revêtues en terre à 45°; celles des embrasures profondes sont, en cas de guerre, revêtues en gabions sur le tiers de leur longueur.

Pour les pièces destinées à battre le glacis, on donne au fond des embrasures l'inclinaison nécessaire à cet effet; pour celles que l'on réserve pour le combat éloigné, sans être en principe destinées aussi à repousser une surprise ou à protéger contre une escalade, on considère comme indispensable d'obtenir un angle d'élévation aussi petit que possible. Cet angle va donc en s'élevant vers l'extérieur, ce qui assure aux pièces un meilleur couvert.

Une pièce tirant à embrasure est naturellement d'autant mieux garantie que l'ouverture de l'embrasure est plus petite, que l'inclinaison du fond est moindre et que la hauteur de genouillère est plus grande. Pour obtenir un meilleur couvert en le conciliant avec le but que l'on se propose, il faut déterminer spécialement ces facteurs pour chaque pièce d'après les données particulières. Les fig. 2 et 4, pl. I, montrent combien le couvert croît en importance quand la dépression diminue, au besoin en tirant avec l'axe du canon horizontal ou surélevé.

Pour les pièces auxquelles il n'est pas assigné un but éloigné exigeant une grande élévation, on ne laissera pas en général élever le fond de l'embrasure au delà de ce qu'exige une distance de tir d'environ 750^m, parce qu'il est encore possible, à cette distance de la place, d'exécuter à l'improviste les travaux de siége auxquels les canons du rempart doivent s'opposer immédiatement, tandis que plus près ces travaux seraient à peu près impossibles.

Si donc le bord extérieur du fond de l'embrasure coïncide avec la crête extérieure du parapet, comme dans les fig. 11 et 12, ou s'il vient couper la plongée, l'embrasure peut n'être pas facilement remarquée par l'ennemi, ce qui augmentera les difficultés du pointage. Cette circonstance permet aussi de disposer les projectiles tout près de l'embrasure et de coopérer plus efficacement à repousser une attaque ouverte.

Lorsqu'une pièce faisant feu par une embrasure élevée, doit tirer sur un but plus rapproché que ne comporte l'inclinaison de l'embrasure, on est obligé d'entailler le fond de celle-ci en conséquence pour obtenir la dépression et la direction voulues.

Cette étroite entaille peut aussi être pratiquée dès le début, quand les pièces destinées principalement au combat éloigné doivent en même temps servir à repousser une attaque de vive force.

La figure 3 de la pl. I représente une embrasure pour mortier dans un parapet ayant de $2^m,50$ à $3^m,50$ de hauteur.

La hauteur de genouillère est de 2^m pour les élévations de 30° à 45° avec les mortiers lisses de côtes et les mortiers de 17^{cm} rayés se chargeant par la culasse ; elle est de $2^m,25$ pour les mortiers rayés de 24^{cm} se chargeant par la culasse.

Suivant que les joues des embrasures ne sont pas revêtues ou sont revêtues en gabions, l'ouverture intérieure est de $1^m,30$ ou $1^m,28$ pour les petits mouvements latéraux, quelle que soit l'espèce de mortiers, et de $2^m,50$ ou $2^m,36$ pour les grands mouvements.

L'ouverture extérieure est de $3^m,80$ pour les grands écarts latéraux et de $2^m,60$ pour les petits.

Bonnettes. Pl. I, fig. 4, 8, 11 et 12. Pour mieux couvrir les pièces tirant à barbette ou à travers des embrasures plates, on peut établir, sur un côté ou sur les deux côtés des bouches à feu, des bonnettes sur le parapet, mais de manière à ne pas nuire, dans le premier cas, à la faculté de conversion et à pouvoir au besoin être rapidement supprimées.

La hauteur de ces bonnettes ne doit pas dépasser 1^m,25. Leur plongée est inclinée soit uniquement en allant vers la crête extérieure (pl. I, fig. 11), soit de manière à rejoindre la crête du glacis.

L'épaisseur de la plongée des bonnettes peut être réduite à 3^m; le talus extérieur de cette bonnette vient alors se couper avec la crête extérieure du parapet (fig. 8).

Traverses. — *a*) Sur les remparts qui ne sont exposés qu'aux *feux directs*, les traverses ont pour objet de limiter l'action des éclats de bombes et des projectiles creux.

En conséquence, elles consistent simplement en un rang de grands gabions remplis de terre, que l'on couronne avec des fascines, et que l'on recouvre ensuite de terre. Elles ne débordent pas la ligne de feu.

b) Lorsqu'on a à craindre aussi *des feux d'écharpe*, on dispose deux rangs de gabions (fig. 6), avec un massif de terre entre les deux dans certains cas (fig. 8), ou bien l'on donne de plus fortes dimensions à toutes les traverses, ou au moins à chaque deuxième ou à chaque troisième traverse (pl. I, fig. 5, 7, 9, 10 et 11).

Les talus en terre de ces traverses sont laissés en temps de paix à l'inclinaison naturelle des terres, 1/1, mais en temps de guerre ils sont recoupés à 2/1 pour gagner de la place, et l'on se borne à revêtir en gabions la partie inférieure des talus pour les rendre plus raides.

Les traverses ont dans ce cas 4^m,40 d'épaisseur à la plongée, et ne commandent celle-ci que de 1^m,25. Elles rejoignent complètement, ou au moins presque, la crête extérieure.

La fig. 11 représente la disposition donnée à deux bonnettes accolées pour masquer une traverse située entre deux embrasures, de manière que l'ennemi ne puisse pas reconnaître l'existence de cette traverse.

La fig. 12 donne la vue extérieure de la fig. 11 (côté tourné contre l'ennemi).

La fig. 13 permet de comparer cette organisation avec celle où le fond de l'embrasure, s'inclinant extérieurement, est dirigé vers la crête du glacis, en même temps que les bonnettes sont supprimées.

La fig. 14 donne la perspective isométrique des emplacements des pièces et des traverses vues de l'intérieur.

c) Les traverses, qui ont pour but de garantir contre *les feux d'enfilade* (pl. II, fig. 15 à 19), ont de 5 mètres à $6^m,40$ d'épaisseur à la plongée, et commandent la crête intérieure de $1^m,25$ à 2 mètres.

Le talus tourné du côté de l'ennemi est incliné à 45°, le talus opposé est tenu aussi raide que possible jusqu'à environ $0^m,75$ au-dessous de la crête intérieure. Il est, par conséquent, revêtu en maçonnerie ou avec de grands gabions, afin de pouvoir placer les pièces à garantir le plus près possible de la ligne couvrante, et de défiler ces pièces par des traverses, au moins des projectiles ennemis qui viennent tomber sous un angle de chute d'environ 20° à 30° (pl. I, fig. 16 A, profil).

Avec les canons courts de 15^{cm} se chargeant par la culasse, en employant des projectiles ayant deux fois et demie la longueur du calibre et une charge de poudre de $0^k,700$, on n'atteint l'angle de chute de 30° qu'à une distance de plus de $1,800^m$, celui de 20° seulement à $1,400^m$. Dans le premier cas, l'écart en hauteur (sur un plan vertical) est de $50^m,44$ et de $20^m,10$ dans le second. Autrement dit, pour obtenir que 50 0/0 des coups portent, il faudrait un but de $12^m,60$ ou de $6^m,70$ de hauteur, suivant le cas. Dans les conditions données plus haut, la surface pouvant être atteinte ne dépasse pas $0^m,60$, en comptant comme ayant porté les projectiles qui viennent raser la crête de la traverse ou l'écrêter de $0^m,60$. D'ailleurs, comme en campagne il est très-difficile de corriger son tir, les chances d'atteinte diminuent encore considérablement, de sorte qu'une pièce paraît suffisamment garantie quand elle est couverte contre les projectiles qui tombent à 25°, bien que les canons dont il a été question puissent atteindre un angle de chute de 33°15′. (Distance, $2,000^m$: hauteur du but pour 50 0/0, $17^m,66$, écart complet en hauteur, 68^m ; en largeur, 9^m.)

Suivant que le canon est placé sur un affût de batterie élevé ou sur un affût de place, le milieu de ce canon se trouve à 2^m,20 ou 2^m,50 du pied du parement de la traverse.

La hauteur de l'axe du tourillon, pour le canon de 0^m,15, modèle 1861, se chargeant par la culasse, est :

Pour les affûts de place avec roues en bois, de . . 2^m,10
Pour les affûts de place avec roues en fer et châssis ordinaires, de . . . . 1^m,76
Pour les affûts de batterie élevés, de. . . . . . . 1^m,90

Pour déterminer la hauteur du point le plus élevé du canon, il faut ajouter encore 0^m,237 à ces dimensions.

On voit, par conséquent, qu'on obtient le meilleur couvert pour une pièce placée à côté d'une traverse d'enfilade, en faisant usage d'affûts de place avec roues en fer.

La longueur minima des traverses est en général égale à la profondeur nécessaire pour l'emplacement des pièces qui sont placées sur le terre-plein.

Lorsque les traverses, comme c'est presque toujours le cas pour les traverses d'enfilade, doivent aussi protéger contre les coups arrivant obliquement à revers, ou qu'elles doivent couvrir toute la largeur du terre-plein et même quelquefois encore une communication au pied de celui-ci, il y a lieu de déterminer la longueur de ces traverses, de manière à satisfaire aux conditions qui viennent d'être énoncées.

Lorsqu'on a à craindre des feux d'écharpe, on fait déborder les traverses au delà de la crête intérieure jusqu'à la crête extérieure, ainsi que le montrent les fig. 9 et 10 de la pl. I.

Sinon, pour ne pas entraver les communications sur le parapet et la construction de nouvelles embrasures, on arrête ces traverses à 2^m,50 de la crête extérieure.

La plongée des traverses est ou horizontale ou inclinée vers l'extérieur (fig. 16).

La distance minima entre deux traverses, dont les pieds sont tournés l'un vers l'autre, est égale à la largeur de l'emplacement des pièces. Cette largeur est d'ailleurs déterminée en tenant compte de la facilité de conversion des pièces et de la protection éventuelle à leur procurer contre les feux d'écharpe et d'enfilade.

On admet habituellement une largeur de 8^m,20 pour les lignes qui ne sont exposées qu'aux feux de plein fouet, parce que cette largeur permet non-seulement la plus grande conversion des affûts de place (120°), mais au besoin aussi le placement de deux pièces avec faculté limitée de conversion (36°). Pour les lignes enfilées ou exposées à un feu d'écharpe très-vif, il y a lieu de défiler chaque pièce par une traverse.

d) Contre les feux de revers, on dispose des parados (pl. II, fig. 19) aussi rapprochés que possible de la crête à couvrir et parallèles à cette crête.

La plus petite distance du pied du parados à la crête intérieure correspond à la profondeur minima de l'emplacement des pièces.

La crête du parados doit couvrir les bouches à feu même contre les coups tombant sous un angle de chute de 1/4 à 1/6. Par suite, il convient d'employer autant que possible des affûts de place avec roues en fer.

Le talus du parados faisant face à la pièce doit être revêtu en maçonnerie, lorsqu'il ne peut être atteint par les projectiles.

Lorsqu'un front est destiné à ne faire usage de son feu qu'en deuxième ligne et n'est, par conséquent, exposé et occupé que dans le cas d'une attaque de vive force, la protection contre les feux de revers se borne le plus souvent à l'organisation sur le terre-plein d'une communication garantie par un parados.

Les pièces à employer dans ce cas sont en général de calibre léger (1), et placées sur des affûts de batterie élevés. Elles se trouvent d'habitude en un refuge assuré près du parados ou dans un emplacement de pièces couvert au-dessous de celui-ci, d'où elles ne sont conduites sur le parapet qu'au moment du besoin.

Il sera question plus tard des traverses creuses et surtout des constructions creuses à disposer dans les traverses.

Les **batteries couvertes** (*bedeckte geschutzstände*) sont destinées aux pièces qui ont à remplir un but d'une importance particulière et auxquelles on veut assurer une action de longue durée, de manière à mieux les couvrir surtout contre les feux verticaux.

C'est particulièrement le cas pour les lignes enfilées, dominées ou exposées aux feux de revers, lorsqu'il n'est pas possible de les défiler suffisamment des feux indirects par les traverses.

Sur les lignes enfilées, l'économie d'espace obtenue en organisant plusieurs rangées de ces batteries couvertes à côté les unes des autres fera préférer cette organisation à l'emploi d'un rempart muni des traverses ordinaires.

Il existe des batteries couvertes pour les canons et d'autres pour les mortiers ; celles qui sont construites en maçonnerie (*casemates*) sont aussi appelées casemates de rempart lorsqu'elles sont établies sur le rempart.

Casemates de rempart (pl. II, fig. 20, 21, 22). Les parois latérales des casemates de rempart sont en maçonnerie, et les faces qui sont directement exposées au

---

(1) Les obusiers de campagne de 10^{cm} et les obusiers lourds de 15^{cm}, ces derniers principalement lorsque, pour la défense de la gorge, outre les feux à mitraille, il faut tenir compte du jet et de l'éclairage.

feu ennemi sont protégées par une couche de terre de 4 à 5 mètres d'épaisseur.

La couverture est à *l'épreuve de la bombe*, c'est-à-dire qu'elle consiste en une voûte solide en plein cintre, d'un mètre d'épaisseur (fig. 20), ou mieux en supports en fer de $0^m,25$ à $0^m,30$ de hauteur (fig. 21), dont les joints sont garnis de ciment.

Dans les deux cas, pour être à l'abri des bombes pointues, on dispose sur la couverture une couche de béton, puis par-dessus celle-ci, une couche de terre de $2^m,50$ d'épaisseur.

On manque à ce sujet de données suffisantes, que des expériences concluantes seules peuvent procurer.

S'il n'était pas possible d'obtenir cette épaisseur de terre de $2^m,50$, il faudrait interposer dans le milieu du massif un lit de pavés de $0^m,30$ (1), pour que la fusée de retardement des bombes pointues produise l'explosion du projectile avant que celui-ci rencontre la voûte, ou bien il y aurait lieu de remplacer en pareil cas la terre qui manque par une surépaisseur correspondante de la couche de béton.

La longueur, la largeur et la hauteur des casemates de rempart correspondent aux plus petites dimensions de l'emplacement nécessaire pour les pièces à couvrir.

Les casemates de rempart sont adossées immédiatement au parapet.

Le mur de tête de ces casemates est revêtu de plaques

---

(1) Dans les expériences de tir du Steinfeld, une voûte en briques nouvellement construite, ayant 1^m d'épaisseur, recouverte d'une couche de terre argileuse de $1^m,90$, fut complétement traversée par une bombe pointue de 21 cent. Une couverture en fer, ayant l'épaisseur ci-dessus et recouverte de $1^m,90$ de terre, résista cependant. Mais les bombes pointues prussiennes n'arrivent pas à traverser les voûtes anciennes dans les conditions qui viennent d'être énoncées.

de fer, lorsqu'il est exposé aux feux de plein fouet de l'artillerie ; pourtant, si l'on n'a à craindre qu'un feu d'écharpe peu dangereux, ce mur est construit en pierres de taille granitiques. Cette dernière précaution est même superflue lorsque, par sa position (en des flancs retirés, à la gorge), ce mur ne peut être battu.

L'épaisseur des plaques de fer doit avoir en général *au moins* une fois 1/3 le diamètre des projectiles auxquels elles auront à résister.

Il sera à peine possible de faire agir, contre les autres parties de ces casemates, des pièces plus lourdes que les canons frettés de 15 centimètres du système prussien, à la distance assez rapprochée (environ 600 mètres), qui est nécessaire pour obtenir une force de pénétration suffisante du projectile. Il suffira donc, en ce cas (voir plus loin les coupoles tournantes), d'une simple épaisseur de fer de 0^m,20 à 0^m,24 (1).

Des affûts à embrasure minima peuvent seuls trouver place dans les casemates de rempart, mais surtout derrière les revêtements cuirassés. Avec ces affûts, l'axe du canon, pour les directions latérales et verticales, coïncide presque avec le point central de la bouche du canon (pl. II, fig. 20, 21, 22).

L'ouverture de l'embrasure ne sera, par conséquent, pas beaucoup plus grande que la tranche du canon, ce qui porterait au minimum le couvert à obtenir.

---

(1) Des plaques de fonte durcie, provenant de l'établissement Gruson à Buckau, près Magdebourg, sont celles qui ont jusqu'alors le mieux satisfait aux conditions requises.

Si l'on n'a pas de ces affûts à sa disposition, on emploiera des affûts de casemates (1).

La fig. 22 représente une casemate à canon avec bouclier, d'après le système du capitaine Schumann des ingénieurs prussiens (voir Wagner).

Il sera question, dans la troisième partie, d'une construction revêtue en fonte durcie de Gruson, qui a déjà été employée dans la fortification des côtes et qui, avec de plus petites dimensions, pourrait aussi être appliquée, dans la fortification continentale.

Batteries provisoires couvertes (pl. II, fig. 23) (2). Les supports de ces batteries se composent d'une charpente en bois qui supporte les terres. La couverture consiste en deux à quatre rangs de rails (à défaut de rails, on emploie des poutres en bois, hautes de $0^m,30$ à $0^m,50$), sur lesquelles on dispose une couche de béton de $0^m,60$, puis une couche de terre d'au moins un mètre, mais autant que possible de deux mètres (3).

Ces batteries ne doivent pas être exposées aux feux directs des pièces de siége.

Les *casemates à mortiers* (pl. II, fig. 24) sont des constructions à l'épreuve de la bombe, ouvertes du côté de l'ennemi, dont la maçonnerie est défilée des coups directs et indirects par un couvert disposé en avant (parapet, rempart, etc.).

---

(1) En Autriche, les expériences relatives aux affûts à embrasure minima ne sont pas encore terminées, de sorte que la construction de casemates *ad hoc* n'est pas encore fixée d'une manière définitive.
(2) Voir IIe partie, chap. 15, du *Manuel de l'artillerie autrichienne*.
(3) A défaut de béton, deux lits de fascines. D'après les expériences du Steinfeld, une telle couverture ne résiste pourtant pas au choc des bombes pointues de 24^{cm}.

Les mortiers placés dans ces casemates doivent pouvoir agir contre la campagne sous des angles de 30° et 45° d'élévation.

Pour se garantir contre les éclats des bombes tombant entre les casemates et le masque, on organise le mur d'appui *b* et le fossé *g*. On est obligé de se servir d'un poste situé en dehors des casemates, pour observer le parcours des bombes.

La fig. 25 de la pl. II fait voir une *batterie couverte provisoire pour mortiers* (voir le *Manuel de l'artillerie autrichienne*).

Les batteries couvertes pour mortiers sont d'une importance toute particulière, pour la défense, dans les dernières phases du siége, pendant lesquelles l'attaque, aussi bien que la défense, faisant largement usage de mortiers, cette dernière doit, sur plus d'une ligne, compter presque exclusivement sur ce genre de pièces.

Coupoles tournantes en fer (Pl. III, fig. 26 et 26 A). — Ces coupoles consistent en une paroi verticale en fer, de forme cylindrique, avec un toit à l'épreuve légèrement cintré, ou une coupole en fonte durcie de Gruson (fig. 27, d'après Grumbkow). Elles sont disposées pour recevoir, parallèlement l'un à côté de l'autre, deux canons se chargeant par la culasse (en général de 15^{cm}), montés sur des affûts à embrasure minima. C'est dans le voisinage des embrasures que le revêtement est le plus épais et en arrière qu'il est le plus faible, mais en moyenne il doit avoir l'épaisseur indiquée à la page 47.

La partie inférieure de la coupole, visible au plus de 1^m,80 au-dessus du manteau de terre qui l'entoure, est protégée par un parapet, extérieurement en terre, intérieurement en béton, qui s'élève jusqu'au niveau du fond de l'embrasure ; dans les tourelles Gruson elle est garantie en outre par une enveloppe en fonte durcie.

La tourelle reposant sur des roues peut tourner à bras d'hommes autour de son axe (de 90° en 3/4 de minute).

Les coupoles procurent l'avantage : 1° de mieux couvrir les pièces, que l'on peut aussi soustraire momentanément au feu ennemi, en faisant mouvoir convenablement le mécanisme ; 2° de permettre de remplir plusieurs buts avec un petit nombre de pièces, parce qu'on peut faire converser celles-ci dans *toutes* les directions sur tout le pourtour, et que l'on peut aussi faire converger le feu de *toutes* les pièces placées dans ces coupoles sur *un seul point* de la campagne.

Cela permet, par exemple, au défenseur de diriger excentriquement le feu de toutes les coupoles sur une batterie d'attaque qu'elles peuvent voir, jusqu'à ce que celle-ci soit réduite au silence, sans pour cela avoir sérieusement à craindre même les coups des batteries adverses non attaquées.

Cette façon de procéder, reconnue en général avantageuse pour le défenseur, peut aussi être employée successivement contre les autres batteries.

Un autre avantage considérable des coupoles consiste dans le peu d'espace qu'elles occupent.

On arriverait à disposer 3 coupoles, renfermant ensemble 6 pièces, avec la place que prendraient 2 pièces à ciel ouvert sur un parapet avec traverses, d'où il résulte que malgré les sommes énormes que coûte une tourelle (1),

---

(1) D'après le capitaine des ingénieurs prussiens Wagner, le prix d'une tourelle semblable à celle de la fig. 26 se monte à environ 100,000 fr. Un

il est pour ainsi dire plus économique d'en faire usage dans certains cas, vu le parti avantageux qu'on peut en tirer.

L'emploi de coupoles en fer peut par suite être recommandé :

a) Dans le cas d'espaces limités pour l'emplacement des pièces ;

b) Sur les points qui sont exposés à un feu convergent et lorsque le couvert que l'on peut procurer aux pièces de rempart, par les traverses et les parados, est insuffisant ;

c) Dans les positions avancées, sur les points à l'aide desquels on veut commander le terrain sur un vaste périmètre ;

d) Dans les ouvrages qui doivent permettre spécialement une action de longue durée contre les batteries de siége.

Il y a lieu de remarquer, au sujet de l'établissement des coupoles en fer, que les éclats des projectiles ennemis, qui viennent se briser contre la cuirasse, en rendent le voisinage fort dangereux.

Il faut un sous-officier et de 12 à 15 hommes pour le service des pièces et pour la manœuvre d'une tourelle.

Dans les expériences de tir de Tégel, près Berlin, une cuirasse ordinaire a résisté à 74 coups tirés à 400^m de distance par un canon

---

fort sur le rempart duquel sont placées 20 bouches à feu coûte approximativement 2 millions, c'est-à-dire 100,000 francs par pièce. Un fort avec 10 coupoles de 2 pièces coûterait : un emplacement égal à celui de 7 pièces de rempart, 700,000 francs ; les coupoles, 1 million ; soit ensemble 1,700,000 francs.

Les tourelles en fonte durcie de Gruson coûtent peut-être un peu plus, mais, pour une grande commande, le prix de revient diminuerait sensiblement.

de 15ᶜᵐ long. On peut conclure de là que, pour détruire des coupoles en fer, il faudrait faire usage de calibres plus lourds et à une distance plus rapprochée qu'on ne l'a fait jusqu'alors, ce qui paraît singulièrement difficile.

Une tourelle Gruson ne portait aucune trace de dégradation après avoir reçu 19 obus en fonte durcie, tirés par un canon fretté de 15ᶜᵐ.

2. *Dispositions pour la défense d'infanterie.*

Banquette. — La banquette d'infanterie est en terre et a un talus ou des gradins, comme dans la fortification de campagne. On l'établit dans les parties du rempart qui ne sont pas disposées pour la défense par l'artillerie, ou de chaque côté de l'emplacement des pièces (pl. III; fig. 28 et 29), en ayant soin toutefois de ne pas entraver les mouvements et l'action de la pièce.

A défaut d'un espace suffisant pour une banquette en terre, on peut remplacer cette dernière par des madriers disposés à la hauteur voulue sur de forts pieux, qui, pour leur compte, sont solidement plantés horizontalement dans le parapet et soutenus en conséquence.

On peut encore remplacer la banquette par des escaliers portatifs en bois (pl. III, fig. 30), que l'on appuie contre le parapet.

Bonnettes, créneaux. — Pour mieux protéger les tirailleurs contre les feux de mousqueterie ennemis, on fait usage, comme dans la fortification de campagne, de créneaux en terre ou en sacs à terre. Ces créneaux peuvent être remplacés avantageusement par des plaques de fer de $0^m,005$ d'épaisseur (fig. 31), percées de meurtrières et de fentes pour permettre de viser. Des pieds $a\ a$ sont plantés dans la terre et des collets $b\ b$ servent de supports.

3. Dispositions pour protéger les soldats et les bouches à feu qui doivent se tenir prêtes à marcher.

Conformément aux principes exposés dans l'introduction (page 12, 2° point), il faut protéger complétement contre les projectiles ennemis les pièces et les troupes qui peuvent être appelées à prendre part à la lutte avec l'adversaire, pendant un laps de temps déterminé, dont il n'est pas possible de prévoir l'époque, ou tout au moins dans certains cas (par exemple pour repousser une surprise ou une escalade, etc.). Il y a lieu, en outre, de prendre les mêmes mesures pour les hommes qui sont commandés, soit pour la garde, soit pour le travail sur le rempart, et que par conséquent il n'est nécessaire en aucune façon d'exposer au feu ennemi. On obtient cette protection en construisant, pour le personnel et le matériel en question, des *abris couverts* à l'épreuve de la bombe ou au moins de l'obus.

Il ne faut pas perdre de vue, dans l'organisation de ces abris, que les pièces et les troupes peuvent d'autant plus rapidement sortir de leur refuge, pour se porter à l'endroit qui leur a été désigné d'avance en cas d'alarme, que le degré de préparation de ces abris est plus grand et mieux entendu.

Abris pour les pièces (*Hangars*). — Il est indispensable de construire des refuges couverts pour les pièces qui n'agissent que contre les troupes s'avançant à découvert (colonnes d'assaut), ou qui ne tirent sur les travaux d'attaque que dans les dernières périodes de la défense, mais qui avant tout ne sont exposées au feu qu'exceptionnellement (comme pour renforcer subitement le feu en certains points).

Les pièces de l'armement de sûreté et les pièces ambulantes, principalement celles de calibre léger, font partie de cette catégorie.

Elles sont placées sur des affûts de batterie élevés, afin de pouvoir rapidement, au moment du besoin, être sorties de leurs abris et mises en batterie.

Par conséquent, on organisera aussi des abris de pièces dans le voisinage immédiat de leur place présumée d'emploi et avec des communications commodes ; ces abris sont le plus souvent ménagés, en ce cas, dans des traverses et des parados.

La fig. 17 de la pl. II représente par exemple le premier mode d'organisation sur les lignes du rempart qui sont enfilées. Des trois pièces ambulantes tenues prêtes dans les abris, au moment de leur emploi, deux tireraient à barbette et la 3ᵉ à embrasure.

Sur les lignes exposées aux feux de plein fouet ou à un feu d'écharpe violent, on réunit ensemble l'abri pour les hommes et l'abri que l'on doit réserver pour les bouches à feu dans les traverses (fig. 37, pl. III). Ce genre de construction creuse ne se distingue de celles destinées seulement aux hommes que par une plus grande largeur ($2^m,50$ au moins) et une organisation différente des rampes.

Lorsqu'il n'est pas possible d'établir les constructions creuses en question, il y a lieu de disposer les pièces près de l'endroit où elles doivent être employées, tout contre les traverses ou le parapet couvrants, ou bien, comme dans la fortification de campagne, de descendre ces pièces dans des *tranchées-abris* spéciales adossées au parapet, pour les garantir le mieux possible (à 1/3) contre les feux indirects (1).

Néanmoins, on peut aussi construire des abris pour les *pièces lourdes (destinées au combat éloigné)*. Ces abris serviront pendant le temps où les pièces, pour n'importe quelle cause prévue, ne pourront ou ne devront pas tirer, ou bien lorsque ces pièces seront réduites au silence, par suite de la supériorité du feu ennemi, de la destruction des embrasures, de l'endommagement des affûts, de pertes sensibles survenues dans le personnel des servants, etc.

Le premier cas se présentera souvent, particulièrement pour les pièces des flancs, qui n'ont un but à remplir que dans les dernières périodes de la défense; on peut aussi admettre d'ailleurs qu'il est souvent opportun et prudent de retirer momentanément, de la ligne des crêtes, toutes les pièces d'un fort faisant partie d'un camp retranché, pour les mettre dans des abris, dès que le feu ennemi a acquis la supériorité et que le combat d'artillerie peut être soutenu par les pièces placées à côté des forts. D'après cela, l'ensemble des traverses devrait être construit comme l'indique la fig. 37, et c'est ce qui a effectivement lieu en Allemagne.

Abris couverts pour les hommes. — Ces abris sont nécessaires sur le rempart :

---

(1) On fait actuellement des expériences avec des affûts de batterie élevés, munis de ce qu'on appelle un *appareil de descente*. Cet appareil permet d'abaisser le canon de la pièce de $0^m,60$, de sorte que la pièce avec le canon descendu étant disposée tout contre le parapet et parallèlement à celui-ci, ne peut être atteinte, même par les feux indirects.

1° Pour les artilleurs pendant la cessation du feu, pour les hommes de réserve du service des pièces et pour les porteurs de munitions;

2° Pour l'infanterie de service qui, à certains moments, est obligée de se porter sur les banquettes, afin de soutenir ou de renforcer le feu de mousqueterie contre les ouvrages de l'attaque ou contre les troupes s'avançant à découvert (colonnes d'assaut); pour le relèvement des gardes, les porteurs de blessés, etc. Ces abris pour le personnel sont exécutés dans les traverses ou les parados, sur les lignes non enfilées d'après les fig. 5, 7 à 11 de la pl. I, sur les lignes enfilées d'après les fig. 15 à 19 de la pl. II.

Les fig. 8, 9 et 18 représentent les constructions en bois à exécuter seulement au cas de la mise en état de défense de la place, par exemple pour les ouvrages construits dans le genre provisoire.

On pénètre dans les abris (fig. 14, pl. I) par une ouverture ménagée dans la face de tête, ou par les côtés au moyen d'escaliers. Toutefois, on peut supprimer ces derniers sur un ou sur les deux côtés, ce qui sera particulièrement le cas pour les abris provisoires, dont on facilite ainsi la construction.

Pour la partie de la garnison au repos ou de piquet, pour les blessés, etc., on organise des abris à l'épreuve de la bombe sous le rempart, ou comme constructions spéciales en d'autres endroits, ainsi que l'indiquent les fig. 32 et 33 de la pl. III (1). Ces dernières sont dispo-

---

(1) Avec cette organisation, les portes des casemates s'ouvrent dans le couloir en arrière éclairé par la lumière supérieure. Les fenêtres, tournées

sées pour recevoir des lits de camp et autant que possible en forme de casernes. Les fig. 34, 35 et 36 montrent comment, dans les ouvrages de fortification du genre demi-permanent ou provisoire, on peut au besoin remplacer les abris manquants, en cas de guerre, par des constructions provisoires.

4. Magasins et abris pour les munitions.

On distingue pour ce cas :

Les magasins de munitions de consommation, ou de batterie, qui doivent contenir les munitions nécessaires pendant 24 heures pour une ou plusieurs pièces, et être tenus le plus souvent en communication avec les abris couverts situés dans les traverses près des pièces, de manière à permettre le transport rapide et sûr des munitions auprès des canons, même pendant le feu de l'adversaire (pl. I, fig. 5 à 11 (M. M. C.) et pl. II, fig. 15 à 19 (P. M.).

On appelle *niches à munitions*, les espaces construits en madriers, que l'on ménage en forme de niches dans le parapet ou dans une traverse, et qui servent à recevoir un petit approvisionnement de munitions destinées principalement à repousser un assaut ou une surprise.

Les magasins de munitions de distribution (pl. III, fig. 38), qui renferment le complet de toutes les munitions nécessaires pour six à dix pièces de rempart, en prévision d'une attaque de vive force, plus les quantités nécessaires pendant quatorze jours pour soutenir le

---

vers l'intérieur de la fortification, doivent être fermées par des volets en fer de 0^m,005 d'épaisseur qui, d'après l'expérience, résistent aux éclats d'obus.

combat contre une attaque en règle; ces magasins sont destinés à compléter les magasins de consommation journalière.

Dans tout grand ouvrage, il doit se trouver au moins deux magasins de munitions de distribution, afin qu'au cas possible de l'explosion de l'un d'eux, l'ouvrage ne soit pas forcé de cesser son feu.

<small>Ces magasins contiennent des projectiles creux, des shrapnels, des obus et des bombes préparées, des pièces d'artifice et des cartouches pour fusil, enfin, des fusées et des tonneaux de poudre en gargousse, séparés autant que possible des munitions qui précèdent (1). Les bombes rondes non chargées sont déposées en dehors de ces magasins, dans ce qu'on appelle des *parcs à bombes*, qui sont des espaces limités par des piquets.</small>

Les magasins généraux de munitions des ouvrages, qui sont situés dans chaque ouvrage important isolé (fort, batteries de côtes), pour lequel il est très-difficile de tirer l'approvisionnement de munitions du dépôt principal qui se trouve dans l'intérieur de la place et qui est le *magasin central de munitions et de poudre*. Ils reçoivent, après qu'on a rempli les magasins de distribution, le complément des quantités de munitions assignées pour l'objectif déterminé, et ils ont aussi à pourvoir aux besoins des batteries ou ouvrages annexes se rattachant à l'ouvrage, et qui n'ont pas de magasins de distribution ou qui n'en possèdent que d'insuffisants.

L'organisation des magasins de distribution et des magasins d'ouvrages doit être entendue de manière à permettre l'approvisionnement des munitions rapide-

---

<small>(1) Au sujet des dimensions nécessaires pour les magasins, voir les tableaux du Supplément.</small>

ment et autant que possible sans danger, même pendant le feu ennemi, on atteint au plus haut point ce résultat au moyen d'ascenseurs (monte-projectiles), qui déposent les munitions sur le rempart.

La fig. 38 de la pl. III fait voir les détails d'un de ces appareils; la fig. 28 en indique la place dans la traverse (voir aussi les fig. 5 et 11 de la pl. I).

Les chambres de chargement, qui servent au chargement des bombes rondes pour deux et au plus quatre mortiers lisses.

Dans cette catégorie ne sont pas compris les abris casematés nécessaires pour le chargement des bombes et qui, dans les places fortes et les ouvrages, se trouvent dans le voisinage des emplacements des mortiers.

L'éclairage des grands magasins de munitions se fait au moyen de lampes à réflection, qui sont manœuvrées de l'extérieur et placées dans des ouvertures-fenêtres vitrées de chaque côté.

Pour maintenir les magasins secs, il faut établir des courants d'air ou des cheminées d'aérage et faire usage de tuyaux de drainage derrière les murs de revêtement, lorsque la construction entière n'est pas revêtue en béton. Tous les magasins doivent avoir des planchers creux ou en béton, à l'exception des magasins de consommation journalière.

Les caisses ou tonneaux sont placés sur des supports (chantiers).

L'épaisseur de la voûte est de 1^m, la couche de terre au moins de 3^m. Si cette dernière condition n'est pas possible, il faut ajouter sur la voûte une couche de béton d'une épaisseur correspondante.

Des supports en fer ont $0^m,25$ d'épaisseur pour une portée de 2^m.

5. Communications sur le rempart.

Ces communications consistent en :

1° Rampes, qui conduisent sur le terre-plein haut ou sur le terre-plein bas, et de là aux batteries couvertes et aux abris couverts des bouches à feu.

Les rampes principales servant au transport des pièces comportent une largeur de 3^m à 4^m et une pente d'au moins 1/6; une largeur de 2^m,50 et une pente de 1/5 sont suffisantes pour les rampes servant aux pièces isolées (ce n'est qu'exceptionnellement qu'on peut admettre la pente de 1/4 pour les pièces légères et de 1/3 pour les hommes).

2° **Escaliers**, qui peuvent être disposés pour la circulation des hommes isolés sur le talus de banquette ou à l'intérieur des traverses creuses, en conduisant des casemates sous le rempart dans les traverses-abris.

Le nombre des rampes et des escaliers doit être largement suffisant, de manière à permettre, en cas d'alarme, à beaucoup de monde d'arriver à la fois, de tous les côtés et par le chemin le plus court, soit sur le rempart, soit près de chaque pièce. En donnant aux rampes des dimensions et des pentes convenables et en évitant le plus possible les tournants, on facilite considérablement la mise en batterie et le relèvement rapide des pièces, ainsi que les changements d'emplacements, conditions qui ont une importance capitale pour une défense énergique.

Les communications doivent être le plus possible soustraites au feu ennemi (voir pl. I et II).

Le fossé avec ses dépendances.

A. — LE FOSSÉ.

But. — Le fossé est le principal obstacle aux approches qui, de concert avec une bonne défense, puisse rendre impossible l'assaut de la fortification sans qu'elle ait été assiégée au préalable. Il est bien entendu que des obstacles naturels, tels que des précipices escarpés, des cours d'eau larges et profonds, peuvent rendre superflue l'organisation d'un fossé.

Le fossé doit en outre faire paraître l'escalade impossible, même lorsqu'un bombardement préalable aurait faire taire subitement ou complétement le feu du rempart contre la campagne, où, suivant le cas, contre les chemins d'accès des troupes s'avançant à l'assaut.

Pour satisfaire à ces conditions, d'une part le fossé d'une fortification permanente doit présenter un obstacle matériel beaucoup plus sérieux que celui d'une fortification de campagne; d'autre part, son organisation exige dans tous les cas des dispositions particulières pour permettre une défense plus énergique.

Le premier de ces points demande de plus grandes dimensions du fossé en largeur et en profondeur, et des *murs* qui ne puissent être escaladés qu'à l'aide d'échelles, à moins que ce fossé ne soit rempli d'eaux non guéables; le deuxième point exige une défense *flanquante* dans le sens de la longueur du fossé. Ce n'est qu'exceptionnellement qu'une défense *de front* de ce fossé, dans le sens de sa largeur, peut remplacer la précédente, qui est plus efficace.

Espèces de fossés. — On distingue : 1° les *fossés secs*, 2° les *fossés inondés* (pleins d'eau), et 3° les *fossés à manœuvres d'eau* (à écluses), c'est-à-dire ceux qui peuvent à volonté être rendus secs ou pleins d'eau.

FOSSÉS SECS.

Emploi de la maçonnerie. — La maçonnerie est employée :

a) Comme *murs de revêtement* pour les escarpes et les contrescarpes;

b) Comme *murs demi-détachés*, c'est-à-dire pour les murs dont une partie est détachée et l'autre partie sert de revêtement pour l'escarpe ;

c) Comme *murs détachés*, dans les fossés près des escarpes.

Le fossé comme obstacle. — Suivant l'importance des ouvrages de la fortification et d'après les conditions générales, les cas ci-après peuvent se présenter relativement à l'organisation du fossé comme obstacle :

1° La contrescarpe est revêtue, l'escarpe est tenue à terre coulante ;

2° L'escarpe est revêtue (murs attachés ou détachés), la contrescarpe est à terre coulante ;

3° L'escarpe et la contrescarpe sont revêtues ;

4° Il existe un mur détaché près de l'escarpe, les deux talus sont à terre coulante ;

5° Il existe un mur détaché comme ci-dessus, mais l'escarpe est à terre coulante et la contrescarpe est revêtue.

On peut, dans certains cas, se passer complétement de murailles et laisser aussi bien l'escarpe que la contrescarpe à terre coulante, mais dans les fortifications du genre provisoire seulement. Toutefois, avec ces dernières, pour rendre une escalade plus difficile, ces talus, au lieu d'être revêtus en maçonnerie, doivent toujours être plantés de haies peu élevées et, lors de la mise en état de défense de la place, il y aura lieu de faire largement usage des défenses accessoires ordinaires de la fortification de campagne, surtout des abatis et des palissades.

Hauteur des murs. — Les murs doivent être assez élevés pour qu'il ne soit pas possible de les escalader sans échelles ; en outre, le feu de la garnison doit empêcher les assaillants même de poser leurs échelles.

La hauteur des murs dépend par suite aussi du degré d'énergie employé à les défendre, on peut admettre 5^m comme hauteur minima et 9^m comme limite supérieure d'un mur satisfaisant aux conditions ci-dessus.

Profondeur du fossé. — La profondeur du fossé, et par conséquent la hauteur de ses parois, dépend totalement de la hauteur du mur d'obstacle reconnue indispensable dans le fossé, en défilant ce mur de telle sorte que l'ennemi ne puisse ni le voir de loin, ni le détruire par son artillerie. On admet 6^m et 10^m comme limites extrêmes.

Largeur du fossé. — La *largeur du fossé en haut* doit rendre impossible le franchissement de l'obstacle au moyen de ponts légers (ponts roulants) sous le feu des défenseurs. La *largeur en bas* doit être suffisante pour empêcher le fossé d'être comblé par les débris provenant de la brèche du mur d'escarpe et par la chute des terres du rempart et du parapet qu'il contient, tout en permettant les dispositions nécessaires pour le placement d'un nombre de pièces suffisant pour son flanquement, et pour rendre possible l'éparpillement convenable de la mitraille ou des balles de mitrailleuses. Par suite, lorsque l'escarpe et la contrescarpe sont revêtues, la moindre largeur du fond du fossé est de 10^m, et de 8^m dans le cas contraire.

Les dimensions du fossé dépendent aussi de la *quantité de terre* nécessaire pour le rempart, le parapet et le glacis, car c'est le fossé qui doit en grande partie la fournir.

Le fond du fossé. — A une légère inclinaison vers son

milieu, pour l'écoulement des eaux pluviales, qui sont enlevées par un petit fossé appelé *cunette*.

Souvent, on exécute aussi la cunette à grandes dimensions, on la remplit d'eau et on la dispose comme obstacle augmentant la difficulté du franchissement.

L'escarpe.

1° **Escarpes revêtues.** — Dans celles-ci on distingue :

a) *Les escarpes avec murs de revêtement complétement attachés* (pl. IV, fig. 39 et 39 A).

Pour augmenter leur résistance à la poussée des terres et pour rendre plus difficile leur mise en brèche, on ajoute à l'intérieur des murs *des contre-forts*, qui en outre sont souvent voûtés et laissent entre eux un espace vide (fig. 40).

Cette organisation prend le nom de *mur d'escarpe avec revêtement en décharge*, et les voûtes elles-mêmes, en tenant compte de leur résistance au tir en brèche, s'appellent voûtes contre la brèche. Dans ce cas, les voûtes sont tenues plus fortes et les contre-forts plus longs.

Pour obtenir une brèche praticable, il faut qu'une grande partie du parapet tombe après la chute du mur qui le soutient, ce qui toutefois ne peut avoir lieu qu'après la destruction presque complète de revêtements difficiles à atteindre (1).

Une simple surépaisseur des murs de revêtement n'augmente la difficulté de la mise en brèche qu'insensiblement, en proportion

---

(1) Voir fig. 41, la brèche pratiquée au bastion 12 à Strasbourg, en 1870, au moment de la capitulation de la place.

des grands frais qu'elle occasionne; mais on peut, au contraire, recommander sous ce rapport l'emploi de matériaux résistants (pierre dure), ainsi que l'ont démontré les expériences de tir faites à Graudenz, en 1874.

En organisant les intervalles des contre-forts, derrière les revêtements en décharge, pour la défense par l'artillerie ou la mousqueterie, on obtient dans le premier cas des *casemates d'escarpe* ou *en décharge* (fig. 42), et dans le dernier cas *des galeries d'escarpe* ou *en décharge*.

Les casemates en décharge sont percées, dans le mur de front, soit simplement d'une embrasure à canon, soit en même temps d'un créneau pour la mousqueterie de chaque côté de l'embrasure; les galeries en décharge contiennent 2 ou 3 de ces créneaux.

Les casemates peuvent aussi parfaitement servir comme abris à l'épreuve ou comme dépôts.

Les diverses casemates sont mises en communication entre elles par des *ouvertures* dans les murs (portes, couloirs), et avec l'*intérieur* par des *poternes*, c'est-à-dire au moyen de *passages voûtés*.

On peut aussi organiser deux rangées d'arceaux voûtés l'un au-dessus de l'autre.

Tablette. Pour préserver les divers murs attachés de l'humidité et de la gelée, on les garnit, à leur partie supérieure, d'une pierre plate faisant un peu saillie, ou de briques très-cuites disposées en conséquence, et que l'on nomme *tablette* ou *cordon* (fig. 39, pl. IV).

L'intersection du mur d'escarpe, prolongé extérieurement, avec la surface supérieure de la *tablette*, s'appelle *magistrale*.

La magistrale est la ligne de construction de la fortification permanente, tandis que pour les ouvrages sans murs de revêtement et pour les fortifications de campagne c'est la crête intérieure qui constitue cette ligne de construction.

Hauteur des murs d'escarpe attachés. Dans le cas d'une contrescarpe revêtue aussi, une hauteur de 5^m est suffisante pour les murs d'escarpe, parce qu'ainsi l'ennemi qui tente l'escalade, après avoir surmonté les difficultés que présente la descente de la contrescarpe pour arriver au fond du fossé, est forcé d'escalader encore les murs d'escarpe avec des échelles, sous le feu des dispositifs de flanquement. Avec une contrescarpe en terre, le mur d'escarpe formant alors le principal obstacle à l'escalade doit avoir jusqu'à 8^m de hauteur.

b) Les murs d'escarpe demi-détachés (pl. IV, fig. 43). La partie du mur détachée permet de surveiller directement et de défendre de front le fossé par des feux de mousqueterie, et, pour protéger les hommes placés derrière eux contre les coups venant du glacis, elle est percée de créneaux ayant au moins 2^m de hauteur et de $0^m,90$ à $1^m,25$ d'épaisseur (*crénelé*).

Entre le mur et le pied du talus extérieur se trouve le *chemin de ronde*, qui doit être large de $1^m,25$ à 2^m, pour permettre le placement des tirailleurs et des sentinelles.

Mais ce chemin peut être porté jusqu'à la largeur de 4^m, quand il est flanqué par des feux d'infanterie ou d'artillerie. On accède par des poternes dans le chemin de ronde.

Il y a lieu de disposer de distance en distance des traverses revêtues et munies de portiques, dans les chemins de ronde non flanqués et qui peuvent être enfilés.

Ces traverses en maçonnerie servent aussi comme coupure et permettent la défense flanquante d'une brèche pratiquée.

La hauteur des murs demi-détachés, particulièrement avec un chemin de ronde flanqué, peut être tenue un peu plus basse que celle d'un mur d'escarpe *attaché* qui se trouverait à la même place, parce que l'ennemi, après avoir escaladé la tablette, est obligé encore de redescendre dans le chemin de ronde.

2° **Escarpes avec murs détachés** (Pl. IV, fig. 44). — Des murs détachés, comparativement à des murs attachés de même hauteur, sont plus difficiles à franchir, parce que l'ennemi a non-seulement à les escalader, mais encore à les descendre, ce qui pour une hauteur de 4^m exige souvent l'emploi d'échelles. De plus, l'assaillant a encore à franchir le talus relativement élevé en arrière des murs.

On rend défensifs les murs détachés au moyen de créneaux et de chemins de ronde, exactement comme les murs demi-détachés.

Le fond des créneaux doit être au moins à $1^m,80$ au-dessus du fond du fossé.

Les murs détachés peuvent aussi, quoique très-exceptionnellement, être exécutés avec niches, quand, par ce moyen, on obtient, pour les tirailleurs qui se trouvent derrière, un meilleur abri contre les feux d'enfilade et les éclats de projectiles (fig. 45).

Quand la contrescarpe est revêtue, on donne aux murs détachées une hauteur de 5^m ou de 4^m, suivant qu'ils ne sont flanqués que du côté de l'ennemi, ou qu'ils le sont des deux côtés, mais si la contrescarpe est en terre, cette hauteur est de 6^m ou de 5^m, suivant le cas.

Leur épaisseur varie entre 0^m,90 et 1^m,25. Cette dernière épaisseur est réservée pour les points où l'on craint des coups d'écharpe dangereux.

3° **Escarpes en terre.** — Ces escarpes ont une inclinaison de 1/1 à 3/4, et une berme variant suivant le besoin.

Pour empêcher de les escalader rapidement, et aussi pour arrêter un instant l'ennemi au fond du fossé, on plante des broussailles épaisses et peu élevées au pied des talus, ainsi qu'on l'a déjà dit. Si, au moment de la mise en état de défense, ces haies n'existent pas ou n'ont pas la consistance voulue, il y aura lieu d'installer des défenses accessoires dans les ouvrages qui, principalement pour des raisons d'économie, n'ont pas de murs d'escarpe, afin d'obtenir le degré nécessaire de protection contre l'escalade, comme dans la fortification de campagne ou provisoire.

Les figures 46, 47, 48 et 49 de la pl. IV font voir comment l'escarpe en terre d'un ouvrage construit dans le genre provisoire peut être renforcée par un palissadement, lors de la mise en état de défense de la place, au besoin en retaillant les talus et en disposant des palissades ou des fraises, des chausse-trapes et des herses, ou bien en construisant rapidement un mur d'escarpe détaché.

Les bermes qui peuvent exister doivent également être plantées de haies, pour leur enlever le rôle de point de ralliement.

La contrescarpe.

La contrescarpe peut être :

1° **revêtue,** c'est-à-dire avec murs de revêtement (pl. IV, fig. 39, 50 et 52), ou bien *casematée* (fig. 44 et 51).

Les *casemates de contrescarpe* sont organisées comme casemates à canon pour flanquer le fossé, ou comme galeries en décharge pour la défense de flanc ou à revers de ce fossé. Elles sont souvent en même temps destinées à servir de base à un système de mines à établir sous le glacis.

<small>Les galeries en décharge s'appellent *galeries parallèles* lorsque les voûtes s'appuient d'une part à la contrescarpe, d'autre part à un mur d'appui parallèle à celle-ci, comme dans la fig. 51 de la pl. IV, sinon elles se nomment simplement *galeries en décharge*, comme pour les galeries d'escarpe (fig. 44).</small>

On admet 6^m comme plus petite *hauteur des murs de contrescarpe*, mais dans ce cas on exige qu'un glacis de 2^m de haut, immédiatement attenant, rende plus difficile la descente des échelles dans le fossé. Le talus intérieur du glacis est planté de haies.

La plus grande hauteur adoptée est 8^m.

2° **En terre.** Dans ce cas, on tient la contrescarpe à 45° ou encore plus roide, lorsque la nature du sol le permet.

Pour rendre plus dificile la descente dans le fossé, le talus est recouvert en partie de buissons très-épais et peu élevés, que l'on entrelace avec du fil de fer lors de la mise en état de défense (fig. 46, pl. IV). Une contrescarpe peu élevée peut être disposée par endroits en forme de rampes à 1/3, pour permettre à l'infanterie de se porter rapidement hors des fossés (rampes de sortie, glacis en contre-pente).

Lors de la mise en état de défense de la place, les contrescarpes en terre peuvent être renforcées par les moyens indiqués dans la fortification de campagne ou provisoire.

Les fig. 46, 47, 48 et 49 de la pl. IV représentent des contrescarpes en terre telles qu'elles sont employées surtout pour les fortifications permanentes construites dans le genre provisoire, avec les renforts voulus pour le temps de guerre, c'est-à-dire (fig. 46) avec des broussailles ébranchées et entrelacées de fil de fer, (fig. 47) avec la contrescarpe retaillée et des palissades au pied, (fig. 48) avec la contrescarpe revêtue au moyen d'un mur construit rapidement après coup, (fig. 48 B) revêtue en bois.

La fig. 49 fait voir la disposition de la contrescarpe avec son talus retaillé, des fraises et des petits piquets au fond du fossé; la fig. 49 A, avec les talus retaillés et un glacis surplombant.

La fig. 53 de la pl. IV représente un revêtement de contrescarpe qu'il est facile d'exécuter rapidement, y compris les galeries adossées qui consistent en fers à T, que l'on dispose de mètre en mètre comme supports, entre lesquels on jette des voûtes de peu d'épaisseur.

Mesures à prendre pour défiler les murs d'escarpe des feux indirects (tir plongeant). Les murs ne résistent pas à un feu d'une certaine durée des pièces de siége et peuvent être atteints déjà de loin par les projectiles (*être battus en brèche*). On arrive à ce résultat même lorsque les murs sont soustraits aux vues de l'assaillant, car on a trouvé le moyen, par la méthode du tir indirect, de faire brèche à ces murs à une certaine profondeur au-dessous de la tablette, par-dessus le couvert qui les protége.

Des expériences ont démontré qu'il existe une brèche praticable, quand la moitié du mur d'escarpe attaché soutenant le rempart et le parapet est démolie et qu'une masse de terre correspondante est tombée n'étant plus soutenue. Pour rendre une brèche praticable, il suffit même de faire écrouler le tiers de la partie supérieure des murs, lorsque le talus qui y est immédiatement adossé a une hauteur d'au moins 6ᵐ à 8ᵐ, et qu'alors, après la chute de la maçonnerie, il se détache une quantité de terre suffisante.

Il est essentiel d'empêcher la mise en brèche de loin et de la rendre possible seulement lorsque l'assiégeant s'est établi solidement dans les logements sur le glacis, de manière par conséquent à ne permettre l'anéantissement de l'obstacle à l'escalade que vers la fin de l'attaque entreprise tout à fait méthodiquement (et en tenant compte des principes fondamentaux exposés dans l'introduction, page 13). Pour cela, il est indispensable de faire couvrir, par le glacis ou par un massif de terre, les murs d'escarpe tournés du côté des établissements de l'artillerie ennemie, de telle sorte que non-seulement ces murs soient soustraits à la vue, et par suite aux coups directs éloignés, mais même que les projectiles arrivant avec une trajectoire très-courbe et rasant le glacis ou la masse couvrante (tir indirect) ne puissent détruire les maçonneries.

On obtient ce résultat en plaçant la tablette du mur à protéger (la ligne à couvrir) d'une certaine quantité au-dessous de la ligne des crêtes du glacis ou du massif de terre en avant (la ligne couvrante).

Cette quantité dépend de l'angle sous lequel les projectiles creux de l'assiégeant (*l'angle de chute*) viennent rencontrer le mur, en tenant compte des chances d'atteinte et de la force de percussion correspondantes, ainsi que de la distance horizontale de la ligne couvrante à la tablette du mur à couvrir.

La trajectoire des projectiles qui peuvent encore atteindre la tablette ou le mur doit être d'autant plus courte que, à égale distance horizontale de la ligne couvrante la tablette est placée plus au-dessous de l'horizon de celle-ci.

En admettant une trajectoire plus courbe, ce qui suppose un terrain horizontal, il faut augmenter la distance du tir ou diminuer la charge; mais alors non-seulement on diminue la vitesse de chute (1), mais encore la force de percussion du projectile. De plus, l'écart en hauteur s'accroît aussi avec la diminution de la charge de poudre, ce qui a pour conséquence de restreindre considérablement les chances d'atteinte. En un mot, ces conditions sont si désavantageuses qu'il n'est plus possible alors d'obtenir un résultat satisfaisant qu'avec une grande dépense de temps et de munitions et que, dans les conditions de la guerre, ce résultat ne pourrait même pas être atteint.

L'efficacité du tir des projectiles venant rencontrer obliquement les parements des murs (dans le sens horizontal) est d'ailleurs moindre, et enfin avec des écarts de plus de 60° de la perpendiculaire, le tir en brèche n'est plus possible ou du moins ne peut avoir lieu qu'avec une grande consommation de munitions, parce qu'au début les projectiles s'aplatissent presque sans effet contre le mur (d'après des expériences faites à Silberberg en Prusse).

D'ailleurs, lorsqu'il n'est pas possible d'observer les

---

(1) On admet 160^m comme vitesse de chute minima du projectile de 15^{cm} de 2 calibres 1/2, pour le tir en brèche dans les maçonneries résistantes, et 130^m pour le tir à démolir dans les murs isolés ou les constructions légères.

coups de près, les dificultés du tir en brèche indirect sont si grandes, même avec les murs d'escarpe les moins soigneusement couverts, que, de l'avis des artilleurs expérimentés, il ne faut se résoudre à employer ce tir que dans des cas extrêmement urgents, car il est préférable pour cela d'attendre qu'on se soit établi dans les logements sur le glacis, d'où l'on peut alors voir les murs. Il y a d'autant plus à tenir compte de cette observation, que ce serait d'ailleurs toujours commettre une folie que d'essayer, en terrain découvert, de donner l'assaut à une brèche faite de loin.

Mais l'assaillant une fois établi sur le glacis, les murs d'escarpe, même les mieux couverts, sont exposés au tir en brèche indirect, après que l'assiégeant a écarté la masse couvrante en terre, par exemple après avoir fait sauter par la mine la contrescarpe ou la tenaille. Il n'y a nullement lieu à ce sujet de s'occuper de l'organisation de la fortification, parce que la création d'une brèche praticable est alors le but suprême des travaux d'attaque.

L'importance des lignes correspondantes de la fortification décide si la maçonnerie doit être plus ou moins bien couverte contre le tir indirect, c'est-à-dire si la tablette doit être placée plus ou moins bas. Il y a, sous ce rapport, à distinguer plusieurs degrés, savoir :

1° Pour les escarpes que l'assiégeant est obligé de battre en brèche en dernier lieu, afin d'obtenir un passage suffisant, bien que les conditions soient favorables pour le tir en brèche indirect (les faces des forts ou des ouvrages isolés, les faces principales du corps de place), il est indispensable de défiler complétement la tablette, de manière qu'il ne soit possible d'obtenir ni une brèche praticable, ni la démolition près de la tablette d'une bande de muraille, qui aurait pour conséquence le glissement d'une partie du parapet soutenu par le mur.

2° Pour les lignes très-reculées (courtines) moins importantes ou plus difficiles à atteindre, pour celles (flancs) qui ne peuvent être battues que d'écharpe ou suivant des directions défavorables, il suffit d'empêcher l'exécution d'une brèche bien praticable, lorsque ces lignes peuvent être suffisamment défendues par le flanquement des fossés ou des ouvrages en arrière. Au contraire, la démolition d'une bande étroite de muraille au-dessous de la tablette ne peut être obtenue qu'à l'aide d'une grande consommation de munitions et n'est d'aucun poids dans la balance, surtout quand il existe une berme ou des voûtes en décharge qui empêchent le glissement du parapet.

3° Lorsque le mur exposé est pourvu de casemates défensives ou d'habitation, il y a lieu non-seulement de mieux protéger la tablette, mais aussi d'empêcher des projectiles isolés tombant sous un grand angle de pénétrer dans ces casemates.

Des recherches théoriques et des expériences pratiques (1) déterminent actuellement la proportion dont il

---

(1) Les expériences se basent sur le canon court de 15^{cm}, modèle 1871, se chargeant par la culasse, qui est actuellement la meilleure pièce pour le tir en brèche indirect.

Les distances les plus convenables, pour le tir en brèche indirect de murs insuffisamment couverts, sont celles comprises entre 750^m et 1200^m. Dans ces limites, avec une charge de poudre de 0^k,900 et des projectiles creux de 2 calibres 1/2, on peut obtenir encore un angle de chute faut baisser la tablette en terrain horizontal, d'après les conditions énoncées :

Dans le 1ᵉʳ cas, de 1/4 de la distance horizontale de la ligne couvrante à la tablette, ou en moyenne 15°;

Dans le 2ᵉ cas, de 1/6 de la distance horizontale de la ligne couvrante à la tablette, ou en moyenne 10°;

Dans le 3ᵉ cas, de 1/4 de la distance horizontale de la ligne couvrante à la tablette, ou en moyenne 15°;

plus 1/3 de la distance du sommet de la voûte de l'embrasure à cette tablette, ou en moyenne 20°.

Remarque. Lorsque, pour les murs importants, on ne peut pas obtenir une protection suffisante contre le tir indirect, on y supplée par l'emploi de voûtes en décharge et de matériaux de construction excellents, par l'organisation de bermes larges de 1^m à 2^m, qui sont fortement plantées de broussailles ayant de profondes racines, comme on l'a fait pour le talus extérieur du parapet.

Ce qui a été dit sur le défilement des murs d'escarpe s'applique plus ou moins à toute espèce de muraille, principalement quand elle a un but défensif ou qu'elle sert au logement des troupes.

Il résulte incontestablement de ce qui précède que,

---

de 7° à 12° et une vitesse de chute suffisante, variant de 170^m à 164^m. L'écart complet en hauteur est de $6^m,50$ à la première distance, et de $13^m,80$ à la dernière. On ne pourrait entreprendre qu'au plus tôt à 1400^m, avec la charge de $0^k,900$, la tablette recouverte à 1/4 ; la vitesse de chute serait alors de $161^m,30$ et l'écart en hauteur irait déjà à $18^m,94$, ou bien, pour rester à la distance de 1200^m, il faudrait diminuer la charge de $0^k,100$

Toutefois, dans ce dernier cas, on obtient une vitesse de chute insuffisante de $153^m,90$ et un écart vertical de 16^m.

Pour obtenir l'angle de chute de 1/3 (18°26′), avec la charge de poudre de $0^k,900$, il faut prendre la distance de 1700^m (écart vertical $29^m,24$, écart latéral $7^m,02$), avec la charge de $0^k,700$, la distance de 1300^m (écart vertical $23^m,72$, écart latéral 6^m, vitesse de chute $141^m,80$). Consulter à ce sujet : *Le tir indirect avec les projectiles creux*, par le général-major comte de Bylandt-Rheidt, dans la livraison de juin 1874 des *Mittheilungen*.

pour la détermination de la largeur du fossé en haut et de sa profondeur, il ne faut pas perdre de vue la hauteur du glacis et celle de l'escarpe, à laquelle il faut assurer protection contre le tir en brèche indirect, parce que la tablette d'un mur d'une hauteur déterminée est d'autant mieux couverte que le fossé est plus étroit et plus profond et le glacis plus élevé.

Choix des murs d'obstacle.

Une contrescarpe revêtue est celle qui protége le mieux contre une irruption subite et qui permet de tirer le parti le plus complet des feux du rempart contre les assaillants, parce que l'arrivée de ceux-ci en groupes compacts sur le glacis a pour conséquence de les tenir dans la sphère du feu le plus énergique du rempart, pendant tout le temps qu'ils mettent à descendre dans le fossé à l'aide d'échelles.

Les assaillants n'arrivent ensuite dans le fossé que disséminés; il s'écoule par conséquent, avant que leur masse ait traversé le fossé, un temps relativement considérable, pendant lequel le feu des dispositifs de flanquement des fossés est très-intense.

La contrescarpe revêtue rend en outre très-difficile la retraite des troupes ennemies, alors qu'elles sont arrivées dans le fossé.

Sous le rapport technique, la contrescarpe revêtue présente avant tout, sur un mur d'escarpe attaché, l'avantage de n'avoir besoin d'aucune protection contre le tir en brèche indirect.

Cette contrescarpe ayant aussi à supporter une moindre pression des terres, peut par suite être plus faible et plus facilement employée qu'une escarpe revêtue de même hauteur.

Enfin, une contrescarpe revêtue est indispensable pour l'établissement d'un système de mines à l'abri de l'escalade.

Au contraire, si c'est *l'escarpe qui est revêtue*, il faut des échelles pour l'escalader, et alors l'assaillant est exposé aux feux de flanc des dispositifs installés pour flanquer les fossés, feux qui lui font subir de grandes pertes.

Une considération qui milite en faveur des *murs détachés*, c'est qu'ils présentent l'avantage d'être de 1/3 à 2/3 plus économiques et en même temps d'être plus difficiles à escalader que les murs d'escarpe attachés ayant la même hauteur.

Les *murs demi-détachés* tiennent le milieu entre les deux autres espèces.

Des murs détachés ou demi-détachés permettent en outre complétement la défense de front des fossés, ce qui, avec les escarpes attachées, n'est possible qu'aux endroits casematés.

Lorsque l'un des talus *seulement* d'un fossé peut être revêtu, comme par exemple dans les fortifications demi-permanentes, il y a lieu en principe de préférer la contrescarpe, parce qu'on peut chercher à arrêter l'assaillant à l'escarpe pendant un certain temps par des défenses accessoires (page 69), tandis que, pour revêtir l'escarpe, il faudrait, principalement pour des raisons d'économie, presque toujours employer de préférence des murs détachés.

FOSSÉS PLEINS D'EAU.

Des fossés pleins d'eau, de 10 mètres de largeur avec une profondeur d'eau de $1^m,80$, rendent des murailles superflues comme protection contre l'escalade, lorsqu'on n'a pas à craindre la gelée. Toutefois, il n'est pas possible de se dispenser d'employer des murs d'obstacle dans ces fossés, lorsque l'eau gèle régulièrement en hiver, ou qu'il y a moyen d'opérer un débarquement à l'aide de chaloupes.

Mais, comme une surface gelée est toujours difficile à traverser, et que d'ailleurs on peut au besoin briser la glace avec de la poudre ou de la dynamite, dans la plupart des cas, il suffira d'organiser un seul mur d'obstacle, ayant une hauteur suffisante pour empêcher l'escalade.

Des fossés pleins d'eau augmentent aussi les difficultés d'une attaque en règle, parce qu'il n'est possible de les traverser que sur des ponts ou des chaussées très-difficiles à construire.

On emploie *des fossés pleins d'eau* quand, en creusant le fossé, on tombe presque immédiatement sur l'eau et qu'il est possible d'approfondir le fossé jusqu'à $1^m,80$ au-dessous du niveau des plus basses eaux; mais l'eau peut aussi *être amenée* d'une position élevée ou d'un fleuve situé à proximité, de manière à produire dans le fossé la hauteur d'eau nécessaire.

On peut laisser circuler l'eau directement à travers les fossés (eaux courantes), ou bien en empêcher l'écoulement, de manière à la laisser à l'état de repos (eaux dormantes). On distingue, par suite, des fossés *à eaux courantes* et *à eaux dormantes*.

Les fossés à eaux courantes sont préférables au point de vue sanitaire (1); il y a donc lieu de prendre autant que possible des mesures pour renouveler périodiquement les eaux stagnantes, s'il en existe.

Lorsqu'on ne peut obtenir une profondeur d'eau suffisante dans les fossés, *une cunette* large au moins de 4 mètres, creusée au milieu, peut servir à mettre à l'abri de l'escalade.

FOSSÉS A MANŒUVRES D'EAU.

Les fossés avec écluses (à manœuvres d'eau) peuvent à volonté être secs ou inondés; ils offrent par suite les avantages des fossés pleins d'eau sans en avoir les inconvénients.

On indiquera plus loin les dispositions à prendre pour arriver à ce résultat.

B. — LE GLACIS.

Le glacis borde immédiatement la contrescarpe ou il en est séparé. Dans ce dernier cas, il existe entre le glacis et la contrescarpe un espace couvert par le glacis, *le chemin couvert*, qui sert pour y placer des défenseurs.

La hauteur de la crête du glacis dans le premier cas est de $1^m,25$ à $2^m,50$; on admet généralement, pour le relief de la crête du glacis séparé, une hauteur de $2^m,50$

---

(1) Pour neutraliser en partie les miasmes délétères qui se forment près des eaux croupissantes, on fait usage de plantations de riz sauvage ou d'hélianthes.

au-dessus du terre-plein du chemin couvert. Cette hauteur est nécessaire pour la sécurité des défenseurs qui s'y trouvent. Le talus intérieur est alors soit muni d'une banquette(1), soit aménagé en forme de rampes à 1/3 pour les mouvements (sorties) de l'infanterie, à 1/5 pour ceux de l'artillerie.

La largeur du chemin couvert comporte de 9 mètres à 12 mètres, pour les sorties ou pour l'artillerie; une largeur de 3 mètres suffit lorsqu'il s'agit simplement d'y placer des sentinelles et des tirailleurs. Dans ce dernier cas, il prend aussi le nom de *chemin de rondes*.

Le glacis proprement dit, en vue de permettre les feux rasants du rempart, doit être déterminé de telle sorte que son prolongement en arrière vienne rencontrer la crête intérieure du parapet, ou, suivant le cas, le fond des embrasures qui y sont entaillées, ou bien qu'il passe très-peu au-dessus de cette crête ou de ces embrasures. Il résulte de là que la pente du glacis peut tout au plus être égale à la plus grande inclinaison des pièces (1/6). On admet 1/24 comme pente minima, à moins que les conditions du terrain n'en exigent autrement. Au delà, le glacis serait trop large et reviendrait trop cher, parce qu'il faudrait acheter des terrains considérables pour sa construction.

En moyenne, on donne au glacis une pente variant entre 1/8 et 1/12.

---

(1) En temps de paix, ce talus est toujours tenu à terre coulante (45°); en temps de guerre seulement, on taille la banquette.

Détermination du relief du parapet par rapport au glacis et au chemin couvert
(Pl. V).

Le relief du parapet au-dessus du terrain naturel doit être déterminé de telle sorte que les feux d'artillerie et d'infanterie, tirés du rempart, puissent atteindre l'ennemi sur le glacis et dans la campagne, et aussi dans le chemin couvert, quand il en existe un.

Le plus petit relief doit, par suite, pour une surface de glacis donnée, être déterminé de manière que la plongée (lorsque les pièces tirent à barbette), ou le fond des embrasures (quand elles tirent à embrasure), se trouve dans le prolongement en arrière de la surface extérieure du glacis.

<small>Lorsque la banquette du chemin couvert est palissadée, on augmente de $0^m,25$ le plus petit relief, pour ne pas endommager les palissades par son propre feu.</small>

Le plus grand relief est obtenu en tenant compte de la plus grande inclinaison des pièces de forteresse tirant à barbette (1/6).

Lorsqu'il n'existe pas de chemin couvert, la crête du glacis doit encore être atteinte à cette inclinaison; mais, s'il y en a un, il faut qu'on puisse agir aussi contre les établissements qu'y pourrait faire l'ennemi, ou contre les troupes d'assaut qui s'y trouveraient.

Le meilleur moyen d'obtenir ce résultat serait de pouvoir battre le bord intérieur du chemin couvert. Mais, vu la grande difficulté de remplir cette condition, on se contente d'arriver à battre un point situé à $1^m,80$ au-dessus de la crête de la contrescarpe.

— 83 —

On peut d'ailleurs adopter, entre les limites posées, *un relief moyen*, satisfaisant dans la mesure nécessaire aux conditions voulues.

Les fig. 54 et 57 de la pl. V représentent la construction d'un profil dans deux cas différents.

La fig. 54 donne la détermination du profil pour le cas où il n'existe pas de chemin couvert. Le plus petit relief est indiqué par la ligne $a'b'$, qui est parallèle à la surface az du glacis, et est environ à 1^m au-dessous des embrasures les plus profondes à établir (1). Si, inversement, c'est le relief qui est donné d'abord, on détermine en conséquence la pente du glacis.

La position la plus élevée que peut occuper la ligne des crêtes est indiquée par la ligne droite ax, menée à 1/6 par le point a. Le lieu géométrique de la crête est alors trouvé comme il suit :

D'un point du talus extérieur du parapet, par exemple d, on porte horizontalement en e l'épaisseur du parapet, on élève à l'extrémité e une perpendiculaire, sur laquelle on porte, en f dans le premier cas, une distance égale au relief du glacis; dans le dernier cas, en f' la plus grande inclinaison admise pour la plongée (1/6); et par f (f'), on mène une parallèle au talus extérieur du parapet. Le point d'intersection de fg avec $a'b'$ donne le point de crête K pour le plus petit relief AK, le point d'intersection de $f'g'$ avec ax donne le point K pour le plus grand relief Ag; sur la ligne Kk, on peut ensuite prendre un relief *moyen* A, avec le point de crête K_2, correspondant d'ailleurs aux conditions voulues.

La plongée et le fond des embrasures sont dans chaque cas dirigés suivant la crête du glacis.

Lorsqu'il existe un chemin couvert (fig. 57), on détermine le plus petit relief Ak, comme précédemment. Sur la ligne Kk, on peut alors de nouveau, comme précédemment, choisir un relief moyen A, satisfaisant aux conditions exigées, et on achève ensuite l'inclinaison de la plongée et du fond des embrasures en les dirigeant vers le point m.

---

(1) La profondeur des embrasures doit toujours être déterminée en tenant compte de l'espèce de pièces et d'affûts employés et, lorsque le cas se présente, de l'abaissement du canon.

C. — LES DISPOSITIFS DE FLANQUEMENT.

Il est nécessaire de défendre les fossés par le tir, pour compléter l'obstacle à l'escalade. Cette défense ne peut s'effectuer d'une façon convenable, et en même temps avec un minimum de forces, que par *le flanquement* avec de l'artillerie, ou tout au moins avec des mitrailleuses lorsque les exigences sont moins impérieuses. Exceptionnellement, pour des lignes de peu d'étendue, le flanquement par la mousqueterie est suffisant.

Il est indispensable d'avoir du canon à sa disposition au moment où l'assiégeant est parvenu à pousser ses cheminements jusque dans le fossé même (pour couvrir l'accès de la brèche), avant d'avoir détruit les dispositions prises pour le flanquement des fossés.

On considère comme suffisant, pour le flanquement des fossés, au moins deux pièces pour les lignes les moins importantes et les plus courtes, et quatre pièces pour les lignes les plus importantes et les plus longues. Dans certains cas on peut désirer un plus grand nombre de pièces pour la défense des fossés (1), sur les fronts qui sont exposés à une attaque en règle ou ceux dont l'obstacle ne paraît pas répondre aux conditions indispensables.

On ne peut admettre qu'exceptionnellement, comme unique flanquement du fossé, *la défense de front* de ce fossé dans le sens de sa largeur, au moyen de feux de

---

(1) On exigeait autrefois que les pièces de flanquement engageassent le combat avec celles des batteries ennemies (contre-batteries) qui étaient destinées à les anéantir. Aujourd'hui, on s'écarte en général sensiblement de cette prescription, qui est surtout impraticable lorsque les contre-batteries peuvent faire usage du tir indirect pour remplir leur mission.

mousqueterie et de grenades à la main, venant des galeries d'escarpe et de contrescarpe, à murs détachés ou demi-détachés.

I. LE FLANQUEMENT.

Le flanquement du fossé peut avoir lieu : 1° par des casemates disposées en travers du fossé ; 2° par le rempart.

Dans les deux cas, *la plus grande longueur de la ligne flanquée* (ligne de défense) dépend de la portée efficace des feux à mitraille des pièces adoptées pour la défense des fossés. Cette longueur est au plus de 340^m, pour les pièces employées dans ce but en Autriche, les canons légers à obus de 15^{cm} en fer.

De cette manière, il est encore possible de surveiller convenablement les fossés pendant le jour, au moyen de dispositifs de flanquement.

Lorsqu'on emploie des mitrailleuses, la longueur de la ligne de défense peut être portée jusqu'à 400^m et 500^m, parce qu'à ces distances la trajectoire des balles est encore rasante.

La largeur des dispositifs de flanquement (*les flancs*) doit autant que possible être égale à celle des fossés, pour permettre de battre d'enfilade toute la largeur de ceux-ci.

Le flanquement sous casemates est obtenu par *des coffres, des casemates d'escarpe ou de contrescarpe.* Ces deux dernières espèces correspondent aux galeries d'escarpe ou de contrescarpe de la fortification de campagne.

Les coffres flanquants.

Un coffre (caponnière) (1) consiste en une construction

---

(1) En Allemagne, on emploie presque exclusivement le terme de *caponnière*, tandis qu'au contraire on désigne sous le nom de *coffre* une

casematée, à l'abri de l'escalade, disposée en travers du fossé (fig. 58 et 59 de la pl. V).

En principe, ce coffre est organisé uniquement pour la défense par l'artillerie, mais il peut l'être aussi, au besoin, simplement pour la défense par la mousqueterie ou pour les deux en même temps.

Emploi et position des coffres. — On emploie les coffres pour le flanquement des fortifications à tracé polygonal : 1° *à angles saillants seulement*, sur le milieu d'un côté en ligne droite (fig. 60), ou à chaque 2° angle (fig. 61) ; 2° *à angles rentrants*, dans l'angle rentrant lui-même lorsqu'il ne dépasse pas 110° (fig. 62), ou dans les angles saillants (fig. 63).

Exceptionnellement, on peut aussi flanquer par des coffres, d'après la fig. 64, des formes de tracé circulaires.

Forme et organisation. — Le coffre est ou disposé en forme de bastion (fig. 66), ou arrondi à sa partie antérieure, *la tête du coffre* ; il peut enfin affecter la forme polygonale. Les flancs sont perpendiculaires aux lignes de défense, ou inclinés jusqu'à 110° sur ces lignes. Ils peuvent être directement adossés l'un à l'autre (*coffre plein*, fig. 58), ou être séparés par une petite cour (*coffre vide*, fig. 66).

Il peut y avoir des coffres immédiatement adossés à l'escarpe (*coffres adossés*, fig. 58), ou des coffres qui en sont séparés (*coffres détachés*, fig. 66).

Les flancs des coffres ne consistent ordinairement qu'en une construction casematée, et chaque casemate à

---

communication d'une certaine espèce, que l'on appelle en Autriche double caponnière ouverte.

canon n'est disposée que pour le placement d'une seule pièce, quelquefois de deux, mais elle est rarement munie d'une embrasure à canon et d'un créneau pour la fusillade de chaque côté de celle-ci. Exceptionnellement, on peut aussi faire usage de deux étages de casemates placés au-dessus l'un de l'autre, ou bien, ce qui est fort rare, on organise le toit du coffre pour une défense du rempart à ciel ouvert (d'après Tunkler) (fig. 66).

<small>On a l'intention actuellement de placer aussi des coupoles sur le toit des coffres, non pas tant pour battre les fossés, que pour prendre part au combat éloigné.</small>

La tête du coffre est le plus souvent munie de créneaux de fusillade, pour la défense de front du fossé du coffre (fig. 58 et 59).

Les parois du coffre doivent être *à l'abri de l'escalade*, par suite, suffisamment hautes. Un fossé de $1^m,80$ de profondeur, nommé *fossé-diamant*, est presque toujours appuyé à ces parois, dont on maintient l'ennemi à distance en revêtant la contrescarpe de ce fossé ou en la bordant d'une grille en fer.

La distance du coffre à la contrescarpe (la largeur du fossé du coffre) doit être de 8^m à 10^m.

On place, à celle des extrémités de la ligne à flanquer qui est tournée du côté de l'ennemi, un coffre qui ne sert à flanquer que d'un seul côté. On a alors ce qu'on appelle un *demi-coffre* (pl. V, fig. 65, et pl. VI, fig. 69).

La communication pour arriver dans le coffre est obtenue par une *poterne*, qui, dans le cas d'un coffre adossé, y conduit directement (fig. 58). Pour un coffre détaché (fig. 66), la communication de la poterne p avec le coffre se fait au moyen d'un passage couvert muni d'une embrasure (*le couloir défensif* q), qui débouche dans le mur de gorge du coffre, le plus souvent vide en pareil cas, ou au besoin dans la cour de ce coffre.

La défense du coffre se fait *de front* par le coffre lui-même, et *de flanc* par des casemates d'escarpe ou de contrescarpe (galeries).

Le fossé du coffre peut aussi, dans certains cas, être flanqué par le rempart, ce qui suppose que la partie flanquante de ce rempart est assez reculée, ou que le coffre est assez en saillie, pour que du rempart on puisse encore atteindre le fond du fossé avec la plus grande inclinaison des pièces (fig. 66).

Une défense du fossé du coffre, par des casemates de contrescarpe seulement, ne peut être admise que pour des coffres qui ne sont pas exposés à une attaque en règle, parce que sinon, après que le mineur ennemi aurait détruit ces casemates ou que l'assiégeant les aurait enlevées, le coffre n'aurait plus à compter que sur sa propre défense de front, par suite, sur une défense insuffisante en général.

Cependant, lorsqu'il n'est pas possible de flanquer complètement le fossé du coffre, il y a lieu de renforcer particulièrement la défense de front et d'entraver, par des défenses accessoires, les tentatives d'escalade du coffre que l'ennemi pourrait tenter.

Protection des coffres contre le tir plongeant. — La maçonnerie des coffres doit être parfaitement garantie contre le tir plongeant à 1/4.

Par conséquent, pour les lignes enfilées, il convient de placer, autant que possible, le coffre près de l'angle qui se trouve du côté de l'ennemi et de briser au besoin le front en conséquence. (Au lieu de l'organisation de la fig. 62, il faut alors adopter celle de la fig. 63).

Lorsque cette organisation n'est pas possible, il y a lieu d'employer des embrasures-tunnels (*Vorscharten*) (fig. 66 A).

Les embrasures-tunnels consistent en piédroits en pierres w, disposés en avant de noyaux de maçonnerie situés entre les embrasures des casemates, en voûtes, également en pierres et recouvertes d'une couche de terre. Les ouvertures O ainsi formées, à travers lesquelles les pièces des coffres peuvent tirer, ont la plus petite dimension admissible en tout sens, en tenant compte de la condition de bien battre le fossé.

Pour endommager le coffre par ses feux d'artillerie, l'ennemi est obligé de détruire d'abord les embrasures-tunnels, ce qui, en admettant qu'il y arrive, exige une grande dépense de temps et de munitions, avec le tir plongeant aux grandes distances.

Les embrasures-tunnels peuvent être complétement détachées (pl. VI, fig. 70) ou être attenantes au coffre (pl. V, fig. 66).
La première organisation est de beaucoup préférable, à cause de la plus grande facilité d'évacuation de la fumée des casemates et d'introduction de l'air et de la lumière.

Protection des parties de l'escarpe près du coffre. — En élargissant le fossé principal près du coffre, on éloigne la ligne couvrante du mur d'escarpe et on diminue la protection qui existait auparavant contre le tir indirect.

Pour atténuer autant que possible ou faire disparaître cet inconvénient, il est nécessaire :

1° Que le fossé en avant du coffre n'ait que la largeur minima admissible dans ce cas ;

2° que la crête du glacis soit surélevée en conséquence;

3° que la tablette du mur d'escarpe à casemater, ou à munir de voûtes en décharge, près du coffre (pl. V, fig. 59 B), soit abaissée autant qu'il est nécessaire dans la partie exposée. L'escarpe doit alors atteindre la hauteur voulue pour l'organisation d'un fossé-diamant.

Cependant, dans le cas où une partie du mur d'escarpe pourrait être battue, il y aurait lieu d'organiser une berme pour empêcher l'éboulement du parapet.

4° Enfin, on peut intercaler une *masse couvrante* D près du corps de place, entre le coffre qui est détaché dans ce cas et l'escarpe (pl. V, fig. 66).

Flanquement au moyen de casemates d'escarpe.

Ce genre de flanquement est employé avec le tracé tenaillé ou bastionné, quand la partie de l'escarpe placée dans le prolongement du fossé (flancs du bastion) est casematée sur toute la largeur du fossé.

Avec un angle tenaillé plus grand que 110° et plus petit que 120°, on brise l'escarpe en forme de ligne de défense sous un angle de 90° à 100°, sur une étendue correspondante à la largeur du fossé.

L'organisation de détail des casemates, leur protection contre les feux plongeants (en tenant compte au besoin des considérations spéciales), sont les mêmes que pour les coffres (pl. VI, fig. 71).

Flanquement par des casemates de contrescarpe.

Les casemates de contrescarpe sont placées sous le glacis, dans les angles saillants d'un front (pl. VI, fig. 72).

Elles peuvent cependant consister aussi en constructions indépendantes, qui sont séparées de la contrescarpe par un fossé bien défendu.

Les détails sont semblables à ceux des casemates d'escarpe. La communication pour y accéder consiste en une poterne qui passe sous le fossé, ou, ce qui est beaucoup plus économique, en un couloir défensif couvert, comme dans la fig. 72, où elle est obtenue au moyen d'une galerie de contrescarpe, ou enfin elle peut se faire aussi à ciel ouvert à travers le fossé.

Les coffres, les dispositifs de flanquement admis à l'escarpe et à la contrescarpe et disposés seulement pour la défense par la mousqueterie, sont organisés d'après les mêmes principes, mais en modifiant les détails (coffres pour la fusillade, galeries d'escarpe ou de contrescarpe).

Flanquement par le rempart.

Cette espèce de flanquement est employée : 1° *pour les formes de tracé à tenailles* (angles tenaillés compris entre 90° et 120°) ; 2° *pour le tracé bastionné.*

Lorsque, avec le tracé tenaillé, on ne fait pas usage, en même temps, de casemates de flanquement, il existe, près des angles rentrants, des angles morts (pl. VI, fig. 73), qui sont d'autant plus grands que la différence de hauteur entre la crête intérieure et le fond du fossé est plus considérable.

Dans les fossés inondés de peu de profondeur, on arrive presque à supprimer l'angle mort, en tenant plus basse et en reportant en arrière la partie flanquante du parapet (fig. 74).

Pour éviter les angles morts dans le tracé bastionné, les lignes de tir des flancs doivent encore battre le fond du fossé, dans la direction de la perpendiculaire (fig. 76), et la courtine doit être en ligne droite.

Il convient de procurer le meilleur abri possible aux pièces flanquantes du rempart, desquelles dépend en partie la mise à l'abri de l'escalade.

Ces pièces, lorsqu'elles ne tirent pas, sont placées dans des abris couverts (pl. VI, fig. 71, 74 et 75).

On peut aussi faire usage de casemates de rempart.

Comparaison des diverses espèces de flanquement.

Le flanquement sous casemates offre cet avantage, que les pièces et les hommes restent jusqu'au dernier moment en état de combattre et à l'abri du danger, tandis que le flanquement par le rempart peut être inquiété de loin et beaucoup plus tôt, ou tout au moins être entravé dans son action. Si en pareil cas, pour atténuer les inconvénients signalés, il n'existe pas d'abris pour les pièces destinées au flanquement, la mise à l'abri de l'escalade peut elle-même être momentanément en question. Si, au contraire, l'assiégeant n'est pas en mesure de réduire absolument au silence le flanquement du rempart, parce qu'il demeure toujours possible, au moment de l'assaut, d'y faire usage de canons et de fusils, ce flanquement n'en est pas moins fort compromis.

Le flanquement sous casemates est rasant, tandis que celui du rempart ne permet qu'un feu plongeant moins efficace, et lorsque la ligne flanquée est attaquée en plusieurs points à la fois, par exemple, dans un front bastionné, à l'angle d'épaule et à l'angle du bastion, l'action des feux se dissémine et ne peut agir que d'un côté ou de l'autre.

Pour les casemates d'escarpe, il faut prendre en considération la nécessité de leur assurer une protection très-sérieuse contre le tir plongeant, et pour les coffres celle d'un flanquement spécial de la caponnière elle-même; les casemates de contrescarpe au contraire échappent très-facilement au tir en brèche. Les casemates de contrescarpe sont encore relativement économiques, lorsque, pour établir un système de mines, on est obligé d'employer une galerie de contrescarpe.

Le grand désavantage des galeries de contrescarpe consiste dans la difficulté et la cherté des communications à établir.

Les casemates de contrescarpe peuvent d'ailleurs être détruites par les mines, plus tôt que ne le serait un flanquement provenant de l'escarpe.

<small>On a également lieu de craindre pour le moral des défenseurs, lorsqu'ils supposeront qu'ils sont réellement menacés par des mines. De même les conditions toujours incertaines d'une retraite, avec des galeries de contrescarpe, ne laissent pas que d'influer aussi sur le moral des défenseurs.</small>

Le *tracé bastionné* présente spécialement l'inconvénient que les lignes de défense se recroisent, et par suite que toute la portée de la mitraille des pièces de flanc n'est pas utilisée.

En résumé, le flanquement sous casemates doit être préféré à celui obtenu simplement par le rempart, puis les coffres et les casemates d'escarpe aux casemates de contrescarpe; toutefois, il y a dans chaque cas des circonstances particulières qui influent sur le choix du mode de flanquement à adopter.

2. LA DÉFENSE DE FRONT DU FOSSÉ.

Cette défense de front ne peut être employée qu'exceptionnellement. On en fait usage surtout pour les petits ouvrages, ronds, où il serait difficile d'organiser un flanquement, ou pour les lignes peu étendues, et aussi pour renforcer la défense de flanc.

La défense de front peut être obtenue par l'organisation d'un mur défensif détaché ou demi-détaché, ou de galeries d'escarpe, ou de galeries de contrescarpe (ce qui serait désavantageux d'après les principes exposés plus haut), ou enfin de galeries d'escarpe et de contrescarpe en même temps.

Dans certaines circonstances, on peut aussi faire usage de mâchicoulis (pl. VI, fig. 76), pour arriver à battre de haut en bas le pied des murs ou les entrées.

Les communications avec la campagne
(Pl. VII).

Propriétés. — Les communications conduisant dans la campagne doivent permettre la circulation sans entrave avec l'extérieur, spécialement lorsqu'il y a un noyau ; elles doivent alors assurer le déploiement rapide et subit de la garnison en dehors de ce noyau, afin de pouvoir combattre l'assiégeant par des sorties.

Le transport des grosses pièces doit toujours pouvoir se faire sans difficulté, dans toutes les périodes du siége.

Les communications doivent par suite être commodes, par conséquent éviter les pentes plus grandes que 1/6, les tournants brusques et répétés, et avoir au moins 4^m de large, pour y permettre la circulation de l'infanterie sur quatre rangs.

Par leur situation déjà, les communications doivent

être soustraites aux vues de l'ennemi, à ses feux directs, mais surtout à ses feux d'enfilade, et n'offrir aucune chance de réussite à un coup de main tenté par l'adversaire.

On les établit par conséquent, autant que possible, dans les parties de la fortification reculées, rentrantes, ou non tournées du côté de l'ennemi, et on les garantit suivant les cas, même par un ouvrage placé en avant.

Des forces peu nombreuses suffisent pour la défense des entrées, mais il faut que celles-ci soient parfaitement défilées des projectiles ennemis. Une partie au moins des communications doit se trouver sous un feu croisé de de la fortification.

Toute issue doit avoir vers l'extérieur deux fermetures l'une derrière l'autre, afin qu'il y ait toujours une porte fermée, lorsque l'autre est ouverte pour la circulation (1).

Il convient de barrer intérieurement aussi les principaux passages, surtout lorsque la population est disposée à se soulever.

Il faut que l'on soit à même d'empêcher l'ennemi de pénétrer dans la place, à la suite d'une sortie qui aurait été repoussée.

---

(1) Le couvent de Stanjewicz, à Budna en Dalmatie, après avoir été transformé en fort, put être surpris par les Croates en 1869, parce qu'il n'y avait qu'une fermeture à la sortie. Une ruse de guerre imaginée par l'un d'eux amena le commandant de la garnison, jeune lieutenant inexpérimenté, à faire baisser le pont-levis et ouvrir la porte après la tombée de la nuit, contrairement aux règlements existants. Frappé aussitôt par une balle ennemie, cet officier vint tomber de telle sorte, entre la porte et le pont-levis, qu'il n'était possible ni de fermer la porte ni de lever le pont-levis, sans avoir enlevé le cadavre auparavant. Il en résulta un court instant de confusion, qui suffit aux insurgés pour pénétrer dans le fort.

Les mesures de précaution à prendre pour l'ouverture et la fermeture des portes sont décrites tout au long dans le Règlement sur le service des places de guerre.

Organisation de détail. — Après avoir traversé le rempart, la communication passe soit *au-dessus* du fossé, soit *dedans;* le premier mode, pour la circulation du temps de paix, est *la principale communication avec la campagne;* le dernier est surtout réservé pour le cas *des communications ayant seulement un but militaire.*

A. — *Communications principales avec la campagne.*

Les communications de ce genre sont le prolongement des routes ordinaires. Elles consistent en une ouverture pratiquée dans le rempart et en ponts pour traverser le fossé.

Portes de ville. (Pl. VII, fig. 77). L'ouverture dans le rempart, laquelle sert *à la circulation,* est en général voûtée (2) et présente alors un couloir, que l'on appelle par abréviation *porte de la ville.*

Outre les deux, ou même les trois fermetures mentionnées, on ménage, dans l'intérieur du couloir, des coulisses verticales, sur deux rangs placés en face l'un de l'autre, et destinées à recevoir au besoin des poutrelles, dans l'intervalle desquelles on met de la terre, de manière à former ainsi une barricade solide.

Près du couloir se trouvent les corps de garde pour les

---

(1) Les chemins de fer et des communications très-larges passent simplement à travers des coupures que l'on comble en temps de guerre.

officiers et les hommes, ainsi qu'un local pour enfermer les personnes arrêtées.

Afin de n'être pas obligé d'ouvrir continuellement la grande porte pour les passants ou les patrouilles, on en organise une petite dans ou à côté de la grande. C'est la *porte de service*.

La largeur et la hauteur du couloir correspondent aux exigences de la circulation du temps de paix. Ce couloir a au moins 5^m de largeur et de hauteur, et le passage qui, d'un côté, conduit à la porte de service, a 2^m de large sur 4^m de haut.

Le pont se compose d'une partie fixe, mais facile à détruire, *le pont dormant*, et d'une partie mobile attenant immédiatement à la porte et ayant environ 4^m de longueur, *le pont-levis ou le pont roulant*.

La fig. 79 de la pl. VII représente l'espèce de pont-levis la plus usitée, avec contre-poids formés avec des bombes.

La fig. 78 donne les détails d'un pont roulant.

Les ponts-levis doivent pouvoir être manœuvrés par 2 à 4 hommes (1).

Une sortie E, que l'on peut barricader, conduit à travers *le glacis*.

---

(1) Pour arriver à ce résultat avec un pont-levis, le contre-poids, c'est-à-dire les bombes dans la fig. 79, doit avoir sensiblement le même poids que le pont-levis même, de manière qu'un petit surcroît de contre-poids, ou un poids agissant sur lui, suffise pour élever le pont-levis. Pour que, pendant toute la durée de l'opération, le pont et le contre-poids demeurent en équilibre, les bombes sont suspendues de proche en proche au crochet h, de manière que lorsque le pont est levé, toutes les bombes reposent sur le crochet.

Pour lever le pont, on agit sur la chaîne $f\,g$, pour l'abaisser sur la chaîne e.

B. — *Communications servant simplement à un but militaire.*

Ces communications comprennent ordinairement : 1° Une *poterne* conduisant dans le fossé, 2° *le moyen employé pour traverser le fossé*, 3° *des rampes*, conduisant au haut de la contrescarpe, et 4° *des places d'armes défensives* avec leurs rampes.

La poterne est large de 4^m, et elle est protégée de la même manière que le couloir d'une porte de ville.

Le passage à travers le fossé mène à la contrescarpe soit à travers le coffre, soit au moyen d'un passage couvert à l'épreuve de la bombe, qu'on appelle la *caponnière couverte*, soit enfin à ciel ouvert. Dans ce dernier cas, le passage peut être défilé des projectiles de l'assiégeant qui viennent enfiler le fossé, par des parapets en forme de glacis élevés d'un ou des deux côtés menacés, glacis que l'on nomme *simple ou double caponnière* (1). La fig. 80 donne le profil d'une caponnière double ouverte ; la fig. 80 A, le profil d'une caponnière couverte.

Les rampes conduisant le long de la contrescarpe sur le chemin couvert sont, quand la contrescarpe est revêtue et pour ne pas lui enlever sa propriété comme obstacle, fermées du côté du fossé par un mur détaché ou une barrière en fer, au besoin par une porte à barreaux de fer.

Une place d'armes défensive (fig. 85) (2) est un élar-

---

(1) En Prusse, les caponnières sont appelées coffres. Voir la remarque de la page 85.

(2) Littéralement : lieu de rassemblement pour les sorties (*ausfallversammlungsort*).

gissement du chemin couvert, suffisamment grand pour permettre à une compagnie au moins de s'y déployer, ou de s'y placer en colonne par section ou par peloton à distance de rangs. Pour satisfaire à cette condition, sa longueur comporte au moins 25^m et sa largeur 10^m.

Lorsqu'un certain nombre de compagnies ont à sortir par une même place d'armes, il suffit que les compagnies suivantes soient simplement placées sur les rampes ou dans les fossés, et qu'elles puissent se déployer l'une après l'autre sur le glacis pour prendre part au combat.

Le talus intérieur du glacis tourné vers la place d'armes est tenu à 1/3, pour permettre la circulation de l'infanterie, mais on le laisse aussi à 2/3 lorsque des banquettes y sont organisées.

Il y a lieu d'établir une rampe d'artillerie en un endroit convenable, c'est-à-dire le plus possible dans le prolongement des rampes conduisant hors du fossé.

Afin d'empêcher l'ennemi de poursuivre une sortie repoussée jusque dans les places d'armes défensives et de se servir des rampes conduisant dans le fossé, on emploie des constructions défensives spéciales, *réduits*, qui tiennent l'assiégeant sous leur feu. Il en sera question plus tard.

Composition d'un front de fortification simple.

Objet d'un front. La ceinture fortifiée d'une position forme dans son ensemble un polygone circonscrit à cette position (1), dont chaque côté représente la ligne de

---

(1) On n'emploie des lignes courbes qu'exceptionnellement et pour des fortifications de très-peu d'étendue.

front (côté extérieur) d'un dispositif de la fortification, comprenant le rempart et le fossé, avec l'organisation correspondante du flanquement, et souvent aussi une communication avec la campagne. Les éléments de la fortification d'un de ces côtés, formant un tout organique, constituent dans leur ensemble ce qu'on appelle *un front*.

Si à *un front simple*, composé uniquement des parties les plus indispensables, viennent s'ajouter d'autres éléments, ayant pour but d'augmenter la valeur de la fortification, c'est-à-dire des ouvrages auxiliaires, un système de mines ou des manœuvres d'eau, on obtient alors *un front renforcé*. Il sera parlé plus loin de ce dernier.

Remarque. Lorsque la fortification ne se compose pas de *lignes continues* (fronts) ayant sensiblement partout la même force, mais que certains points, importants au point de vue tactique, sont occupés par des ouvrages *indépendants* relativement solides (appelés *forts de rempart*), tandis que les parties intermédiaires comportent un faible profil et ne sont considérées que comme *lignes de réunion* des premières, on a ainsi *des forts de rempart avec lignes de réunion*.

L'ensemble des dispositions de la fortification d'un de ces forts à un autre s'appelle également front, mais cette désignation doit être prise dans un sens très-étendu, car, par exemple, le fort de rempart et les lignes de réunion peuvent à leur tour consister en fronts, d'après les explications précédentes. On parle aussi de fronts d'une ceinture de forts, et l'on entend par là l'espace fortifié d'un fort à l'autre.

Systèmes de fortification. La forme imposée par le terrain pour le tracé d'un front correspond souvent, pour son compte, à un mode déterminé de flanquement des fossés, d'où il résulte des types de fronts ayant des constructions géométriques nettement fixées.

Les plus caractéristiques de ces types ont formé dans la

suite des temps ce que l'on a appelé des *systèmes ou tracés*, qui, pour la même forme ou tracé, diffèrent encore suivant le point de vue spécial des constructeurs; c'est pourquoi ils portent aussi le nom de ces derniers.

Ces systèmes ont, en général, servi plus ou moins de types pour la construction des fortifications d'une certaine période de temps.

Actuellement, on ne s'en tient plus à des systèmes déterminés, mais on fait un *choix libre et judicieux* de toutes les formes admissibles que l'on adapte aux conditions données. En conséquence, les principes qui vont être exposés ne doivent pas être considérés comme des règles immuables, mais essentiellement comme des indications générales.

L'application de la théorie de la fortification à un cas déterminé est évidemment un art qui ne se laisse pas enchaîner par les formes et dont les résultats (les ouvrages) sont aussi variés que leurs auteurs.

Parmi les différents systèmes de fortification, il y a lieu pourtant de développer trois formes principales et les trois espèces générales de fronts et de tracés qui y correspondent, entre lesquelles le choix peut avoir lieu ensuite en connaissance de cause.

Principales formes du tracé. Les principales formes à donner au tracé sont:

1° La forme polygonale (front polygonal, tracé polygonal);

2° La forme bastionnée (front bastionné, tracé bastionné);

3° La forme tenaillée (front tenaillé, tracé tenaillé).

Choix de la forme du tracé. *Le choix de la forme du*

tracé a lieu en tenant compte de la configuration *du terrain* auquel la fortification doit s'adapter, ainsi que du rôle que chaque front a à jouer dans ses rapports avec l'ensemble de l'enceinte.

Il y a lieu de veiller tout particulièrement à ce que chaque ligne de la fortification occupe la position qui lui convient, afin d'obtenir la force que l'on a en vue et souvent aussi le croisement des feux. En outre, on arrive ainsi à défiler ces lignes *pour le mieux*, et, par suite, à éviter le plus possible les feux de revers et d'enfilade. Il faut ensuite que, par une organisation artificielle judicieuse des détails, le tracé du front tienne compte de la simplicité, qui facilite la défense, et de l'économie dans l'exécution.

Le tracé polygonal est celui qui répond le mieux à ces prescriptions, et il paraît par conséquent la forme principale à employer, à moins que l'emploi des autres ne soit commandé par le terrain ou par des considérations particulières.

Par l'exemple donné dans la figure 81, pl. VII, on a voulu montrer comment, même dans un terrain de peu d'étendue, une fortification peut appliquer les diverses espèces de tracés dans leurs variétés multiples.

Le Laaer-Berg, dominant tout le terrain et situé en avant du front défensif que l'on a en vue, est le point d'attaque présumé de l'ennemi, car :

1° L'attaque contre toute autre partie de la ligne fortifiée aurait à subir les feux de flanc dominants des travaux de fortification construits en ce point ;

2° L'attaque du Laaer-Berg est favorisée par le terrain et sa position fortement saillante ;

3° Les lignes contiguës à la fortification du Laaer-Berg tombent d'elles-mêmes avec cette dernière, ce qui inversement n'aurait pas lieu.

Il est par conséquent indispensable de fortifier solidement ce point et d'y organiser même une enceinte renforcée, en vue de rendre possible une défense successive. Cette disposition est indiquée dans la figure 81, où l'on a renforcé le fort de rempart par un réduit.

Par suite de la concentration des forces dans le fort de rempart et de la désignation de ce dernier comme objectif principal de l'attaque, les lignes attenantes (fronts) ont peu d'importance et permettent même l'emploi de fortifications du genre provisoire : ce sont exclusivement *des fronts simples*.

On a adopté, pour le fort de rempart, le tracé polygonal avec angles saillants seulement, parce que cette forme s'adapte au terrain, en répondant aux conditions voulues de simplicité, et qu'elle permet une action énergique des feux par les angles saillants et les flancs.

La forme tenaillée convient aux lignes d'enceinte les plus rapprochées.

1° Parce que le terrain l'exige, car un front polygonal tomberait, à son extrémité Est, dans l'encaissement « beim Brunn, » et par suite ne peut être admis, tandis qu'au contraire la forme bastionnée irait à l'encontre des principes de simplicité et d'économie, sans apporter aucun avantage particulier ;

2° Pour flanquer la campagne en avant, car la ligne $b\,c$ bat de la manière la plus avantageuse le terrain des attaques en avant du fort et flanque ce dernier, pendant que la face $a\,b$ flanque et domine la campagne en avant de l'ouvrage et même celui-ci.

Le flanquement réciproque du parapet seul suffit pour les faces $a\,b$ et $b\,c$, parce que l'ennemi ne peut pas tenter de s'avancer contre elles, en profitant de l'angle mort des fossés de l'angle saillant en b, sans se voir enlever largement l'avantage espéré par les feux croisés de l'angle rentrant qui l'atteindraient sur le glacis.

Le choix de la forme tenaillée pour la partie $y\,z$ satisfait, aussi bien aux conditions du terrain, qu'à l'intention de faire agir la face $y\,z$ contre l'intérieur du fort, et d'assurer les communications.

On a adopté la forme bastionnée pour le front $t\,y$, en vue de flanquer, au moyen du flanc $u\,v$, la campagne en avant du fort sur le Laaer-Berg, surtout la face 5-6, et, au moyen du flanc $x\,w$, la campagne en avant de l'ouvrage intermédiaire fermé III, de la face saillante $q\,r$ et de la pente escarpée au sud de l'endroit appelé « Heugassel », points qui ne peuvent être battus de front.

Les fronts $d\,e\,f$ et $p\,q\,r$ ont le tracé polygonal.

Les lignes les plus importantes sont aussi disposées de manière à ne pouvoir être enfilées.

Le front polygonal.

Emploi. Le front polygonal permet un développement considérable des feux de front, de manière à inquiéter puissamment l'ennemi déjà de loin ; il répond aux exigences de simplicité et d'économie, et il y a lieu, par suite, de l'employer partout où c'est possible.

Abstraction faite des petites brisures de la magistrale ou de la crête intérieure, le front polygonal doit être en ligne droite ; il peut être aussi légèrement brisé intérieurement ou extérieurement, en tenant compte principalement des conditions de défilement horizontal et de la forme du terrain.

Espèce. On distingue par suite *le front polygonal rectiligne,* ou *brisé intérieurement* ou *brisé extérieurement* (Pl. VII, fig. 82 à 84). Dans les deux derniers cas, la brisure doit être aussi petite que possible.

<small>Commes limites, on admet un angle de 120° pour la brisure à l'intérieur, et pour la brisure extérieure une perpendiculaire d'une longueur ne dépassant pas 1/20 du côté du polygone.</small>

Le flanquement du fossé, pour le tracé polygonal, se fait au moyen de coffres. Dans des cas très-exceptionnels seulement, il peut avoir lieu au moyen de casemates de contrescarpe.

Le coffre est placé au centre *des fronts en ligne droite* ou *brisés extérieurement,* mais, pour *les fronts brisés intérieurement,* il se trouve soit au milieu, soit aux saillants.

<small>On emploie cette dernière organisation, particulièrement lorsque le fossé est enfilé et qu'on n'a pas pu défiler suffisamment des coups indirects le coffre placé au milieu du front.</small>

Les détails varient d'après la méthode de flanquement des faces et des fossés du coffre, et aussi suivant le degré de défilement des parties de l'escarpe près du coffre exposées aux feux courbes (Pl. V, fig. 59 et 66, pl. VII, fig. 85).

<small>La plus grande longueur admissible pour le côté du polygone se calcule, dans chaque cas, d'après la plus grande longueur connue de la ligne de défense (page 85) et la largeur du coffre.</small>

Lorsqu'il est indispensable de battre le glacis de flanc ou de croiser les feux devant le terrain de l'attaque principale de l'adversaire en avant de l'angle saillant et en avant du coffre, on peut obtenir ce résultat au moyen d'une petite ligne du rempart (flanc), qui forme un angle avec la direction de la magistrale de l'escarpe et sur laquelle on place de 2 à 4 bouches à feu

Ces flancs font feu à tir plongeant par-dessus les longues lignes du rempart de même hauteur, ou bien ils commandent les autres lignes, y compris les parties intermédiaires du rempart, mais ils ne peuvent pas dépasser le plus grand relief obtenu pour le parapet (pl. VII, fig. 85).

Les parties du rempart ainsi organisées en bonnettes sont aussi appelées *cavaliers* (en Allemagne, *bastions*).

Les communications avec la campagne se font soit en passant par le coffre, soit en passant à côté. Pour la forme, voir la figure 84 A au milieu ; pour le détail, se reporter à la figure 77.

Exemple. La figure 85 de la pl. VII représente (abstraction faite du chemin couvert) un front polygonal rectiligne *faisant partie* d'une enceinte permanente simple.

L'organisation du rempart, disposée ici pour résister à une attaque en règle, est celle que l'on adopte ordinairement. Le feu d'enfilade n'est à craindre qu'à une grande distance, et c'est pourquoi on n'a muni de traverses que les cavaliers saillants, tandis que le cavalier placé au centre et les lignes intermédiaires ne contiennent que juste le nombre de traverses creuses nécessaires pour permettre l'organisation des abris indispensables pour les hommes de service et l'installation des magasins de munitions de consommation dont on a besoin.

Les flancs du cavalier saillant (moitié de gauche de la figure) donnent, au moyen de casemates de rempart cuirassées, des feux croisés devant le milieu du front; à droite, on arrive au même but en utilisant l'angle maximum de conversion des affûts de place. Pour les affûts de batterie élevés, il faut établir des éperons en des points convenables.

Les flancs du cavalier central donnent des feux croisés en avant de la capitale (à gauche, par des casemates de rempart cuirassées; à droite, par le rempart à ciel ouvert).

Les emplacements de pièces se divisent en emplacements exclusivement destinés au combat rapproché et en emplacements réservés, surtout pour le combat éloigné. Il y a lieu de comprendre parmi les premiers, outre ceux sur la capitale et dans les flancs du cavalier, les emplacements nécessaires aux pièces ambulantes, pour lesquelles on organise en a_1, a_2, a_3, a_4 des plateformes et des abris couverts près de celles-ci.

Ces pièces ambulantes renforcent le feu croisé en avant de la capitale et du milieu du front, par suite, contre les principaux chemins d'approche de l'assiégeant.

Toutes les autres pièces tirent à l'aide d'embrasures élevées.

Les abris pour les hommes de piquet se trouvent dans les traverses creuses; le meilleur emplacement pour les casemates-logements se trouve sous les faces des cavaliers.

Les magasins de munitions de distribution sont organisés sous les flancs des cavaliers; dans la moitié de droite du front il y en a aussi en capitale.

Le coffre adossé (fig. 85 et 86) est disposé, en tenant compte de la longueur des lignes de défense et du peu de hauteur des murs d'obstacle, pour recevoir de chaque côté quatre pièces de fossé, dont une, dans la figure à gauche, flanque le chemin de ronde.

Il existe une avant-tête séparée du coffre.

La défense du fossé du coffre a lieu de front par l'avant-tête et de flanc par des casemates d'escarpe, ainsi que par des galeries de contrescarpe. Les casemates d'escarpe peuvent être organisées soit uniquement pour la mousqueterie, soit pour recevoir en outre des mitrailleuses.

Dans l'exemple précédent, le fossé du coffre peut également être battu par le rempart (de a_2 et a_3).

La partie exposée des casemates d'escarpe est défilée à 1/4.8 des coups indirects qui tombent sous un angle horizontal de 60°; l'archivolte des embrasures voûtées en pierres l'est à 1/3.8.

Comme il n'est pas possible d'arriver à couvrir complétement l'escarpe, qui reste toujours exposée aux coups indirects, il y a lieu de la renforcer comme l'indique la fig. 85 A, ce qui est suffisant si l'on considère le but étroit et défavorable présenté dans ce cas.

Les quelques débris ou éclats enlevés à la partie supérieure des murs trouvent place dans le fossé-diamant, sans obstruer les embrasures des casemates; la berme empêche le glissement du parapet.

La communication consiste en une poterne qui traverse le coffre pour déboucher dans l'espace ouvert derrière l'avant-tête (fig. 85). Elle tourne ensuite à angle droit pour arriver à la rampe située dans la place d'armes défensive disposée sur le prolongement de l'avant-tête.

En *a* et, dans la poterne, en *b* se trouvent des portes en état de résister aux balles; un pont roulant peut être disposé en avant de la porte *b*.

La rampe est séparée du fossé par une barrière, au besoin par une porte grillée en *c*.

Les abords de la porte *a* sont flanqués par les casemates d'escarpe et en tout cas par les galeries de contrescarpe; enfin, ils sont défendus aussi par des créneaux percés dans le mur de tête du coffre.

Dans la porte même est pratiquée un créneau, à travers lequel une mitrailleuse montée sur un affût suffisamment élevé peut encore battre l'axe de la rampe.

Lorsque la porte est ouverte, la mitrailleuse est placée dans l'avant-tête.

Cette dernière couvre la poterne contre les projectiles arrivant à 1/3.

Cette avant-tête contient au premier étage des embrasures, qui peuvent servir aussi bien à la fusillade, qu'à lancer des bombes roulantes ou des grenades à la main.

Un passage couvert avec toit à deux égouts, peut conduire de l'avant-tête dans les galeries de contrescarpe.

Un chemin couvert, ou simplement un chemin de ronde, vient border la contrescarpe.

Les blockhaus R, à l'épreuve de la bombe, servent de refuges aux gardes et aux tirailleurs dans le chemin couvert et la campagne en avant, en cas d'attaque de vive force de l'ennemi, et empêchent ce dernier de poursuivre les défenseurs jusque dans les places d'armes défensives. Il sera question de ces blockhaus plus loin. L'accès de ces places d'armes est défendu par la brisure du chemin couvert en avant du coffre, de manière à former une place d'armes palissadée.

Emploi du front polygonal dans les forts. — La forme polygonale convient particulièrement aussi pour les forts. Chacune des faces d'un fort diffère évidemment du front esquissé plus haut, par une plus petite étendue en longueur et par un coffre plus petit, calculé seulement pour deux pièces. Toutefois, la communication avec la campagne ne se fait que par le front de gorge.

Les fig. 67, 68, 69 et 70 de la pl. VI donnent le détail des coffres principalement employés dans les forts.

Le détail *d'un front polygonal* légèrement brisé intérieurement ou extérieurement ne diffère qu'insensiblement de celui d'un front en ligne droite.

Le front tenaillé.

Emploi. — Avec la forme tenaillée, la campagne éloignée correspondante à un des côtés du polygone n'est pas flanquée par les faces du front, mais par celles du front voisin. A cet inconvénient il faut ajouter : 1° que toutes les lignes sont faciles à enfiler et exposées aux feux de revers; 2° que les dépenses sont notablement augmentées, par suite du développement considérable des crêtes et de la grande surface de terrain occupée, ainsi qu'on peut le voir par la fig. 87, pl. VIII. Ces diverses conditions défavorables restreignent en principe l'emploi de ce tracé comme forme principale et le limitent à des cas isolés, imposés surtout par la configuration du sol.

Pourtant on adopte souvent la forme tenaillée, dans le but de diriger un feu croisé énergique contre un point déterminé, ou d'obtenir une forme profondément rentrante, afin de mieux protéger une communication importante traversant l'angle rentrant (pl. VII, fig. 84, en f le chemin de fer, en s et z la route).

Le plus souvent, on emploie le tracé à crémaillère (fig. 90).

L'organisation du rempart a presque toujours lieu en tenant compte des feux d'enfilade, qui exigent de nombreuses traverses.

Le flanquement du fossé se fait soit par le rempart, soit par des casemates d'escarpe d'après la fig. 71 de la pl. VI (1), lorsqu'on veut supprimer complétement l'angle mort de l'angle rentrant. Dans ce dernier cas, on peut aussi employer exceptionnellement des casemates de contrescarpe (fig. 72).

Lorsqu'on peut battre en brèche les murs d'escarpe dans le sens de la longueur du fossé, il faut, aussi bien avec l'emploi d'embrasures-tunnels qu'avec un mur non casematé mais cependant muni de voûtes en décharge, éloigner en conséquence le parapet de la magistrale, pour que le mur n'entraîne pas le parapet dans sa chute.

On entrave l'accès de la brèche au moyen de fossés-diamants (Pl. VIII, fig. 91 A). Des abris couverts sont indispensables pour les pièces de flanquement placées sur le rempart.

La plus grande longueur d'un côté du polygone doit se calculer en tenant compte de la plus grande longueur des lignes de défense, d'après la fig. 92, pour chaque angle tenaillé donné.

Dans les angles saillants des angles tenaillés obtus, on peut employer des cavaliers comme dans le tracé polygonal.

La communication passe par les côtés qui sont peu ou

---

(1) Voir le 6e alinéa de la page 90.

point exposés à l'enfilade (fig. 91), ou bien aussi par le centre. Dans ce dernier cas, elle consiste en une poterne *t*, en une caponnière demi-ouverte ou couverte, et en une rampe *r* soustraite le plus possible aux coups d'enfilade et conduisant dans la place d'armes, qui est munie de rampes pour les sorties.

Le front bastionné.

Emploi. — Le front bastionné convient, comme il a été dit plus haut, pour les formes de tracé qui ont à satisfaire à des conditions spéciales. Ce front ne doit pas être appliqué comme *forme générale* :

1° Parce qu'il est plus cher qu'un front polygonal de côté extérieur égal, à cause de son peu de simplicité, du plus grand développement de crêtes et de la plus grande surface de terrain occupée;

2° A cause de l'inconvénient déjà signalé du flanquement par le rempart;

3° Parce que les faces et les flancs sont plus facilement enfilables et qu'en outre les flancs sont aussi exposés aux feux de revers.

La fig. 87, pl. VIII, facilite sous ce rapport la comparaison avec les autres formes de tracé.

L'organisation du rempart correspond à la direction des coups ennemis; sur les flancs enfilés, il est indispensable d'organiser des abris couverts pour les pièces du fossé, afin de tenir celles-ci en état de combattre jusqu'au dernier moment. La courtine peut être casematée pour servir au logement des troupes.

En ce qui concerne les moyens d'obstacle, il y a lieu de mentionner la nécessité d'une organisation particulière pour couvrir les murs d'escarpe des courtines et des flancs, en tant que ces murs sont exposés au tir indirect, parce que ce défilement ne peut être assuré par le glacis. On obtient ce résultat au moyen d'une masse couvrante en terre (tenaille).

Le flanquement ne se fait que par le parapet. Toutefois, pour les fronts de gorge non exposés aux feux ennemis, il peut être obtenu aussi par des casemates d'escarpe ou par des embrasures percées dans les murs de flanc détachés.

La longueur du plus grand côté du polygone $ab = $ P (fig. 88, pl. VIII) se déduit géométriquement, surtout de la grandeur de l'angle v, de la longueur de la perpendiculaire S et de la hauteur de la crête intérieure au-dessus du fond du fossé.

Habituellement, on prend S entre 1/6 de P et 1/8 de P, F entre 3/10 et 2/7 de P.

La communication se fait par une poterne sous le milieu de la courtine, passe à travers la tenaille, puis à travers une double caponnière ouverte ou couverte sur la capitale du front, et gagne la contrescarpe, d'où des rampes doubles conduisent dans les places d'armes.

Exemple. — La fig. 89 de la pl. VIII représente un front bastionné simple. *L'organisation du rempart* est subordonnée à la direction du tir ennemi. On peut établir des casemates pour les hommes de service sous le parapet de la courtine ou, dans les angles saillants, perpendiculairement à la capitale, ou enfin, dans la cour du bastion, comme casernes isolées (à 2 étages) à l'épreuve de la bombe.

La plongée de la tenaille est dans le prolongement du fond des embrasures des flancs ou de la courtine.

On a fait abstraction du défilement à assurer à la bande étroite, par suite difficile à atteindre, du mur a à l'angle d'épaule', parce qu'il ne serait possible à l'ennemi d'utiliser une brèche pratiquée en ce point, sans s'exposer aux feux qu'on peut lui envoyer pendant le trajet, attendu que cette brèche peut être facilement comblée, et que d'ailleurs son accès est rendu plus difficile par le mur b et la tenaille.

Les traverses en maçonnerie 1, 2, 3, empêchent l'ennemi de se répandre dans le chemin de ronde.

Toutefois, l'épaisseur du mur pourrait être portée à 2^m et des voûtes en décharge pourraient y trouver place. Les flancs et la courtine ont la plus petite longueur admissible, de manière à pouvoir battre, non-seulement la capitale, mais aussi le chemin de ronde près du mur.

La *communication* traverse le milieu de la courtine, la tenaille, comme caponnière couverte, jusqu'à la contrescarpe, puis des rampes conduisent dans les places d'armes.

Le toit de la caponnière est incliné en forme de glacis suivant la ligne de tir des flancs.

En g et g^1 se trouvent des portes grillées, dont les gardiens trouvent abri dans les casemates de contrescarpe situées non loin de là. La poterne est fermée par une porte flanquée par les corps de garde A et A_1 en avant de laquelle un pont-levis peut aussi être disposé, et par une porte intérieure en A_3.

L'accès des places d'armes défensives est défendu par la place d'armes palissadée et par le blockhaus qu'elle renferme.

On arrive dans le chemin de ronde au moyen d'une porte en A et A_1, et dans le fossé du corps de place, au moyen de la rampe R.

Pour un front non exposé à une attaque en règle et non susceptible d'ailleurs de produire un déploiement de feux bien énergique, on réduirait l'organisation du rempart à l'établissement d'emplacements de pièces aux angles saillants et aux angles d'épaule, ainsi qu'aux flancs, puis d'une banquette entre ces emplacements. Le réduit de place d'armes est inutile; la caponnière couverte peut être remplacée par une caponnière ouverte ou même être complétement supprimée.

Emploi pour les forts. — Dans la construction des forts, le tracé bastionné ne peut être employé, pour ainsi dire, qu'à la gorge.

II. — RÈGLES GÉNÉRALES
POUR L'ORGANISATION DES OUVRAGES AUXILIAIRES, DES MINES ET DES MANŒUVRES D'EAU.

Ouvrages auxiliaires.

Objet et emploi. — D'après ce qui a été dit dans l'Introduction (page 14), on désigne sous le nom *d'ouvrages auxiliaires*, ceux qui sont disposés en dehors ou aussi en dedans de la ceinture (enceinte) simple de la fortification d'une position, et qui ont pour but principal d'augmenter la valeur de la fortification.

Ce renfort peut n'être considéré que comme un surcroît utile, mais il est commandé lorsque l'enceinte simple surtout ne peut pas remplir son objet sans l'adjonction d'ouvrages auxiliaires.

Ils font, dans ce dernier cas, partie intégrante de la fortification. Leur objectif peut être par exemple : battre les plis de terrain qui ne sont pas vus du corps de place, occuper les points avancés très-importants dont la possession procurerait un grand avantage à l'adversaire, faciliter l'offensive de la défense, etc., etc., lorsque d'ailleurs il n'est pas possible, dans ces différents cas, au corps de place d'être maître de la partie correspondante du terrain.

Division. — Les ouvrages auxiliaires se divisent en *ouvrages extérieurs* et en *ouvrages intérieurs;* les ouvrages extérieurs se divisent à leur tour en *dehors* et en *ouvrages avancés.*

Les dehors sont en liaison immédiate avec le corps de place, et ils peuvent être placés, soit dans le fossé même de ce dernier (fossé principal), soit avoir leur gorge adossée à ce fossé.

Les ouvrages avancés se trouvent en dehors des fossés principaux et du glacis qui enferme ceux-ci, avec l'ensemble des dehors qu'il peut y avoir.

A. — OUVRAGES AUXILIAIRES EXTÉRIEURS.

1. — DEHORS.

Les dehors les plus usités sont : le chemin couvert, les places d'armes et leurs réduits, le ravelin, les contre-gardes et les couvre-faces.

Le chemin couvert.

Définition et but. — Le chemin couvert a déjà été mentionné à la page 80, comme servant à mieux surveiller la campagne.

Mais il peut aussi servir principalement à renforcer un front au moyen des tirailleurs et des bouches à feu qu'il reçoit et qui donnent des feux rasants sur la campagne.

Emploi. — Le chemin couvert peut s'adapter à toutes les formes de tracé, mais souvent, par suite de la considération de couvrir la tablette, on le limite à quelques branches disposées pour les sorties. On l'organise rarement dans les forts, et tout au plus comme chemin de ronde, parce que presque toujours sa mission peut être remplie par les ouvrages de fortification passagère construits dans l'intervalle des forts.

Les places d'armes sont des élargissements du chemin couvert obtenus, aux angles saillants, par l'arrondissement de la contrescarpe, aux angles rentrants, en brisant extérieurement les crêtes du glacis en forme de redan. Les premières sont des *places d'armes saillantes* et les dernières des *places d'armes rentrantes*.

La partie qui sert à réunir deux places d'armes s'appelle *branche* du chemin couvert.

On assigne ordinairement aux places d'armes, à un plus haut degré qu'aux branches, la mission de défendre la campagne, de battre de front et surtout *de flanc* le glacis, ainsi que les places d'armes défensives.

Détails de la fortification du chemin couvert. — Ordinairement le chemin couvert borde immédiatement la contrescarpe.

Exceptionnellement, il peut aussi être placé au pied du glacis. Dans ce cas, le glacis attenant à la contrescarpe s'appelle *glacis principal*, et l'autre qui forme le parapet du chemin couvert se nomme *avant-glacis*.

Dimensions. La largeur du chemin couvert comporte de 9 mètres à 11 mètres, ou seulement 4 mètres ; la crête du glacis est à $2^m,25$ ou $2^m,50$ au-dessus du bord supérieur de la contrescarpe, dans le 2° cas seulement à 2 mètres.

Le chemin couvert exécuté avec les plus petites dimensions données ci-dessus s'appelle aussi *chemin de ronde*.

Dispositions défensives. On organise dans ce but :

1° *Une banquette* pour le placement d'une ligne de tirailleurs ;

<small>Aux endroits très-importants exposés aux attaques à l'arme blanche de l'adversaire, on peut ajouter aussi à la banquette un palissadement destiné à empêcher l'ennemi de pénétrer subitement et à l'improviste dans le chemin couvert.</small>

2° *Des plates-formes* pour permettre le placement de

pièces ambulantes ou de mitrailleuses, des préparatifs pour recevoir des mortiers, etc. ;

3° *Des refuges à l'épreuve de la bombe,* pour les soutiens des avant-postes ou d'une chaîne de tirailleurs placés dans le chemin couvert et pour les hommes de piquet. Souvent ces abris servent en même temps de magasins d'approvisionnement de munitions, pour les batteries de la défense construites sur le terrain avancé.

Ces abris sont établis seulement en temps de guerre, par suite dans le genre provisoire.

4° *Des traverses* pour garantir contre les feux d'enfilade et les éclats de projectile ; elles sont souvent munies d'une banquette destinée à battre les branches du chemin couvert.

Les réduits dans le chemin couvert.

Définition et but. — Ce sont : 1° de petits *blockhaus* défensifs à l'épreuve de la bombe, ou 2°, mais rarement, de *petits ouvrages* disposés pour la *défense du rempart.*

Ces réduits ont à remplir le même but que les refuges à l'épreuve de la bombe ci-dessus mentionnés, mais ils servent en outre, lors d'une attaque à l'improviste, de refuges aux défenseurs qui se trouvent dans le chemin couvert et, par l'action de leur feu, facilitent le moyen de repousser cette attaque.

Enfin, ils protègent la rentrée des troupes de sortie et empêchent l'ennemi de pénétrer à leur suite, parce qu'ils battent les abords des rampes de la contrescarpe et des places d'armes défensives.

Emploi. — Les réduits sont employés dans les places d'armes, rentrantes ou saillantes, du chemin couvert.

Détail de leur fortification.—Les blockhaus sont organisés, soit simplement pour se défendre par eux-mêmes et pour commander en partie le chemin couvert, soit encore, comme les ouvrages découverts, pour agir par la mousqueterie contre la campagne rapprochée, mais rarement pour faire usage de pièces légères.

L'action contre la campagne étant peu efficace dans les deux cas, sera par suite rarement recherchée.

Exemple. — La fig. 85 de la pl. VII représente en R un blockhaus en maçonnerie, qui sépare la place d'armes défensive d'une place d'armes palissadée (exemple d'un chemin couvert avancé) et qui bat la première et les rampes du fossé; R est un blockhaus semblable placé à un saillant.

Ils sont protégés par leur position et par le glacis contre le tir en brèche indirect.

La fig. 89 de la pl. VIII fait voir un blockhaus mis à l'abri des coups par une masse couvrante en terre qui lui est directement adossée du côté de l'ennemi. Les parties en forme de coffre faisant retour en arrière battent les abords des rampes et sont fermées vers le centre (cour de rassemblement, tambour). Le tambour reçoit les détachements rentrant du chemin couvert, sans permettre aux assaillants d'y pénétrer à leur suite.

Les lignes pointillées dans la fig. 89, A, indiquent que le réduit peut être disposé aussi pour la défense par le rempart et, qu'à l'aide de défenses accessoires, il peut même être mis en état de repousser une escalade.

La moitié de droite de la fig. 95 de la pl. IX montre l'installation défensive d'un blockhaus provisoire; la moitié de gauche donne une espèce particulière de réduit, qui doit son existence à une circonstance dont il sera parlé plus loin. Ce réduit vient se réunir au ravelin, pour en battre le fossé. A est un abri pour les pièces tirant à barbette, B un abri pour le personnel.

Le ravelin (1).

Disposition et but. — Le ravelin est un ouvrage, ordinairement en forme de flèche, disposé devant le milieu d'un front et dont la gorge, en général, coïncide avec la contrescarpe du fossé du corps de place.

Il a pour but :

1° De renforcer en général le feu contre la campagne éloignée, ou spécialement de battre complétement les plis de terrain non vus du corps de place ;

2° De donner des feux croisés devant les angles saillants ;

3° De masquer aux vues de l'ennemi les principales communications conduisant dans la campagne, principalement les portes de la place et les ponts ;

4° De mieux protéger le flanquement des fossés, les flancs des bastions et les coffres ;

5° De forcer l'ennemi à s'emparer de ce ravelin avant de pouvoir s'avancer plus loin contre le corps de place, par suite à perdre beaucoup de temps à exécuter les travaux de siége nécessaires à cet effet.

Emploi. — Le ravelin peut trouver place aussi bien dans un front bastionné que dans un front polygonal ou un front tenaillé à angles obtus (2).

---

(1) Généralement appelé demi-lune en France.
(2) Avec le tracé polygonal, dont le côté extérieur est brisé extérieurement, le ravelin est placé devant l'angle saillant (fig. 93) et il est aussi, surtout en Prusse, nommé *bastion détaché*.

Exemple. — Dans la fig. 93 de la pl. VIII, il n'est pas possible de prolonger l'enceinte principale au delà du ravin jusqu'à l'horizontale 15 : 1° par suite de considérations de défilement ; 2° parce qu'avec une partie de l'enceinte fortement en saillie, on créerait un point d'attaque favorable pour l'ennemi.

Mais l'occupation de ce saillant est nécessaire pour flanquer les pentes $m\,n$ et $x\,y$, non vues du corps de place.

Le ravelin V empêche aussi l'enfilade des faces II, III, dont le prolongement vient rencontrer le ravelin, ce que l'on appelle *intercepter le prolongement*, et il force l'ennemi, qui a le choix d'attaquer les saillants I, II ou III, c'est-à-dire de les battre en brèche de près, d'enlever d'abord le ravelin V sous le feu du corps de place.

Le ravelin VI augmente encore la difficulté de cette entreprise, car il flanque efficacement la face droite du ravelin V.

On force ainsi l'assaillant à déployer des moyens d'attaque contre le ravelin VI.

Le ravelin VI couvre une communication principale, préserve la place d'armes w sur des feux d'enfilade venant de gauche, et intercepte le prolongement des faces II-III et III-IV.

En résumé, on arrive ainsi à rendre notoirement plus difficile l'attaque des fronts I à IV et à donner à cette attaque une direction déterminée.

Détails de la fortification. — *Le rempart et le parapet*, ainsi que *l'organisation du rempart*, satisfont aux prescriptions ordinaires.

Le fossé a un profil semblable à celui du fossé principal ; toutefois, on admet les plus petites dimensions possibles et l'on se contente d'un degré moindre d'obstacle passif à l'escalade, parce que le ravelin est puissamment soutenu par l'enceinte en arrière et que l'assaillant qui en tenterait l'escalade, sans avoir préalablement préparé un chemin assuré jusqu'à l'escarpe, s'exposerait à un échec, à cause de l'impossibilité où il serait de s'établir et de se maintenir dans l'ouvrage enlevé, sous l'influence des feux du corps de place.

Cette dernière éventualité est commune à tous les dehors.

Le flanquement du fossé se fait par le rempart du corps de place en arrière ou par des galeries de contrescarpe. Ce n'est qu'exceptionnellement qu'il peut avoir lieu au moyen de batteries basses casematées, placées en travers du fossé (pl. IX, fig. 95).

Pour faciliter le flanquement dans le premier cas, le fond du fossé du ravelin est tenu un peu plus haut que celui du fossé principal.

Le glacis et *le chemin couvert* du ravelin sont traités comme dans le corps de place.

La communication du ravelin consiste en une rampe d'artillerie susceptible d'être barrée, ou en un ascenseur pour monter les pièces et un escalier.

Relation avec le corps de place. — Pour remplir la 5ᵉ condition énoncée à la page 121, le saillant du ravelin doit être assez avancé au delà du côté extérieur du corps de place, pour que l'assiégeant ne puisse pas tenter, sous les feux de flanc et de revers des faces du ravelin, d'avancer directement ses cheminements contre les bastions du corps de place, sans avoir auparavant enlevé le ravelin.

Il faut que la ligne des crêtes, pour avoir le commandement nécessaire, soit *au moins* à 1^m,25 au-dessous de celle du corps de place en arrière, auquel elle ne doit pas enlever la vue libre sur la campagne.

Lorsque le ravelin doit couvrir un coffre, une communication, les flancs d'un bastion, etc., on détermine son relief, la largeur de la gorge et la saillie, en tenant compte aussi des conditions exigées dans ce cas.

Pour les fossés de ravelin qui débouchent directement dans le fossé du corps de place, la partie opposée de l'escarpe de celui-ci n'est plus couverte contre le tir plongeant et peut ainsi être battue en brèche indirectement, dans le prolongement du fossé du ravelin.

Afin d'obvier à cet inconvénient, on dispose, en travers du fossé du ravelin et sur le prolongement de la contrescarpe, un masque en terre ayant de 7^m à 8^m d'épaisseur à la plongée (pl. VIII, fig. 94; pl. IX, fig. 95, moitié de gauche).

Ce masque peut aussi être taluté en forme de glacis, de manière à se trouver dans le plan de tir du rempart, mais, dans les deux cas, il doit être disposé pour défendre par la fusillade le fossé du ravelin.

Pour que l'ennemi ne puisse pas pénétrer dans le ravelin par la trouée du masque, le glacis de ce dernier et le talus du ravelin attenant doivent, en cas de guerre, être munis de défenses accessoires, ou bien le masque doit être séparé de la contrescarpe ou du ravelin par un fossé de 5 à 6 mètres de largeur (voir la fig. 95, moitié de droite).

Dans les fronts d'une importance particulière, le masque peut, ainsi que l'indique la figure 95, consister en une batterie casematée, en forme de demi-coffre, et destinée à flanquer les fossés.

L'influence du ravelin sur l'organisation du corps de place se traduit surtout dans les efforts que l'on fait pour faire intercepter par le ravelin le prolongement des faces des bastions (redans) voisins, ce qui rend l'enfilade plus difficile et permet d'apporter moins de soin à couvrir les flancs des bastions ou les coffres contre le tir plongeant.

La communication avec la campagne passe devant la gorge du ravelin ; les places d'armes défensives sont placées dans l'angle rentrant formé par le ravelin et le corps de place, où elles sont mieux garanties contre les feux de flanc.

Remarque. — Pour protéger le retour dans le ravelin du défenseur repoussé par une attaque à l'arme blanche, et au besoin recevoir le défenseur, pour rendre plus difficile l'établissement de l'assiégeant dans le ravelin et faciliter la reprise de ce dernier, on peut organiser dans le ravelin un ouvrage semblable à un réduit de place d'armes rentrantes, *le réduit du ravelin*. On accorde cependant peu d'importance aujourd'hui à ce réduit.

Contre-gardes et couvre-faces (enveloppes).

Définition et but.— *Les contre-gardes* pl. IX, fig. 96) et *les couvre-faces* (fig. 97) sont des ouvrages ayant la forme de flèches, qui sont établis dans les fossés en avant des bastions ou des redans, rarement en avant des ravelins, ou aussi devant les bastions et les ravelins en même temps.

Ces ouvrages s'appellent contre-gardes lorsqu'ils permettent d'y placer de l'artillerie, couvre-faces lorsqu'au contraire la largeur limitée du terre-plein ne permet de recevoir que des tirailleurs.

Lorsque plusieurs contre-gardes ou couvre-faces sont

réunies l'une à l'autre, il en résulte des enveloppes, soit en forme de contre-gardes, soit en forme de couvre-faces.

Leur but est de procurer deux lignes de feu étagées l'une derrière l'autre.

Emploi.—Toutefois, on ne tendra à organiser des contre-gardes, que lorsque le terrain ne permettra pas le développement d'une ligne de feu aussi longue qu'il serait nécessaire pour recevoir le nombre de pièces et de tirailleurs déterminé pour remplir leur mission.

On en emploie, en outre, pour battre une partie de terrain s'infléchissant en avant et qui n'est pas vue du corps de place, ou qui exigerait pour la plongée une inclinaison plus grande que celle adoptée d'habitude ou un relief d'une élévation inadmissible.

Enfin, elles peuvent aussi devoir leur raison d'être à une masse couvrante organisée pour couvrir l'escarpe et que l'on organise défensivement, lorsque cela peut être exécuté sans difficulté (fig. 97).

Mais l'emploi de ces ouvrages devient surtout indispensable lorsque, dans des terrains aquatiques, pour obtenir le déblai nécessaire, on est forcé d'adopter des fossés peu profonds, mais larges en conséquence, qui ne permettraient pas d'arriver à faire couvrir par le glacis la tablette d'un mur d'escarpe. De même, il y a lieu d'en faire usage dans le cas où la contrescarpe, afin de rendre possibles les grandes sorties, doit être disposée en forme de rampe sur une grande étendue (glacis en contrepente).

Détails de la fortification. — Ils sont les mêmes pour les contre-gardes que pour le ravelin.

Les fig. 96 et 97 de la pl. IX donnent les éclaircissements nécessaires à ce sujet.

Les couvre-faces ne comportent qu'une banquette et un chemin de ronde large de $1^m,25$ à 2^m.

Le relief des contre-gardes, en tenant compte de leur mission de battre le glacis et le chemin couvert, est le même que celui du corps de place (page 82), et il est déterminé en tenant compte aussi du défilement de l'escarpe en arrière.

Le relief du ravelin ou du bastion placé derrière une contre-garde est déterminé, lorsque les contre-gardes servent d'ouvrages principaux pour la défense de la campagne, en tenant compte seulement du relief nécessaire pour commander le terre-plein. Mais, lorsqu'en même temps le glacis doit être battu par des feux d'artillerie étagés, ce relief est déterminé de telle sorte, que la ligne de tir la plus inclinée, dépassant de $0^m,25$ la crête du glacis, passe encore à 2 mètres au-dessus des crêtes de la contre-garde et à $0^m,25$ au-dessus des traverses de celle-ci.

D'ailleurs, l'organisation du rempart doit être entendue de manière que les embrasures de l'étage supérieur soient placées en arrière et au-dessus des traverses de l'étage inférieur.

Emploi des dehors.

Les considérations de plus grande économie et simplicité possibles limitent l'emploi des dehors aux cas où ils sont rigoureusement commandés, surtout par la configuration du col (pour flanquer la campagne avancée).

Sinon, on ne les emploie que devant les fronts d'attaque bien marqués, ou devant ceux qui sont par trop faibles, par suite des conditions du terrain ou de la forme du corps de place.

Une exception à ce sujet peut être faite, dans les fortifications à noyau, pour le chemin couvert renforcé par des blockhaus, ainsi que pour le ravelin établi quelquefois devant les communications les plus importantes avec la campagne.

Sur les fronts qui ne sont pas exposés à une attaque en règle, on supprime complétement les dehors (presque jusqu'au chemin couvert), à moins qu'on ne les destine à obtenir un tir flanquant sur le terrain principal des attaques.

Une telle restriction est d'autant plus justifiée, que l'expérience prouve que les dehors ne sont pas toujours susceptibles de la résistance sur laquelle on comptait théoriquement.

Les dehors sont d'ailleurs très-dispendieux et, lorsqu'on ne dispose que de ressources limitées, il faut toujours se demander si les sommes qu'on y affecte ne seraient pas beaucoup mieux placées d'une autre manière, surtout à renforcer les éléments actifs.

Pour les forts, on n'emploie généralement des dehors que comme batteries adossées aux fossés des flancs, ou accidentellement aussi comme chemin de ronde.

2. — OUVRAGES AVANCÉS.

Définition et but.— Les ouvrages avancés sont des ouvrages polygonaux, ordinairement en forme de lunettes. Leur grandeur et leur forme, ainsi que le nombre de pièces à placer sur le rempart, se déduisent de l'objectif que les ouvrages ont à remplir.

Le *but* des ouvrages avancés est :

1° D'envoyer des feux dans les plis de terrain qui ne peuvent pas être vus du corps de place, du noyau ou des ouvrages isolés d'une ceinture de forts. Dans ce cas, les ouvrages avancés font partie intégrante de la fortification, puisqu'ils servent à compléter l'action des feux du noyau ou des forts correspondants.

Exemple (Pl. VII, fig. 81).— Les lignes de la fortification du « Laaer-Berg » ne peuvent pas voir les plis de ter-

rain au sud-est du « Schmerbern-Kreuz » et près du
« Goldberg », non plus que le chemin creux en forme de
caponnière conduisant d'Ober-Laa aux tuileries et les
fosses d'argile qui ont jusqu'à 10^m de profondeur. Cette
disposition exige l'emploi de l'ouvrage avancé du
« Schmerbern-Kreuz » et de sa batterie annexe.

2° D'occuper les points avancés dont la possession serait d'un grand avantage pour l'ennemi, par exemple
parce qu'ils commandent eux-mêmes la fortification en
arrière.

3° De protéger les constructions les plus importantes,
principalement les gares et les écluses, les digues d'inondation, etc.

4° De faciliter les grandes sorties, en ménageant entre
l'ouvrage avancé et le glacis du corps de place un emplacement favorable pour le rassemblement à couvert des
troupes de sortie.

5° De procurer un flanquement efficace lorsque les
ouvrages avancés se trouvent dans une position inattaquable (sur une île, au milieu d'un marécage ou d'une
inondation tendue artificiellement, Pl. IX, fig. 99, etc.)
et sur les côtés du terrain des attaques.

6° De renforcer les fronts d'attaque sous le rapport
passif; en augmentant le nombre des travaux lents et
pénibles à exécuter par l'assiégeant, comme par exemple
en le forçant à cheminer sur le glacis et à faire brèche à
l'ouvrage avancé, avant de pouvoir entreprendre l'attaque
de l'ouvrage principal.

Emploi. — Dans les trois premiers cas, les ouvrages
avancés sont des parties indispensables de la fortification,
dans les 4° et 5° cas leur emploi n'est que rarement com-

mandé, et pour un noyau leur exécution peut être réservée même pour le temps de guerre.

Remarque. Un ouvrage avancé peut satisfaire à plusieurs conditions à la fois. Ainsi, fig. 81, l'ouvrage avancé de « Schmerbern-Kreuz », déjà mentionné, bat les plis de terrain non vus de l'enceinte principale et facilite les grandes sorties aussi bien contre le canal que contre la route Vienne-Neustadt. Il forme en outre un noyau à l'abri de l'escalade, permettant l'établissement des contre-batteries derrière les fours à briques et sur le rideau « beim Pointner », de manière à rendre impossible une attaque en règle contre la partie de l'enceinte I, II, III, avant la prise de l'ouvrage avancé, et à forcer l'ennemi à enlever d'abord cette position. Cet ouvrage remplit en même temps un rôle purement défensif, dans le but que l'on se propose de prolonger la durée de la résistance.

Détails de la fortification. — *Le parapet, le rempart* et *l'organisation du rempart* des ouvrages avancés sont les mêmes que d'habitude.

La force passive *du fossé* comme obstacle dépend de l'importance de l'ouvrage et de l'appui à attendre des autres ouvrages.

Lorsqu'un ouvrage avancé peut être *suffisamment* flanqué par la fortification en arrière (*ouvrage avancé dépendant*), la force de résistance passive à l'escalade correspond aux exigences minima du corps de place. Dans le cas contraire, c'est-à-dire lorsque l'ouvrage avancé est complétement indépendant (détaché), il y a lieu d'augmenter en conséquence l'obstacle à l'escalade créé par le fossé.

Exemple. L'ouvrage avancé A, dans la fig. 81, est un ouvrage avancé dépendant, parce que le terrain latéral et en avant peut être suffisamment battu par l'enceinte en arrière.

Le flanquement du fossé se fait par des coffres ou par des casemates de contrescarpe.

Pour être protégés contre les surprises, les ouvrages avancés sont faiblement retranchés à la gorge.

La communication avec les ouvrages avancés dépendants se fait au moyen d'une poterne, ou d'une caponnière double ouverte ou d'une caponnière couverte, pour ceux qui sont rapprochés de l'enceinte ; mais pour ceux qui sont éloignés de cette dernière, elle se fait au moyen de tranchées ordinaires enfilées par les ouvrages en arrière. Les ouvrages avancés peuvent avoir un chemin couvert renforcé par des blockhaus, les ouvrages d'une importance particulière peuvent même posséder un réduit intérieur, et être reliés par un glacis avec l'enceinte principale, lorsqu'ils en sont assez rapprochés.

Un ouvrage avancé doit renfermer des abris à l'épreuve de la bombe pour toute sa garnison et au moins deux magasins de distribution pour les munitions.

Remarque. Parmi les ouvrages extérieurs, on peut aussi comprendre *les batteries* qui sont construites soit pour compléter le flanquement de la campagne éloignée, soit encore pour renforcer les feux de front près d'un fort ou d'un ouvrage avancé. Ces batteries cependant sont construites le plus souvent simplement dans le genre provisoire, d'après le règles appliquées en général pour les ouvrages extérieurs, mais rarement avec une fermeture à la gorge.

B. — OUVRAGES AUXILIAIRES INTÉRIEURS.

Division. — Les ouvrages intérieurs se divisent en *retranchements, réduits* et *cavaliers*.

Retranchements intérieurs.

Définition et but. — Les retranchements séparent du restant du corps de place les parties que l'on présume pouvoir ou devoir être d'abord battues en brèche par l'ennemi. Ils empêchent ainsi l'assiégeant de pénétrer dans la place après s'être emparé de la brèche, et le forcent alors à continuer l'attaque en règle contre les retranchements.

Emploi. — Ils peuvent être employés : dans le tracé bastionné, en s'avançant d'un flanc à l'autre de manière à partager le bastion en deux (bastion détaché) ; dans un front polygonal ou tenaillé, en isolant le redan.

On sépare en principe, par un fossé, les retranchements des parties du rempart en avant. Ce fossé est fermé par un mur destiné à empêcher l'ennemi de pénétrer par le fossé du corps de place.

La condition essentielle pour leur établissement est qu'ils ne puissent pas être tournés, c'est-à-dire qu'ils ne soit pas possible à l'ennemi d'attaquer directement les retranchements mêmes, en laissant de côté la partie en avant, ce qui rendrait ces retranchements sans objet.

Détails de la fortification. — Ces détails portent sur les points ordinaires et sont analogues à ceux du corps de place.

Exemple. La fig. 99, pl. IX, a un retranchement intérieur dans le redan II, parce que ce dernier, vu sa position saillante, sera l'objectif de l'attaque principale.

Dans la fig. 95 (à gauche), la présence dans le redan de casernes à l'épreuve de la bombe peut être utilisée pour servir à l'établissement d'un retranchement passager, au moyen d'une palissade ou d'une barricade dirigée vers les flancs. Ce retranchement empêchera au moins l'ennemi de pénétrer directement dans la place et d'escalader une brèche pratiquée dans les faces du redan, près du saillant I.

Dans la moitié de droite de la fig. 95, on a coupé le redan II et on a créé dans le corps de place un ouvrage fermé indépendant, en réunissant les deux flancs de la coupure par des palissades ou par un mur. Cette disposition servirait en outre à garantir l'enceinte, surtout les portes, dans le cas où l'on aurait à craindre un soulèvement populaire.

Dans la fig. 81 de la pl. VII, en supposant que le Laaer-Berg ait été choisi comme point d'attaque et que l'on croie, même après la prise de cette position, pouvoir disposer encore de forces suffisantes pour être en mesure de prolonger la résistance, en s'appuyant sur un retranchement intérieur, on peut utiliser un ouvrage fermé établi « dans la remise » en arrière du Laaer-Berg pour former un retranchement intérieur. On obtient cet ouvrage en réunissant, par des parapets ou des abatis, d'une part ce point avec l'ouvrage III non attaqué, et d'autre part avec la place de la Station, la tranchée du chemin de fer, le canal et l'ouvrage I ou les lignes intermédiaires vers $c\ d$.

Réduits.

Leur définition et leur but sont connus.

Emploi. — Ils sont employés dans les principaux forts indépendants, exceptionnellement aussi à l'intérieur d'enceintes continues (noyau) et dans les ouvrages avancés.

Détails de la fortification. — Les réduits se composent de constructions rondes ou polygonales, avec défense couverte, le plus souvent, simplement pour la fusillade, au plus aussi pour des pièces de campagne ou des mortiers (pour les feux à mitraille). Ils ne commandent que de très-peu (au plus 1m,25) l'ouvrage en avant, parce qu'il ne faut pas en général avec des mortiers songer à une action contre la campagne éloignée.

Les réduits, surtout dans les forts, contiennent de nombreux abris à l'épreuve de la bombe. Aussi, la nécessité seule peut forcer d'établir ces abris comme constructions spéciales, car le plus souvent, lorsqu'on est obligé d'avoir recours à ces constructions, il serait possible à peu de frais de les organiser en ouvrages défensifs.

Dans les forts, les réduits doivent faire saillie sur ceux-ci, pour exercer une influence sur les intervalles, empêcher l'ennemi de faire irruption et garantir les batteries intermédiaires contre les entreprises de vive force de l'adversaire, enfin pour faciliter la reprise de l'ouvrage principal qui viendrait à être perdu.

Les réduits doivent avoir leur entrée particulière à l'extérieur, et la retraite des défenseurs de l'ouvrage principal dans le réduit ne doit jamais se faire directement, mais en dehors de l'ouvrage ou dans une cour spéciale de rassemblement (tambour) près du réduit.

Exemple. — La fig. 81, pl. VII, donne, dans l'intérieur de l'ouvrage II fortement saillant, un réduit qui forme en même temps retranchement avec le corps de place, de sorte que la continuation de la lutte est encore parfaitement possible après la perte de l'ouvrage principal II coupé. En admettant que l'on puisse se passer des lignes de réunion près des ouvrages I et III, et que l'on organise ceux-ci, ainsi que l'ouvrage II, en forts indépendants, l'établissement d'un réduit serait justifié pour le fort du Laaer-Berg, à cause de son importance particulière et de sa position dominante et exposée, d'autant plus qu'il y a peu de frais occasionnés pour sa construction, aussi bien parce que les circonstances permettent la continuation de la résistance après la perte des lignes extérieures de la fortification, que par suite de la nécessité d'organiser de nombreux abris à l'épreuve de la bombe.

Cavaliers.

Définition et but. — Ce sont des ouvrages qui dominent à tel point le corps de place, qu'ils permettent le feu des deux à la fois contre la campagne (1).

Ils ont par conséquent pour but de donner des feux étagés, ou de plonger dans les tranchées ennemies à tel point qu'il soit difficile de s'y couvrir, ou enfin de permettre des vues étendues et de battre les plis de terrain non vus du corps de place.

Emploi. — Ils ont été le plus souvent employés jusqu'alors dans les bastions, et ils peuvent en même temps être organisés comme retranchement à l'abri de l'escalade.

Exemple. Dans la fig. 95, pl. IX, l'existence d'une grande caserne à l'épreuve de la bombe dans le redan I (bastion) peut amener à faire usage d'un cavalier, en ce sens que l'on pourrait rendre défensif le toit de cette caserne.

---

(1) Quelques-uns ont aussi donné le nom de cavalier à la partie, exhaussée en forme de bonnette, du parapet du corps de place à l'angle saillant ou derrière les coffres.

Dans la fig. 99, la croupe à la cote 30 peut donner occasion d'établir un cavalier.

Remarque. Les casernes défensives, c'est-à-dire celles qui sont mises en état de défense et à l'épreuve de la bombe, puis *les citadelles*, comme ouvrages indépendants dans l'intérieur d'une place forte, sont rarement employées actuellement. On sait que leur but consiste, lors d'un assaut, à offrir un dernier refuge à la garnison ou à la protéger contre une émeute populaire.

On exige aussi des citadelles qu'elles forcent en outre l'assaillant, après la prise de l'enceinte principale, à exécuter de nouveaux travaux de siége.

Emploi des ouvrages intérieurs en général.

Les ouvrages intérieurs ont l'inconvénient de diminuer beaucoup l'espace intérieur et de servir de butte aux projectiles qui dépassent les ouvrages en avant. Ils sont, par suite, paralysés en même temps que l'enceinte principale.

L'expérience a en conséquence démontré que leur utilité n'est plus en rapport avec les frais qu'ils entraînent, bien que leur défense énergique soit toujours possible, ainsi que le démontre l'histoire des dernières guerres (1).

Par conséquent, l'emploi d'ouvrages intérieurs pour les fronts présumés être l'objectif des attaques (fronts d'attaque), n'est justifié que, ainsi qu'on l'a déjà men-

---

(1) Témoin le retranchement établi à l'intérieur de l'ouvrage Arab Tabia devant Silistrie, en 1854.

tionné, lorsque l'établissement de ces ouvrages est peu dispendieux, en raison des constructions particulières indispensables, telles que parados, abris à l'épreuve de la bombe, etc., ou lorsque le renfort du front d'attaque par des ouvrages avancés ou extérieurs n'est pas possible ou ne paraît pas suffisant eu égard à l'importance particulière de l'ouvrage à renforcer.

Mais les réduits conviennent parfaitement pour les forts détachés qui se trouvent dans une position isolée et qui sont exposés tout particulièrement à des surprises ou à des entreprises de vive force, ou aussi pour les forts placés en des points qui sont des clefs de position bien marquées.

Explication des exemples d'enceintes renforcées.

I. La fig. 94, pl. VIII, représente un *front polygonal en ligne droite renforcé*.

Le rempart du corps de place a le prolongement de ses crêtes intercepté, par conséquent les traverses ont été établies sans tenir compte du tir d'enfilade. Pour battre le fossé du ravelin, on emploie 3 pièces de chaque côté, savoir : à droite des pièces montées sur des affûts de batterie élevés, ce qui force à briser en forme d'éperon la crête perpendiculairement à la direction du tir ; l'abri couvert pour ces pièces se trouve à côté ; à gauche, des pièces sur des affûts de place et des châssis permettant un angle de tir de 120°, ce qui dispense de briser la ligne de crête.

A l'exception de ces bouches à feu et de 4 pièces environ placées sur une barbette au saillant, les emplacements de pièces ne sont préparés au début que pour le combat éloigné, mais plus tard on emploie aussi des pièces pour battre la cour du ravelin.

L'obstacle est constitué par une escarpe et une contrescarpe revêtues. Le mur d'escarpe est adossé à droite de la figure et détaché à gauche.

Le flanquement est assuré au moyen de 4 pièces par flanc.

Le fossé du coffre est défendu par la mousqueterie.

La communication, qui est purement militaire, traverse le corps de place et le coffre. Elle vient gagner la rampe placée sur le côté de ce dernier et séparée du fossé par une barrière grillée du ravelin par un mur. Elle passe enfin par le masque placé en travers du fossé du ravelin.

Il existe 3 *portes* : une 1re dans la poterne, une 2e près de la tête du coffre, une 3e à la rampe.

Le *ravelin*, avec contrescarpe revêtue, est placé en avant du coffre sur le milieu du front. L'escarpe est en terre dans la moitié de gauche et avec murs détachés dans la moitié de droite.

Le rempart est défilé des feux d'enfilade par des traverses qui, par leur grande longueur, protégent aussi contre les feux de revers.

Aux angles saillants et à la gorge des faces de ravelin, on a ménagé des banquettes pour les pièces ambulantes destinées au combat rapproché. En attendant le moment d'entrer en action, ces pièces sont placées derrière la première traverse, au besoin dans un abri couvert dans la dernière traverse. Ces dernières pièces battent les abords de la gorge du ravelin.

Les magasins de munitions de dsitribution et les abris de service se trouvent dans les longues traverses de chaque face.

Ces traverses couvrent la rampe qui, à gauche, conduit du fossé sur le rempart.

Le passage sous cette traverse rend cette communication aussi sûre que possible pour arriver au saillant du ravelin.

A droite, au lieu d'une rampe d'artillerie, on a disposé un ascenseur; pour l'infanterie on se sert d'escaliers.

Le chemin couvert. — A droite, il n'y a qu'une place d'armes défensive et une place d'armes ordinaire. Cette dernière bat le glacis du ravelin et les abords de la rampe de sortie (glacis en contre-pente).

La rampe de sortie est assez grande pour une compagnie en ligne ou pour un bataillon en colonne.

Les réduits de place d'armes ne sont pas disposés pour la défense couverte, parce que le feu du rempart et du ravelin suffit pour cette défense.

La partie en forme de coffre commande les abords du ravelin.

Dans la moitié de gauche, il existe un chemin couvert sur tout le pourtour. En avant du ravelin, il est brisé en forme de scie (en crémaillère), pour soustraire à l'enfilade les parties parallèles au front, destinées à battre la campagne rapprochée par des feux de mousqueterie. Dans la place d'armes saillante, un blockhaus pourrait aussi trouver emploi. Des rampes R sont préparées pour les petites sorties.

La place d'armes rentrante est séparée du chemin couvert du ravelin par une traverse palissadée avec porte. La place d'armes défensive est protégée contre les feux d'enfilade (son prolongement est intercepté). La rampe d'artillerie est placée dans le prolongement de la rampe principale.

Pendant que pour des sorties rapprochées, les petits détachements sortent par les rampes P, les grands par les rampes principales, les places d'armes saillante et rentrante restent occupées par des tirailleurs, pour empêcher l'ennemi de poursuivre les troupes de sortie qui auraient été repoussées.

Les réduits ne sont pas disposés pour la défense couverte, parce que leur feu ne pourrait remplir aucun but déterminé.

A gauche, le glacis du masque est battu par le corps de place et muni de réseaux de fil de fer. La diminution de hauteur de la contrescarpe en cet endroit est compensée par le mur de tête de la traverse t, par le réduit et par le mur en pierres de taille m reliant la traverse et le réduit.

La banquette du masque couvrant est palissadée.

II. La fig. 95 de la pl. IX représente un *tracé tenaillé* renforcé, avec angle tenaillé obtus (moitié de droite) et *front polygonal* brisé intérieurement (moitié de gauche).

Le rempart du corps de place offre dans la moitié de droite l'exemple d'un retranchement intérieur, ayant pour objet de séparer la partie centrale du front des autres parties, afin de permettre une défense intérieure indépendante.

L'organisation du rempart correspond à la direction des feux ennemis.

Obstacle : Le redan a un mur détaché, dont le chemin de ronde est flanqué par la casemate K protégée par une embrasure-tunnel; il est flanqué en outre par les pièces g placées sur le rempart.

Le flanquement est effectué par des casemates d'escarpe, sans embrasures-tunnels, parce que le prolongement du fossé est intercepté par le ravelin voisin. Le rempart participe aussi au flanquement.

La courtine et les flancs du retranchement reçoivent des casemates-abris; celles des flancs sont en outre organisées défensivement.

La communication à travers le fossé du corps de place est protégée par une double caponnière ouverte.

Dans la moitié de gauche, *le rempart est organisé* simplement contre les feux de front et d'écharpe. Des pièces montées sur affûts de batterie élevés sont placées au saillant et sur les flancs. La traverse voisine possède un abri couvert pour ces pièces.

Sur la capitale se trouve le magasin de munitions de distribution, derrière lequel une caserne à 2 étages, à l'épreuve de la bombe, dont le toit est organisé défensivement, remplit l'office de cavalier. Cette caserne peut être reliée au rempart par des lignes de palissade formant retranchement intérieur, pour empêcher l'escalade immédiate d'une brèche qui viendrait à être pratiquée dans les faces du redan, ou au besoin pour couvrir la retraite de ses défenseurs.

Le flanquement du fossé a lieu par un coffre en capitale et il est soutenu par les flancs du redan. La communication avec la campagne traverse le milieu du front ; la porte de sortie est flanquée par le feu de mousqueterie de la casemate K.

Le rempart *du ravelin* est organisé de manière à être défilé des feux d'enfilade, et même des feux de revers, à la condition de prolonger les traverses. La moitié de droite présente l'exemple d'un parapet détaché, qui est soustrait par une brisure aux coups d'enfilade dirigés contre la partie antérieure. La dernière batterie est destinée aux pièces ambulantes qui battent la campagne rapprochée et la place d'armes, après que les grosses pièces des faces sont démontées. A l'intérieur du ravelin se trouve un abri à l'épreuve avec un ascenseur et un escalier.

L'obstacle consiste en une contrescarpe revêtue, puis à droite, en une escarpe avec murs détachés, à gauche en une escarpe en terre avec haies.

Le flanquement se fait par le rempart, puis à droite par un demi-coffre avec embrasure-tunnels (batterie basse) ; à gauche, par les pièces légères du masque placé en travers du fossé du ravelin, masque relié avec le réduit disposé pour la défense du rempart. En A, se trouve un abri couvert pour ces pièces.

Chemin couvert et réduit : à droite, rien à signaler ; à gauche, le réduit est organisé pour la défense par le rempart, mais sans commander le glacis. Il n'est par conséquent pas vu de l'ennemi, et par suite une action de ses pièces est encore possible dans les derniers temps du siége, pour donner des feux plongeants dans le fossé du ravelin, le chemin couvert et aussi la campagne éloignée.

Les casemates A défendent la porte qui barre la rampe.

SYSTÈME DE MINES.

But. — La valeur de la fortification d'un ouvrage peut

être augmentée par des *mines*, que l'on établit sous les endroits que l'assiégeant doit traverser dans sa marche en avant à l'aide de cheminements, en vue de produire des explosions lorsque l'ennemi viendra à passer au-dessus.

Ces endroits sont surtout le glacis et la campagne qui y est immédiatement attenante ; les ouvrages de fortification, que l'assiégeant doit enlever et occuper par des tranchées, pour arriver enfin à faire tomber la place en son pouvoir, conviennent aussi à l'emploi des mines.

Système de mines. — Toutefois, on ne dispose pas ces mines à la surface du sol à la manière des mines volantes ; mais on emploie à cet effet des passages souterrains construits spécialement dans ce but et nommés *galeries de mines*, qui sillonnent de telle sorte le terrain miné, qu'en cas de besoin on peut rapidement déposer une charge de poudre en n'importe quel point, afin de remplacer ainsi les mines qu'on a déjà fait jouer par de nouvelles.

Les galeries de mines et en général les dispositifs pour produire l'explosion des fourneaux forment ensemble un *système de mines*, à la condition d'être organisés d'après les principes prescrits et d'être mis en rapport réciproque.

Guerre de mines. — Lorsqu'il existe un système de mines, l'assiégeant est forcé de faire dépendre l'exécution des tranchées de la destruction préalable des mines du défenseur, nommées *mines de la défense ou contremines*.

Cette destruction ne peut de son côté avoir lieu que par des mines, *mines de l'attaque*, à l'aide desquelles l'assiégeant dépose lui-même dans la terre des charges de poudre (ou de dynamite) aux endroits où les dispositifs de mines de la défense peuvent être démolis par les explosions des mines de l'attaque.

Pour arriver à ce résultat, on emploie deux espèces de méthode : 1° la méthode supérieure, qui consiste pour l'assaillant à creuser rapidement, dans une nuit et sans être remarqué, des puits dans les tranchées établies au-dessus du système de mines, et à déposer au fond de ces puits des charges qui détruisent, dans la sphère de leur rayon de rupture, les dispositifs des mines de la défense qui y sont compris ; 2° la méthode souterraine, au moyen de fourneaux de mines établis en tête de galeries que l'assiégeant construit contre le système de mines d'un endroit non menacé par les contre-mines.

On distingue donc *l'attaque par puits* (nommée aussi attaque à la Boule) et *l'attaque souterraine*, ou bien encore une combinaison des deux.

Le défenseur de son côté cherche à déjouer les tentatives de l'adversaire, et s'efforce de détruire les travaux de mines de ce dernier avant qu'ils aient pu agir.

Il résulte de là une lutte, appelée *guerre de mines* ou *guerre souterraine*, qui n'est terminée victorieusement pour l'assaillant que lorsqu'il est arrivé à détruire tous les dispositifs de mines jusqu'à la contrescarpe (y compris les galeries qui peuvent se trouver dans les ouvrages minés).

Le système de mines doit par suite être organisé en prévision d'une guerre de mines et faciliter le plus possible le rôle de la défense.

Dans la guerre de mines, l'attaque emploie le plus souvent des fourneaux à très-fortes charges (globes de compression), afin d'obtenir des effets souterrains s'étendant aussi loin que possible, et des entonnoirs profonds ; la défense au contraire ne fait généralement usage que de fourneaux ordinaires ou faiblement chargés, ou pour ainsi dire de camouflets, principalement en vue de ne pas produire d'entonnoirs dans lesquels l'assiégeant pourrait trouver abri.

Le calcul de la charge des fourneaux, par rapport à l'effet à produire ou à attendre, est l'affaire de *la théorie des mines*, que l'on passera sous silence ici, parce qu'on en a donné une idée générale dans la fortification de campagne.

Les principes de la *guerre de mines* ont été exposés dans « la guerre de siége », par suite on se bornera à donner ici une idée de *l'organisation souterraine des mines*.

D'après ce qu'on a dit, on distingue les systèmes de mines sous le glacis et ceux dans les ouvrages.

Système de mines sous le glacis.

Parties principales.—Ce système comprend (fig. 100, pl. IX) :

1° *La galerie de contrescarpe* (galerie majeure) ;

2° *Les grandes galeries* H, débouchant de la galerie de la galerie de contrescarpe ;

3° Des branches venant s'embrancher sur les grandes galeries et nommées *rameaux ;*

Ceux-ci se divisent, d'après leurs dimensions, en grands rameaux g et en petits rameaux k. Les plus avancés de ces rameaux, qui servent aussi à découvrir par l'ouïe les travaux souterrains de l'ennemi que l'on ne peut pas voir (à écouter), sont appelés *écoutes;*

4° Souvent aussi une *galerie-enveloppe*, située à une certaine distance de la galerie de contrescarpe parallèlle à la direction principale de celle-ci ;

5° Enfin *des contre-puits* (fig. 100 B), auprès et au-dessus des grandes galeries, comme dispositifs spéciaux pour l'action à la surface du sol.

On peut encore employer, pour appuyer l'action souterraine et à la surface du sol :

6° *Des forages.*

Enfin, il y a lieu de mentionner comme *annexes* essentielles ce système : *les entrées*, qui doivent être protégées contre les surprises et les attaques à l'arme blanche ; *les magasins à poudre, les ventilateurs*, destinés à renouveler l'air et à expulser les gaz méphitiques après une explosion.

La galerie de contrescarpe. — Sa construction est connue. Son but est de réunir les diverses galeries entre elles et de recevoir les outils nécessaires pour les guerres de mines.

Des créneaux dans cette galerie permettent la défense du système de mines contre les attaques à revers, et amènent de l'air frais dans les galeries.

Les grandes galeries sont les embranchements principaux d'où partent dans toutes les directions les rameaux servant à combattre l'ennemi ; elles ne sont pas elles-mêmes destinées à prendre directement part à l'exécution de la guerre de mines et on a soin de les ménager le plus possible.

Le sol de ces galeries est placé assez bas pour que l'assiégeant ne puissent pas facilement établir ses fourneaux au-dessous des rameaux débouchant des grandes galeries et, dans certains cas, s'abaissant à leur partie antérieure, parce que l'action des mines de bas en haut, c'est-à-dire contre les galeries au-dessus, est de beaucoup préférable à celle de haut en bas ; le mineur le plus bas a par conséquent l'avantage.

Les obstacles suivants peuvent empêcher l'assaillant de s'approfondir : l'eau de source, le roc, puis la quantité de travail à exécuter, qui doit s'arrêter à une certaine limite, relativement à l'activité que déploie le défenseur au-dessous ou à la surface du sol. D'un autre côté, la profondeur à donner aux galeries est limitée, en ce sens que, même en faisant abstraction d'autres conditions désavantageuses, il est toujours nuisible de descendre plus bas que le fond du fossé, surtout à cause de l'écoulement des eaux et de la difficulté du renouvellement de l'air.

Pour fixer par des nombres des limites générales approximatives à ce sujet, on admet une profondeur de 6^m à 8^m comme la plus favorable.

Les grandes galeries sont souvent construites en maçonnerie, et elles ont alors au moins $1^m,20$ de haut et 1 mètre de large.

La plus petite distance entre deux de ces galeries doit être déterminée de manière que l'assiégeant ne puisse pas faire sauter les deux galeries à la fois, au moyen d'un fourneau placé entre elles.

La plus *grande* distance admise est ordinairement prise de telle sorte que l'on soit, à la surface du sol et au-dessous, maître de tout le terrain compris entre deux grandes galeries, au moyen de deux fourneaux ordinaires (voir *Fortification de campagne*, page 94), dont les rayons de rupture se coupent, tandis que les galeries elles-mêmes ne doivent qu'être tangentes 'tout au plus à l'extrémité de ces rayons de rupture.

Les rameaux sont destinés à recevoir les fourneaux de mines au moyen desquels on combat l'assiégeant.

Les grands rameaux (ordinairement revêtus en bois et ayant $1^m,10$ de haut sur $0^m,80$ de large) viennent s'embrancher alternativement de chaque côté des grandes galeries, et ils sont répartis de manière que l'assiégeant ne puisse établir aucune mine entre les galeries ni exécuter aucun travail à la surface du sol, sans être atteint par les mines disposées dans ces rameaux (voir plus haut, et fig. 100 entre les galeries IV et V).

Les petits rameaux (en bois, 1 mètre de haut sur $0^m,60$ de large), qui débouchent des grands rameaux ou des galeries, servent tant pour écouter l'ennemi que pour le combattre, et constituent l'élément offensif de la guerre de mines.

On se porte à la rencontre du mineur ennemi partout où on l'entend, sur le front et sur les flancs, au moyen de petits rameaux, et l'on entoure de ceux-ci les entonnoirs produits par l'adversaire. Si un rameau est détruit par une explosion de l'attaque ou de la défense, on s'empresse de le remplacer par un nouveau (1).

On emploie une galerie-enveloppe, pour produire dans un système de mines, un courant d'air qui permette de pousser celui-ci au loin dans la campagne,

---

(1) Pour exécuter une longueur d'un mètre d'un de ces petits rameaux, il faut de une à trois heures, et même plus, suivant la nature du sol.

Au début, on les pousse en ligne droite devant soi, mais une fois la guerre de mines commencée, on les dirige selon les exigences du moment.

même sans ventilation artificielle, et de faciliter aussi la défense par la présence permanente d'air frais.

Cette galerie est superflue, quand on réunit deux par deux les grandes galeries par le prolongement des grands rameaux (fig. 100, II, III, IV et V).

Les dimensions des galeries-enveloppes sont celles des grandes galeries.

Sous le nom de **contre-puits**, on entend des puits disposés au-dessus des galeries de telle sorte que, le puits étant comblé, on puisse charger depuis le palier une chambre de mines pratiquée dans le puits et y mettre le feu, opération qui a lieu au moyen d'une gaîne qui relie le palier au fond du puits.

Les contre-puits sont destinés à agir contre la surface du sol, surtout contre les puits de manière à ménager ses propres galeries.

On obtient **des forages**, en perçant dans une terre résistante et sans cailloux des trous ayant jusqu'à 6 mètres de longueur, au moyen d'une cuiller construite pour cet usage. On dépose une charge à l'extrémité de ces forages et on y met le feu depuis un palier.

Pendant une guerre de mines, l'attaque fait aussi bien des forages à l'extrémité de ses puits que la défense à l'extrémité de ses écoutes.

Mines étagées. — Autrefois, on faisait aussi usage de ce qu'on nommait des **mines étagées**, c'est-à-dire que l'on pratiquait, à différentes hauteurs, des galeries souterraines au-dessus l'une de l'autre ou disposées de telle manière que des fourneaux étaient établis à des profondeurs très-variables. On pouvait arriver ainsi à faire sauter deux et jusqu'à trois fois le même terrain.

Les galeries d'un étage supérieur sont actuellement remplacés par les contre-puits et les forages.

Lorsque l'on veut établir des fourneaux à une plus grande profondeur que ne le permet le sol des galeries, on pratique des puits dans celles-ci, ou bien on dirige des forages ou des petits rameaux obliquement et en s'approfondissant du côté de l'ennemi.

Aujourd'hui, on ne fait plus usage de mines étagées que dans des cas tout à fait spéciaux.

Système de mines dans les ouvrages de la fortification.

Emploi.— On n'établit un système de mines que dans les ouvrages de la fortification qui sont placés en avant d'autres ouvrages à l'abri de l'escalade, par exemple dans un ravelin, un bastion ou un redan du corps de place, derrière lequel se trouve un réduit ou un retranchement.

Outre le but général exposé plus haut, un tel système de mines doit remplir celui de faire sauter les assaillants qui tenteraient de pénétrer dans l'ouvrage par la brèche, à moins que l'attaque n'ait auparavant détruit ce système dans le cours de la guerre souterraine.

Parties essentielles. — Ce système consiste en une galerie à la gorge de l'ouvrage (galerie de gorge), puis en *grandes galeries* isolées conduisant à l'escarpe sous l'intérieur de l'ouvrage; il comprend enfin les rameaux nécessaires.

Remarque.—*Les mines volantes* et *les fougasses pierriers* peuvent être employées conjointement avec un système de mines, surtout comme soutien contre l'attaque à la surface du sol. On établit spécialement les mines volantes sur le fond du fossé, au-dessous de l'endroit présumé de la brèche.

EMPLOI DES EAUX.

Emploi. — Les eaux peuvent être utilisées non-seulement comme obstacle à l'escalade, et par suite faire partie intégrante de la fortification, mais aussi concourir très-efficacement à augmenter la force de résistance de cette fortification.

Elles trouvent emploi : A, à leur état naturel, ou B, d'une manière artificielle.

A. — *Utilisation des cours d'eau à leur état naturel*.

But. — Les fleuves, les rivières et les canaux que l'assiégeant ne peut saigner constituent pour le défenseur un avantage sérieux. Mais il faut pour cela que l'assaillant ne puisse traverser ces obstacles que très-difficilement sous le feu le plus violent de la place, qu'il soit autant que possible pris d'enfilade par cette dernière, enfin qu'il ne puisse se servir que d'une communication ne présentant pas une solidité et un couvert suffisants.

Lorsque la largeur du cours d'eau à bonne portée de fusil dépasse 50 mètres, il est impossible de construire une communication de ce genre (une chaussée sur laquelle le parapet est disposé); il en résulte alors que les ouvrages et fronts en arrière, nommés *fronts inondés*, ne peuvent généralement pas être exposés à une attaque en règle.

B. — *Utilisation artificielle des cours d'eau*.

Fossés inondés. — Les fossés pleins d'eau sont traités

dans la première partie, comme l'un des facteurs qui servent à obtenir l'abri de l'escalade; dans ce cas, aussi bien que pour renforcer spécialement des fossés d'ailleurs à l'abri de l'escalade, l'eau augmente les difficultés de l'exécution des travaux de tranchées dans les fossés. En effet, dans ce dernier cas, même avec une profondeur d'eau moindre que $1^m,80$, l'exécution d'une communication couverte jusqu'à la brèche (le passage du fossé) est rendue notablement plus difficile et entraîne une perte de temps beaucoup plus grande qu'avec des fossés secs.

Fossés à écluses (manœuvres d'eau). — Les mesures à prendre pour ce genre de fossés consistent : 1° en un dispositif pour tendre l'eau du fleuve, et 2° en dispositifs permettant à volonté de remplir ou de vider les fossés.

Le dispositif pour faire monter l'eau consiste en une écluse appelée *écluse de chasse ;* les dispositifs qui permettent de remplir ou de vider les fossés sont des écluses *d'entrée* ou *de fuite*. Ces dernières constituent ce que l'on appelle les écluses de manœuvre, quand elles sont disposées de manière à pouvoir être employées, suivant les circonstances, aussi bien comme écluses d'entrée que comme écluses de fuite.

Lorsqu'on se propose de n'inonder ou de ne vider que partiellement les fossés, ceux-ci sont séparés les uns des autres par des chaussées en pierres, nommées *batardeaux*, et chaque partie de fossé est munie d'écluses d'entrée et de fuite.

Les fossés qui ne doivent pas être inondés, ainsi que les endroits où le fleuve touche aux fossés, sont également séparés par des batardeaux.

L'écluse de chasse R (pl. IX, fig. 101) est construite en travers du cours d'eau à barrer et, d'après la fig. 102, consiste en 2 culées l et dans le nombre de piles intermédiaires z nécessaires.

Ces piles sont munies de 3 rangs d'entailles verticales (coulisses) $a\,a'$, $b\,b'$, $c\,c'$, dont les deux rangs disposés en amont ($a\,a'$ et $b\,b'$) sont à 2^m l'un de l'autre ; le 3^e $c\,c'$ se trouve à l'extrémité opposée de la pile.

Pour faire monter l'eau du fleuve, on engage des poutrelles dans les coulisses et on garnit de terre ou de fumier l'intervalle existant entre les deux rangs $a\,a'$ et $b\,b'$. La 3e paroi de poutrelles sert comme réserve, pour le cas où un dégât viendrait à se produire dans le barrage supérieur.

Dans l'intervalle $c\,c'$-$b\,b'$, les piles sont pontées.

Les écluses d'entrée et de fuite séparent les fossés de la place d'avec le fleuve, et permettent en même temps la réunion de ce dernier avec les fossés, au moyen d'une écluse disposée ordinairement pour être relevée (fig. 103).

Les écluses de manœuvre (fig. 104 et 104 A) consistent en plusieurs déversoirs parallèles $a_1\,a_1$-$a_2\,a_2$, et en un déversoir $b_1\,b_1$ les recroisant perpendiculairement.

Chacun de ces déversoirs est muni d'écluses de barrage ; les déversoirs $a_1\,a_1$-$a_2\,a_2$ ont une écluse de barrage de chaque côté du déversoir $b_1\,b_1$.

Lorsque l'écluse f du déversoir $b_1\,b_1$ est fermée et celle $c_1\,d_1$-$c_2\,d_2$ des déversoirs $a_1\,a_1$-$b_2\,b_2$ ouverte, l'eau accumulée en A peut s'écouler dans le fossé C_1. Lorsque l'on ferme les écluses $d_1\,d_2$ (sur le côté de G_1) et qu'on ouvre l'écluse f, l'eau tendue en A s'écoule dans le fossé G_4. Enfin, si après que le fossé G_1 est rempli, on ferme les écluses $C_1\,C_2$ qui se trouvent sur le côté de A et que l'on ouvre celles d_1, d_2 (du côté de G_1), l'eau s'écoule du fossé G_1 dans le fossé G_4.

Le batardeau (fig. 104 et 105) est épais de 2^m à 3^m et sa partie supérieure est disposée à arête vive, pour que l'ennemi ne puisse passer par dessus.

Dans son milieu se trouve une petite tourelle pointue haute de 2^m, *la dame*, pour empêcher de traverser le toit à califourchon.

Exemple. La fig. 101 de la pl. IX indique comment on utilise un fleuve pour l'organisation de fossés avec manœuvre d'eau :

R est l'écluse de chasse, servant en même temps de pont (pont éclusé);

m_1 est l'écluse de manœuvre servant à inonder les fossés G_1 et G_4 (les détails en sont donnés à la fig. 104);

b_1 est le batardeau de barrage correspondant pour séparer les fossés G_1 et G_4;

b_2 est le batardeau à écluse servant à inonder les fossés du bastion détaché;

b_3 est le batardeau à écluse servant à vider les fossés de l'ouvrage ci-dessus.

b_4 est le batardeau à écluse pour séparer les fossés G_1 et G_2, et au besoin pour remplir G_2 et vider G_1;

m_3 est une écluse de fuite et b un batardeau de barrage.

Remarque. Les diverses écluses, mais particulièrement celles de chasse, doivent être protégées complétement par leur position et leur organisation de détail, non-seulement contre les vues et les coups de main de l'ennemi, mais aussi contre le tir en brèche direct et indirect. Il y aura même lieu, dans certains cas, de les couvrir à l'épreuve de la bombe.

L'organisation de manœuvres d'eau suppose en outre :

a) Que l'eau qu'on introduit dans les fossés, lorsqu'elle constitue l'obstacle à l'escalade, a nécessairement une profondeur de 1m,80, sinon qu'elle atteint autant que possible cette profondeur ;

b) Que le fond des fossés est plus élevé que le niveau normal du fleuve.

Le fond du fossé peut alors avoir vers l'écluse de fuite la pente qu'exige le déversement complet des eaux du fossé.

Lorsque le fleuve traverse la place, il doit couper l'enceinte dans une partie rentrante et être séparé des fossés par des batardeaux de chaque côté.

Les endroits où le fleuve entre dans l'enceinte et en sort sont barrés par des portes grillées ou par une estacade flottante avec grillage en fer, et lorsque l'on a à craindre l'arrivée de grands vaisseaux (monitors), on fait usage aussi d'estacades et de mines sous-marines (torpilles).

Dans ce cas, le fleuve doit en outre pouvoir être enfilé par les grosses pièces.

On surveille les barrages de la même manière qu'une porte de ville.

Lorsque la place est située *d'un seul côté* du fleuve à tendre, on couvre l'écluse de chasse à disposer par un ouvrage sur l'autre rive. Cet ouvrage s'appelle *tête de pont*.

Les fronts qui font face au fleuve sont organisés comme fronts inondés.

Pour inonder les ouvrages avancés, on met leurs fossés en communication avec le fleuve ou avec les fossés de la place, au moyen de canaux que l'on peut ouvrir ou fermer à volonté.

Des inondations ne peuvent être tendues que sur les cours d'eau voisins des places fortes, et dans ce cas, comme dans les fossés à manœuvre d'eau, il faut une écluse de chasse pour faire monter le niveau de l'eau.

On peut tendre des inondations dans le lit même du fleuve ou sur les côtés.

Les inondations dans le lit du fleuve sont dites *naturelles* et *supérieures* en raison de leur situation relativement à l'écluse de chasse ; les inondations latérales sont dites *artificielles* et *moyennes*, eu égard à leur situation par rapport à l'écluse dont il s'agit, mais, quand elles sont placées en aval de cette écluse, près du cours d'eau dont elles sont séparées par une chaussée, elles sont dites *inférieures*.

On tend une inondation naturelle en faisant monter le niveau des eaux par l'écluse de chasse. Les eaux se répandent alors en dehors des rives du fleuve, ce qui suppose toutefois que le terrain avoisinant ne s'élève qu'insensiblement.

Les inondations artificielles exigent la présence de canaux ou de bas-fonds naturels ou créés artificiellement, nommés *bassins d'inondation*, dans lesquels on dirige l'eau du cours d'eau que l'on a tendu.

Les inondations naturelles sont ordinairement détendues directement par les écluses de chasse.

Les bassins d'inondation sont remplis et vidés au moyen de fossés ou canaux d'entrée et de fuite (canaux de dérivation), qui viennent soit directement du cours d'eau tendu, soit indirectement des fossés de la place, que l'on dispose alors comme fossés à manœuvre d'eau.

Le fond des bassins d'inondation doit être plus élevé que le niveau normal du cours d'eau et avoir une pente telle, par rapport à ses écluses de manœuvre (pour une inondation inférieure débouchant directement dans le fleuve, entre l'écluse d'entrée et l'écluse de fuite), que toute l'eau des bassins remplis puisse de nouveau être ramenée dans le fleuve.

L'inondation, dans son ensemble, répondra d'autant mieux à son but qu'elle s'étendra davantage en longueur et en largeur sur la campagne.

La fig. 101 indique comment on emploie les inondations :

m_2 est l'écluse de manœuvre pour remplir le bassin d'inondation moyenne par les fossés G_1-G_1 et pour le vider dans le fossé G_2.

m_3 est l'écluse de manœuvre pour remplir le bassin d'inondation inférieure par les fossés G_3-G_3 ou G_4-G_4, puis pour vider le bassin et les fossés G_3-G_3 et G_4-G_4.

Remarque. — Avec un fleuve dont les rives sont hautes et escarpées, il sera facile de tendre une inondation ; mais on ne pourra l'utiliser que pour obtenir des fossés à manœuvres d'eau, et lorsque l'occasion s'en présentera comme inondation moyenne et inférieure.

Il est complétement impossible d'en tirer parti avec des cours d'eau à forte pente, très-larges ou à courant rapide.

Pour les fortifications sur les bords de la mer, on peut quelquefois utiliser le flux et le reflux pour obtenir des inondations ou des manœuvres d'eau.

III.—RÈGLES SPÉCIALES POUR L'ORGANISATION DES FORTIFICATIONS SUR LES COTES DE LA MER ET EN PAYS DE MONTAGNES.

Fortifications côtières (1).

Les fortifications côtières, c'est-à-dire celles qui sont destinées à opérer contre la mer et qui peuvent être attaquées par des *vaisseaux de guerre*, ne se distinguent sensiblement des fortifications sur terre que par l'organisation de détail, et cela pour trois raisons principales :

1° Parce que l'adversaire emploie d'autres moyens pour les combattre, à savoir des vaisseaux, qui sont armés des pièces les plus lourdes trouvées jusqu'à présent et protégées de la manière la plus satisfaisante par des plaques cuirassées ;

2° Parce que ces fortifications sont armées elles-mêmes de pièces au moins aussi puissantes que celles des navires, pour être en mesure de percer les cuirasses de ces navires, ainsi que les parois des coupoles ou tourelles qui se trouvent sur ces navires ;

3° Parce qu'en général il n'est pas possible de les attaquer méthodiquement (2), et que par suite elles n'ont à résister qu'au bombardement des navires et à l'attaque de vive force, ou aux coups de main tentés par des

---

(1) Voir le *Guide pour l'enseignement de la fortification de campagne* du même auteur, p. 262, Vienne, 1873.

(2) Font seuls exception à cette règle les ouvrages qui sont placés aux ailes des lignes de la fortification faisant face à la mer, auxquelles les fortifications continentales viennent s'appuyer et auxquelles incombe aussi la mission de protéger les places côtières contre les attaques venant du côté de la terre.

troupes débarquées en chaloupes et relativement faibles.

Pièces de marine. — Le plus lourd canon anglais se chargeant par la bouche, la pièce de 81 tonnes, a $0^m,44$ d'âme ; elle tire avec une charge de 136^k un projectile de 750^k ; les canons Armstrong de 100 tonnes, destinés aux navires à tourelles italiens, ont $0^m,47$ d'âme et tirent avec une charge de 160^k un projectile de $1,000^k$. Il faut une machine hydraulique pour opérer le chargement. Les pièces prussiennes ou russes les plus lourdes exécutées jusqu'à présent se chargent par la culasse ; elles ont $0^m,31$ d'âme, une charge d'environ 66^k et un projectile de 280^k. Les nouveaux canons en acier fondu de Krupp ont $0^m,46$ d'âme, une charge de 200^k et un projectile de $1,040^k$.

Les cuirasses des navires ont, au-dessus de l'eau et jusqu'à environ 1^m ou $1^m,50$ au-dessous de la ligne de flottaison, une épaisseur moyenne de $0^m,10$ à $0^m,31$ (1); les tourelles placées sur le pont ont jusqu'à $0^m,36$ d'épaisseur.

Le navire anglais à tourelles *l'Inflexible*, le plus récemment mis sur chantiers, a deux blindages de chacun $0^m,31$ d'épaisseur, séparés par une couche de bois : les cuirasses des navires italiens susmentionnés sont épaisses de $0^m,57$.

Comme *pièces de côtes*, on compte actuellement en Autriche les canons rayés de 24^{cm}, frettés et disposés pour le chargement par la culasse d'après le système Krupp (1), et les mortiers rayés de 21^{cm} se chargeant par la culasse.

En ce qui concerne *une attaque navale*, il y a trois choses qu'il ne faut pas perdre de vue :

---

(1) Dans la lutte entre l'artillerie de côtes et les navires cuirassés, qui dure maintenant depuis près de vingt années, chaque progrès accompli d'un côté en amène un semblable de l'autre côté. Comme conséquence de cet état de choses, il résulte qu'il y a à peine deux navires de construction parfaitement semblable et que les épaisseurs des cuirasses sont très-variées.

(2) Le poils du projectile creux chargé de 24^{cm}, en fonte durcie, est de $140^k,50$, la charge de poudre de $3^k,83$.

1° Que l'ennemi peut à l'improviste faire entrer en action un grand nombre de navires pourvus d'un nombre supérieur de pièces avec une quantité considérable de munitions. L'adversaire est par suite en mesure de couvrir d'une grêle de projectiles les ouvrages de la côte ou au moins quelques-uns d'entre eux, ce qui rend indispensable de garantir d'une manière toute spéciale les pièces de côtes ;

2° Que les vaisseaux s'avancent contre les fortifications avec une vitesse considérable de 8^m par seconde, et ne peuvent par conséquent qu'être difficilement atteints par celles-ci; toutefois, pourtant, cette éventualité doit avoir pour effet de rendre très-mobiles les pièces placées sur les remparts et de leur ménager de grands angles de tir, ainsi que de faire prendre les dispositions nécessaires pour que le chargement et l'approvisionnement des munitions aient lieu rapidement et facilement;

3° Qu'un vaisseau ne se trouve jamais complétement au repos, de sorte que les coups tirés par les pièces de marine sont loin d'avoir la même précision que ceux tirés sur terre.

A nombre égal, des pièces de côtes de même valeur et également bien abritées sont par conséquent supérieures aux pièces d'un vaisseau.

Les parties les plus faibles d'un navire sont : le pont, qui ne comporte qu'un mince chapeau en fer à travers lequel on peut endommager la machine, puis l'hélice et le gouvernail. Ce sont, par suite, les principaux objectifs à assigner pour but aux pièces de côtes, surtout le pont comme objectif des mortiers.

Détail. — Dans ce qui suit, on se bornera à indiquer

les points qui distinguent les fortifications des côtes des fortifications continentales.

1° *Le parapet* doit être tenu plus épais.

L'épaisseur de ce parapet, avec de bons matériaux (sable, argile), doit être au moins de 12^m, en supposant que les navires peuvent approcher des côtes à une distance de tir efficace.

<small>Lorsqu'on manque d'espace, il y a lieu de remplacer la terre par des matériaux résistants. On admet pour le béton une résistance 3 fois plus grande, pour le granit 10 fois, et pour le fer 40 fois plus que pour la terre.

D'après les expériences faites à Shœburyness et à Newhaven, en 1869, le projectile du canon anglais de 9 pouces, se chargeant par la bouche, pénètre dans la terre de 12^m, dans le béton de 3^m,66, dans les briques et les maçonneries de pierres de taille, de 2^m,45, dans le granit de 0^m,61, et dans le fer de 0^m,28.

Le talus intérieur doit toujours être revêtu en moellons ou en béton, pour rendre plus difficile l'écrêtement du parapet et protéger le mécanisme des affûts.</small>

Le relief du parapet est de 3^m pour les pièces de côtes de 24^m employées avec des embrasures de 1^m,20 de profondeur.

Le relief des crêtes doit avoir au moins la même hauteur que la grande hune des navires, c'est-à-dire 16^m à 19^m au-dessus du niveau du flux, mais n'être en aucun cas moindre que 8^m à 10^m, pour n'être pas dominé par le pont des frégates cuirassées.

2° *L'organisation du rempart.*

Les batteries sont exécutées avec une grande solidité et il faut éviter les constructions creuses au-dessous de ces batteries.

<small>Le canon fretté de 24^{cm} exige une *hauteur de genouillère* de 1^m,80, un *espace* de 11^m,40 en largeur et de 8^m,20 en profondeur.</small>

Chaque pièce est placée entre deux *traverses*.

L'épaisseur des traverses à la plongée, surtout des premières traverses, doit être égale à celle du parapet, pour résister aux feux d'enfilade; contre les feux d'écharpe très-violents, elle peut n'être que les 2/3 de cette épaisseur, mais elle a au minimum 3^m,20.

La traverse peut commander la crête de 1^m,60, pour mieux garantir contre les coups d'écharpe.

Les embrasures ordinaires en terre ne sont employées que pour battre un cours d'eau navigable de peu de largeur.

Pour masquer les embrasures, en Prusse, on place des arbres devant le talus intérieur.

Des boucliers en fer peuvent être encastrés dans les embrasures (fig. 110, pl. X).

Les casemates cuirassées du rempart sont organisées d'après la fig. 109.

Les tourelles en fonte durcie de Gruson (ayant 0^m,70 aux endroits les plus épais) sont disposées d'après la fig. 109 (fort Weser), en fer laminé, d'après les fig. 112 et 112 A (fort de l'Escaut à Anvers).

Les tourelles sont mises en mouvement par la vapeur, toutefois, on a dû prendre aussi des dispositions pour les faire mouvoir à bras, afin d'être en mesure de parer à toutes les éventualités. La mise en place et le changement des pièces peuvent être effectués par des plates-formes élévatoires.

Les magasins de munitions ont une capacité correspondante aux besoins des pièces de grands calibres : *des monte-munitions,* tels que des grues et même des ascenseurs hydrauliques, et *des wagonnets à munitions,* qui amènent ces dernières sur *des rails* près des ascenseurs et de là près des pièces, permettent un service rapide des bouches à feu et sont indispensables à cause du grand poids des projectiles.

La fig. 106 donne l'organisation du terre-plein d'un ouvrage côtier prussien.

Sous chaque 2ᵉ traverse se trouve un magasin de munitions, hors duquel un monte-cartouches et un monte-projectiles spéciaux amènent les munitions dans l'espace vide des traverses, d'où on les expédie par des ouvertures aux endroits où l'on en a besoin.

Dans chaque ouvrage côtier important il doit exister des *abris à l'épreuve de la bombe* pour toute la garnison. Dans les ouvrages intermédiaires et les batteries, il suffit de construire à l'épreuve les magasins de munitions et les refuges nécessaires à la garnison pendant le combat.

Les communications sur le rempart consistent en rampes avec pente de 1/6 à 1/12, en escaliers et en ascenseurs pour les pièces et les munitions.

Divisions des ouvrages de côtes. — Les ouvrages côtiers se divisent en :

1° *Forts maritimes (côtiers) découverts*, qui doivent être construits seulement en des points élevés, que les vaisseaux ne peuvent atteindre que difficilement avec quelque précision. Néanmoins, en pareil cas, les pièces doivent être garanties contre l'enfilade, les feux d'écharpe violents et les coups de revers (1).

---

(1) Dans les ouvrages côtiers ouverts, on emploie en Angleterre des affûts à éclipse du système Moncrieff qui, après le coup tiré, ramènent d'eux-mêmes le canon dans une fosse profonde, où il peut être rechargé à l'abri des vues et du tir plongeant, rasant de l'adversaire. Au moment de tirer, la pièce est ramenée rapidement à hauteur au moyen d'un contre-poids.

Dans les endroits profonds, les embrasures doivent être munies de boucliers en fer.

2° *Batteries de côtes découvertes.* Elles sont semblables aux forts côtiers, et ne s'en distinguent que par un nombre plus petit de bouches à feu et un développement de crêtes restreint en conséquence.

Elles soutiennent les forts côtiers et sont placées comme eux dans des positions élevées ou retirées.

3° *Forts avec casemates cuirassées,* en fonte durcie ou en fer laminé, d'après la fig. 111 (anglais) ou 109.

4° *Forts à tourelles cuirassées* (1), d'après la fig. 112. On peut aussi réunir les deux espèces de forts qui viennent d'être nommées, pour constituer des

5° *Forts cuirassés avec réduit à tourelles,* d'après les fig. 109 ou 107 (anglais).

Ces trois dernières catégories sont surtout employées dans les positions peu élevées et lorsque l'espace est limité (sur les écueils et les brisants), ou dans le cas de fondations difficiles et par conséquent coûteuses (constructions dans l'eau), et lorsqu'il y a à craindre un feu enveloppant. Les tourelles et les casemates cuirassées sont placées au-dessus d'une construction inférieure casematée à l'abri de l'escalade, qui sert de refuge et d'abri pour la conservation des munitions.

Relativement à l'emplacement des ouvrages côtiers, il y a lieu de faire remarquer que, lorsqu'ils occupent une

---

On a fait aussi çà et là des études avec des plates-formes qui, chargées de leur canon, peuvent être abaissées et élevées au moyen de machines pneumatiques ou hydrauliques.

(1) Ce serait dépasser les bornes de ce livre que de mentionner aussi tous les anciens types qui existent encore en Angleterre.

position de 100ᵐ de hauteur, ils permettent un feu fichant très-prononcé (la plus grande inclinaison des pièces côtières est de 9°) contre le pont du navire, tandis qu'ils nuisent essentiellement à la justesse du tir des pièces navales.

Obstructions des passes.

But. — La rapidité avec laquelle se meuvent les navires et par suite la difficulté de les atteindre sûrement, la lenteur des feux des grosses pièces (1 coup par 2 à 4 minutes), qui en outre n'arrivent plus à percer les cuirasses au delà de 1,500 pas de distance, donnent des chances de réussite à une tentative faite pour forcer l'entrée d'un port sous le feu des fortifications des côtes, ou, suivant le cas, pour passer devant celles-ci à toute vapeur, lorsqu'il n'existe pas d'autres moyens d'empêcher cette course (1).

Les moyens à employer pour cela consistent à obstruer les passes par des *obstructions navales et des mines sousmarines* (torpilles).

Les obstructions navales doivent être en état de résister aux chocs les plus forts des vaisseaux ou d'entraver les mouvements de leur hélice.

Les barrages fixes consistent en navires coulés à fond, en rangées ou en groupes de pilots, dont les intervalles sont remplis de pierres aux endroits peu profonds.

Les barrages flottants conviennent aux eaux profondes et aux forts courants. Ils se composent : 1° de chaînes ou

---

(1) L'histoire militaire relate de nombreux exemples de vaisseaux, même de flottes entières, qui ont forcé le passage sous le feu de fortifications côtières.

de câbles en fil de fer, fixés à des bâtiments ou à des radeaux à l'ancre ; 2° de radeaux ; 3° de réseaux de vaisseaux, de cordages ou de chaînes, dans lesquels l'hélice d'un navire vient facilement s'embarrasser.

Les barrages flottants ont l'avantage de pouvoir être plus rapidement enlevés que les barrages fixes, lorsqu'on a besoin de le faire pour la navigation de la flotte nationale ; mais on ne peut en établir qu'aux endroits qui ne sont pas exposés à de grands mouvements des vagues.

Pour permettre aux navires nationaux de circuler, il y a lieu de ménager des portières ayant la largeur nécessaire.

Les mines sous-marines sont chargées avec de la dynamite ou du coton-poudre mouillé et comprimé, et elles se divisent en :

1° *Torpilles* qui font explosion par le choc du navire. Elles s'appellent *torpilles automatiques*, quand elles font explosion directement par le choc, c'est-à-dire par une percussion, une friction ou une réaction chimique ;

Torpilles électriques (système du général du génie autrichien baron Ebner), lorsque le choc du navire donne naissance à un courant électrique qui produit l'explosion.

Avec cette dernière espèce de torpille, on a toujours à sa disposition le moyen de produire ou non l'explosion, suivant qu'on met ou ne met pas en communication la batterie électrique placée sur la rive avec les conducteurs qui relient celle-ci à la torpille.

Les torpilles peuvent reposer au fond de la mer (torpilles de fond) ou flotter (torpilles flottantes). Dans les deux cas, il faut qu'elles ne soient ni trop profondes ni trop espacées, pour qu'un gros navire ennemi ne puisse pas passer *au-dessus* ou même entre 2 torpilles, sans se heurter à l'une d'elles (1). On les place ordinairement à 2^m,50 sous l'eau et à une distance l'une de l'autre correspondant à la sphère d'action du diamètre exigé par la charge.

2° *Torpilles mixtes*, auxquelles on met le feu par un appareil électrique placé sur la rive, au moment précis où un navire ennemi vient à passer au-dessus d'elles. La profondeur la plus convenable pour les disposer *au-dessous* du niveau de l'eau doit être un peu plus grande que le plus fort tirant d'eau des navires nationaux, pour ne pas entraver la navigation de ces derniers.

Avantages et inconvénients des diverses espèces de torpilles. — Les torpilles automatiques rendent inutile l'observation des vaisseaux ennemis, elles ne dépendent pas par conséquent du degré de facilité d'observation et elles agissent sûrement et en temps opportun, même la nuit, et par les temps de brouillard.

Mais elles ont l'inconvénient, par suite de leur rapprochement forcé, d'être en très-grande quantité, de mettre également en danger les vaisseaux nationaux ou d'en entraver l'entrée ou la sortie. De plus, bien que les torpilles électriques ne fassent courir aucun danger aux navires nationaux, ceux-ci peuvent néanmoins détruire les torpilles par un choc accidentel.

Il n'est pas impossible de produire l'explosion ou la destruction prématurée des torpilles de ce genre, au moyen de corps flottants amenés par les vagues ou de bateaux

---

(1) Les frégates cuirassées ont un tirant d'eau qui va jusqu'à 10^m, tandis qu'il existe des monitors qui n'ont que 1^m,50 de tirant.

spécialement affectés à ce but. Pour toutes ces raisons, il convient de n'employer des torpilles automatiques spontanées que sur les points à protéger contre les tentatives de débarquement et non réservés à la navigation côtière.

Les torpilles mixtes ont le grand inconvénient d'exiger, pour leur fonctionnement en temps utile, la collaboration immédiate de plusieurs personnes et l'emploi de plusieurs appareils (1), ce qui surtout la nuit et par les temps de brouillard est toujours incertain. Il est vrai que pendant la nuit il y a lieu d'éclairer au moyen de la lumière électrique la ligne des torpilles mixtes et les eaux navigables en avant.

Habituellement on combine les deux systèmes, en barrant par des torpilles mixtes les passes dont l'accès reste ouvert à la flotte nationale, et les autres eaux par des torpilles automatiques ou électriques.

Protection des barrages. — Il y a lieu de protéger les obstructions et les lignes de mines sous-marines contre les tentatives de surprise par terre, au moyen d'ouvrages de fortifications qui en interdisent l'approche. Ces ouvrages doivent être flanqués du côté de la mer par des batteries de côtes, pour empêcher les navires de venir les attaquer. Il faut d'ailleurs les soustraire le plus possible aux vues de l'adversaire placé en dehors de l'entrée du port.

Pour l'établissement des barrages, il est naturel de choisir, autant que possible, les endroits les moins larges.

---

(1) On se sert, pour observer, d'un appareil spécial qui indique exactement sur quelle mine se trouve le vaisseau en vue.

Remarque. La défense des places côtières par *la flotte, l'artillerie et les troupes* peut encore être renforcée par des torpilles offensives, des bateaux-torpilles et des bateaux sous-marins.

Les *torpilles offensives*, du système des capitaines de vaisseau autrichiens Lupis et Whitehead, sont des torpilles flottantes, qui peuvent se mouvoir automatiquement à une certaine profondeur, 2^m par exemple, au-dessous du niveau de la mer et parallèlement à ce niveau, au moyen d'un mécanisme spécial renfermé dans leur intérieur et qui les porte dans une direction donnée. Lorsque, dans son mouvement en avant, une torpille offensive vient à rencontrer un corps solide, par exemple un navire ennemi, la substance explosive contenue dans cette torpille fait explosion.

Ces torpilles peuvent être lancées, avec de grandes chances de succès, contre les navires éloignés de 1200 à 1500 pas du point où elles sont mises en mouvement. Les torpilles offensives sont descendues dans l'eau, au moyen de bateaux spécialement construits à cet effet, mais au besoin aussi à l'aide de chaloupes ordinaires. Rien n'empêche, par conséquent, de les diriger contre une flotte ennemie qui se tient à une distance du littoral plus grande que celle donnée, et de les employer pour détruire des lignes de mines sous-marines et de barrages ou d'obstructions. On protège d'ailleurs par des estacades ces divers genres de défense maritime.

Les *bateaux-torpilles* sont des petits bateaux à vapeur couverts, à marche rapide, munis à leur partie antérieure (proue) d'une poutrelle faisant saillie de 8 à 10^m extérieurement et à l'extrémité de laquelle est suspendue la torpille (torpille à pointe) qui doit être lancée contre les vaisseaux ennemis. L'équipage se compose de quelques hommes courageux qui s'efforcent, pendant la nuit et les brouillards, d'arriver inaperçus sur les navires ennemis.

Les *bateaux sous-marins* se meuvent sous l'eau dans la direction de la flotte ennemie, en vue de produire une voie d'eau dans ses vaisseaux, de les couler à fond ou de les faire sauter.

Un grand avenir paraît réservé, pour la défense des fortifications côtières, aux torpilles offensives, ainsi qu'aux bateaux sous-marins.

Enfin, il y a lieu de mentionner encore que, pour rendre plus difficile l'entrée du port et le mouillage de la flotte ennemie devant ce port, on enlève tous les signaux servant à la navigation et tous les feux d'éclairage.

Fortifications en pays de montagnes.

Les fortifications en pays de montagnes élevées (et de

hauteur moyenne) ne diffèrent essentiellement de celles construites en plaine que par les points suivants :

1° Par l'emploi plus étendu *de casemates de rempart* et dans l'avenir aussi *de tourelles* (1), d'abord, afin de se soustraire aux conséquences défavorables d'une position dominée, ensuite, parce que l'emplacement presque toujours limité de ces fortifications ne permet pas dans tous les cas l'emploi d'un parapet ordinaire avec traverses (voir 1re Partie, page 51), enfin, en partie aussi à cause de l'influence de la température, qui se fait sentir, dans les régions élevées, d'une manière beaucoup plus rigoureuse que dans la plaine et dans les régions moyennes.

Ces conditions conduisent souvent à construire exclusivement des ouvrages casematés, au lieu d'ouvrages ordinaires ouverts.

2° Dans le moindre soin qu'on apporte à *défiler les maçonneries* des feux plongeants dans les cas suivants : lorsque les lignes de la fortification sont dirigées sur les parties du terrain où l'ennemi pourrait tout au plus

---

(1) L'épaisseur du fer peut très-bien être moindre, dans la plupart des cas, que pour les fortifications en plaine, eu égard au calibre des bouches à feu et à la distance à laquelle il est possible de les faire agir contre les tourelles d'après les conditions locales. Ainsi des plaques cuirassées de 0^{m}03 d'épaisseur seulement résistent déjà aux grandes distances aux pièces de 9^{cm}, les plaques de 0^{m}06 résistent aux pièces de 12^{cm}. Le canon ordinaire de 15^{cm} ne peut être employé contre une cuirasse de 0^{m}15 qu'à une distance ne dépassant pas 1000 pas. Mais il est à peine possible de placer le canon fretté de 15^{cm} à une distance assez rapprochée pour agir efficacement contre des fortifications de montagnes bien situées. D'ailleurs la pénétration des coups diminue considérablement lorsque la distance augmente. Ainsi l'obus en fonte durcie de 15^{cm} traverse :

à 450^m des plaques de fer laminé de 0^{m}1524 d'épaisseur.
   800 — — 0 1397 —
  1300 — — 0 1270 —
  2000 — — 0 1143 —
  2500 — — 0 1016 —

amener des pièces de campagne ; puis, lorsque l'adversaire est obligé de tirer de bas en haut ; quand les emplacements possibles pour les pièces de l'assaillant sont placés en deçà de la portée efficace du tir en brèche des calibres que l'on peut employer, etc.

Dans ces divers cas, on peut pour ainsi dire se passer de couvrir les maçonneries, même contre le tir de plein fouet, mais alors ces maçonneries doivent être construites en pierres très-dures (granit).

3° Par *des formes complétement irrégulières*, qui se déduisent de la configuration de l'emplacement des ouvrages.

IV. — RÈGLES SPÉCIALES POUR L'ORGANISATION DES FORTIFICATIONS PROVISOIRES.

Emploi. — Conformément à ce qui a été dit dans l'Introduction, des ouvrages provisoires ne devraient être employés, en des points d'une importance militaire permanente, que comme complément des dispositions de la fortification permanente. De plus, les parties essentielles de ces ouvrages sont établies dès le temps de paix, parce que les constructions de ce genre, exécutées seulement en temps de guerre, ne satisfont pas toujours et pas complétement aux conditions qu'elles doivent remplir.

Mais il peut se faire que la fortification d'un de ces points n'a pu être effectuée en temps de paix, soit par suite de considérations financières ou politiques, soit parce que l'importance de ce point avait été méconnue ou que des conditions politiques différentes en ont fait reconnaître l'importance seulement lorsqu'il était trop tard pour le fortifier d'une manière permanente, soit enfin parce que les cas de guerre concrets et les plans de campagne des généraux font ressortir au dernier moment l'importance d'une position déterminée, de manière à rendre indispensable la fortification solide de cette position. Dans ces conditions, il ne faut rien négliger pour compléter la fortification du point en question dans le sens indiqué. Il importe, par suite, d'en entreprendre la construction dès le début de la mobilisation, de façon à la terminer pendant le temps qui, dans les cas *les plus favorables, peut s'écouler* avant que l'adversaire soit en mesure d'attaquer cette fortification.

Toutefois, il se présente aussi des cas où la force de résistance que l'on peut procurer à une position par des fortifications provisoires, par rapport au temps donné, suffit au but de la guerre.

La nécessité de réaliser des économies et de mettre généralement en état la fortification avec une somme donnée ne peut pas à elle seule justifier la fortification d'un point dans le genre provisoire, lorsque l'emploi de la fortification permanente serait indispensable, parce que d'un côté le but posé n'est pas complétement atteint, d'autre part, parce que l'économie obtenue n'est que momentanée, car les constructions ultérieures et la répétition des sommes consacrées à l'installation défensive engloutissent largement ce qu'on aurait dépensé pour une construction permanente.

Il y a lieu, en outre, de prendre en considération, qu'en ce qui concerne les fortifications provisoires, la diminution de la résistance passive se traduit par une augmentation des éléments actifs ; les fortifications provisoires ont besoin par conséquent d'un armement plus fort, d'une garnison plus nombreuse et plus solide, afin que ces éléments puissent, jusqu'à un certain point, compenser ceux qui font défaut.

Le peu de temps nécessaire actuellement à une armée, pour passer du pied de paix au pied de guerre (1), comme aussi la marche rapide des préliminaires politiques qui, dans les guerres du temps passé, laissaient le temps de faire les préparatifs, limitent aussi actuellement plus qu'autrefois la construction de fortifications provisoires et commandent de les réserver principalement pour l'intérieur du pays.

---

(1) Dans la guerre franco-allemande de 1870, 26 jours après l'ordre de mobilisation, les Allemands étaient devant Strasbourg, 4 semaines après devant Metz, dont l'ouvrage provisoire établi à Saint-Privat n'était pas encore terminé et demeura inachevé. Neuf semaines ensuite, Paris était déjà complétement investi, et les ouvrages construits dans le genre provisoire à Moulin-la-Tour, Brimborion, Sèvres, Montretout, au début aussi aux Hautes-Bruyères, etc., durent être abandonnés parce qu'ils n'étaient pas achevés.

Conditions de leur emploi. — Les conditions essentielles pour l'établissement en temps utile des fortifications provisoires, par conséquent pour leur emploi, sont :

a) Que, dès le temps de paix, *les projets des ouvrages à construire* soient complétement élaborés jusque dans les moindres détails ;

b) Que, dès le début de la mobilisation, *les outils, les matériaux de construction et les travailleurs* nécessaires, y compris les ouvriers d'art, *se trouvent en lieu et place ;* il faut en outre pouvoir facilement compléter ces divers éléments ;

c) Que *le sol, la saison et la température* favorisent le travail (1) ;

d) Que, dans l'élaboration du projet et dans l'exécution des ouvrages, on fasse en sorte d'atteindre avant tout *complétement la mise en état de défense et l'abri de l'escalade*, pour chaque ouvrage et pour la place entière. Le complément de la force de résistance, nécessaire pour résister à un bombardement durable avec pièces de siége, doit être réservé pour le temps qui s'écoule depuis l'établissement de l'ennemi devant la fortification jusqu'à l'arrivée du parc de siége.

---

(1) Dans les régions montagneuses, où sous une mince couche d'humus apparaît le roc, où l'emplacement est boisé, la construction de la fortification doit être précédée de l'établissement d'une route et du déboisement de l'emplacement, de sorte que les conditions sont très-défavorables pour la construction d'ouvrages provisoires.

De même l'hiver ne convient pas pour cette construction, parce que les jours sont courts et le terrain gelé, ce qui oppose des difficultés extraordinaires à des travaux de terrassement.

Il peut se faire aussi que, par suite de pluies continuelles et violentes survenues pendant la construction, un ouvrage n'arrive pas à être terminé dans le temps donné, suffisant sans cela.

Le temps disponible ensuite jusqu'au commencement du siége effectif doit encore être utilisé le mieux possible à renforcer davantage les ouvrages et à y créer des logements à l'épreuve.

Mais l'activité ne doit pas cesser à cette période ; au contraire, il faut déployer la plus grande énergie pour qu'au fur et à mesure des progrès de l'ennemi, la fortification réponde aux nécessités toujours croissantes.

Temps de la construction.—Le temps dont on dispose pour la construction dépend :

1° *Pour obtenir la force défensive et l'abri de l'escalade.*

a) Du temps dont l'adversaire a besoin pour se mobiliser et commencer les opérations.

Ce laps de temps varie suivant l'adversaire et comporte au moins 14 jours, au plus 4 semaines.

b) Du temps qui s'écoulera avant que de grandes forces ennemies marchant à pied puissent apparaître devant la place après avoir franchi les frontières (1). Dans ce cas, on supposera que l'on a commencé la construction de la fortification en même temps qu'ont été donnés les ordres de mobilisation, et que les deux armées seront mobilisées dans le même laps de temps.

2° *Pour obtenir le degré de résistance voulu contre les pièces de siége.*

Du temps que mettront à arriver les parcs de siége et de celui qui est nécessaire pour faire les préparatifs d'un

---

(1) Il ne peut pas être question du transport par les voies ferrées, car les chemins de fer nationaux doivent être détruits à l'approche de l'ennemi.

bombardement. Il y a lieu de remarquer à ce sujet que, les routes et les chemins de fer étant encombrés par les troupes et les convois d'approvisionnements, c'est tout au plus si un parc de siége peut être mis en mouvement 14 jours après l'achèvement de la mobilisation, de sorte que sa mise en route est soumise à toute sorte d'éventualités et qu'ensuite il ne peut avancer que fort lentement (1).

Le temps nécessaire pour l'établissement d'un ouvrage provisoire, satisfaisant aux conditions énoncées pour le premier cas ci-dessus, sera de 6 semaines, en admettant les circonstances les plus favorables et une exécution rapide de la construction. Pour une exécution complète, satisfaisant aux prescriptions du deuxième cas, il faudra 8 semaines, car il y a lieu de remarquer que 8 jours se passent depuis la date de l'ordre jusqu'au jour de la mise en train réelle. Ce dernier délai est nécessaire pour permettre aux officiers et aux détachements de troupes du génie d'arriver du lieu de leur résidence ordinaire, et pour recevoir les outils, le matériel et les instructions nécessaires, etc.

En admettant même que certains ouvrages, particulièrement ceux qui ne servent qu'à compléter des fortifications permanentes, puissent être exécutés dans un court espace de temps, il n'en faut pas moins considérer comme un minimum les évaluations précitées, lorsqu'il s'agit de la construction d'ouvrages nouveaux pour de grandes places, car les difficultés croissent avec le nombre des ouvrages à construire. En effet, il ne faut pas perdre de vue la grande

---

(1) Le parc d'artillerie de siége arriva devant Strasbourg le 32e jour après l'organisation de la mobilisation générale. Le premier tir avec des pièces de siége (depuis Kehl) eut lieu le 40e jour après la déclaration de guerre; devant Paris, seulement le 164e jour.

quantité d'ouvriers et d'outils nécessaires, le personnel de surveillants exercés, la difficulté de se procurer des matériaux de construction en quantité suffisante.

Enfin, outre la construction des fortifications, on est obligé d'entreprendre celle de travaux d'une grande espèce en rapport avec le temps donné, tels que routes, magasins, laboratoires, baraques pour abris et pour hôpital; souvent même, on est contraint de procéder au déboisement de forêts considérables (1).

La comparaison du temps dont on prévoit pouvoir disposer, avec celui réellement nécessaire pour la construction, permettra de décider s'il y a lieu, d'employer la fortification provisoire ou la fortification de campagne pour un emplacement déterminé, c'est-à-dire si, dans le dernier cas, il faut renoncer à protéger la place par l'armée et laisser sa garnison relativement faible livrée pendant longtemps à ses propres forces. Cette garnison sera alors exposée à un siége qui, d'après toutes les prévisions, tournera au désavantage de la défense avant que la place ait pu remplir son but.

Organisation de détail en général.

D'après ce qui a été expliqué dans l'Introduction, les fortifications provisoires sont construites dans leurs parties essentielles d'après les règles de la fortification permanente; seules *l'exécution du travail et la construction des détails* sont différentes.

Il convient de faire entrer en ligne de compte à ce

---

(1) La tête du pont de Floridsdorf à Vienne, exécutée en 1866 dans le genre provisoire, sans être cependant en état de soutenir un siége entrepris avec les moyens d'attaque actuels, exigea un délai de 82 jours pour sa construction, à laquelle 7,000 ouvriers furent en moyenne employés par jour.

sujet la considération qu'après la guerre, un ouvrage provisoire peut à peu de frais être transformé en ouvrage permanent.

L'**exécution du travail** doit, comme il a déjà été dit, être dirigée de manière à terminer tout d'abord ce qui est le plus important et à pouvoir ajouter ou compléter petit à petit ce qui est nécessaire ou désirable ensuite. Il faut en outre que l'achèvement d'une partie (le rempart) soit complétement indépendant de celui d'une autre partie (constructions creuses sous le rempart).

En ce qui concerne la **construction des détails** en général, il y a lieu de remarquer que les dimensions doivent être réduites au minimum admissible, que la maçonnerie, à peu d'exceptions près, doit être remplacée par la charpente et par l'emploi du fer tel qu'on le trouve dans le commerce ; rails, fers à T, etc.

Organisation du parapet et du rempart.

Parapet. — *Même épaisseur* que pour la fortification permanente. Il n'est guère admissible de diminuer cette épaisseur, attendu que les projectiles pénètrent plus profondément dans des terres fraîchement remuées que dans le massif bien tassé des constructions permanentes.

Le *relief* doit être déterminé de manière à battre suffisamment la campagne. Avec le temps très-parcimonieusement mesuré pour l'exécution, on admet cependant 4^m à 5^m comme plus grande dimension et $2^m,50$ comme plus petite.

<small>Un accroissement du relief, basé sur la considération d'augmenter la valeur de l'obstacle, ne serait pas justifié, parce que l'expérience apprend que le feu rasant de parapets peu élevés, lequel est</small>

pourtant le facteur principal pour repousser un assaut, est plus efficace que le feu de parapets plus élevés (1).

Quand les ouvrages ont une importance capitale, on peut obtenir l'avantage d'un grand relief, c'est-à-dire d'être mieux couvert à l'intérieur, en abaissant de 1^m à 2^m la cour des forts, ou sinon en exécutant les communications en forme de tranchées.

Organisation du rempart. — Les pièces et les affûts employés sont les mêmes que pour les fortifications permanentes. La hauteur de genouillère, les emplacements de pièces, les barbettes, les embrasures et les bonnettes sont par conséquent ceux qui ont été indiqués dans la première partie, pages 33 à 44. Les traverses comportent également les mêmes dimensions.

Il convient de n'organiser des *constructions creuses* sous le rempart que lorsqu'elles n'empêchent pas d'achever le parapet, ou bien lorsque, d'après les circonstances, elles peuvent être exécutées après coup par des travaux de mines, comme par exemple les poternes, les abris et les magasins de munitions de distribution.

Dans les grandes constructions creuses, les parois sont faites en maçonneries avec mortier de ciment, les toits sont soutenus par des rails ou du fer à T, surmontés d'une épaisseur de maçonnerie de béton coulé et d'une couche de terre, d'après la pl. III, fig. 34.

D'après les récentes expériences de tir d'Olmutz, deux rangées de rails, $1^m,25$ de maçonnerie de béton coulé et 2^m de terre, sont en mesure de résister aux coups des bombes cylindro-ogivales de 21^{cm}, car une construction avec supports en fer de $0^m,31$ d'épaisseur, 1^m de béton et $1^m,85$ de terre est demeurée complétement intacte.

---

(1) D'après des expériences autrichiennes, le nombre des coups ayant porté, en tirant avec des fusils du haut d'un parapet de $2^m,50$, dépasse de $11,50$ pour 100 la proportion d'un tir fait d'un parapet haut de 4^m.

Les toits provisoires en charpente et en fascines, pour être capables de résister aux bombes des mortiers rayés de 21^{cm}, doivent être surmontés d'une couche de terre fortement damée, ayant au moins 4^m d'épaisseur, pour les magasins à poudre de 5^m, dont la partie inférieure se compose de cailloux et de gravier (1).

Il faut autant que possible remplacer les poutrelles en bois par au moins deux rangs de rails, ou renforcer ces poutrelles comme l'indiquent la fig. 120 de la pl. XI et la fig. 119 de la pl. X. Une construction creuse exécutée d'après les indications de la pl. X, fig. 118, au moyen de voûtes en rondins jointifs, a résisté au choc des bombes cylindro-ogivales de 21^{cm}.

En Prusse, on considère comme à l'épreuve de la bombe un toit avec poutres de 0^m,47 de hauteur, surmontées d'une épaisseur de 0^m,60 de béton et d'une couche de 1^m de sable.

Les abris couverts pour le personnel dans les traverses sont indiqués dans la pl. X, fig. 114 (feux d'écharpe) et fig. 115 (feux d'enfilade). Les abris sous le rempart ou adossés à celui-ci sont, pour les grands ouvrages, représentés pl. III, fig. 34, 35 et 36, ou ils peuvent aussi être exécutés comme l'indique la pl. XI, fig. 121 et 123.

Dans la plupart des cas, il sera préférable d'isoler du rempart les grands abris couverts et de les construire dans l'intérieur, comme ouvrages spéciaux, d'après le profil pl. XI, fig. 122.

Les abris couverts pour pièces sont construits d'après

---

(1) Cela n'a pas été expérimenté. Mais, comme on a pu obtenir des pénétrations de 3^m et de 4^m, et que même une voûte recouverte de 3^m de terre a éprouvé des dommages sérieux, il est à supposer qu'un toit en charpente avec une couche de terre de 3^m d'épaisseur ne résisterait pas à des projectiles venant frapper favorablement. Un de ces toits, recouvert de 1^m,25 de terre, a été percé.

les mêmes dimensions que les permanents, mais avec la construction provisoire.

Les magasins de munitions de consommation sont établis d'après la pl. X, fig. 144 A, ou la pl. II, fig. 18, le toit au moins renforcé par des rails.

Les magasins de munitions de distribution sont souvent séparés du rempart, comme d'après la pl. XI, fig. 121, 124 et 125, avec un toit en fer et béton ou, avec l'emploi du bois, recouvert d'une couche de terre de 5^m.

Le fossé et ses annexes.

Le fossé. — Dans la fortification provisoire, où il n'est pas toujours loisible de construire des murs en quantité et d'une hauteur suffisantes, le fossé ne peut pas être considéré comme un obstacle à l'escalade par ses talus seulement. Mais, pour augmenter la force de l'obstacle, il convient d'utiliser pour le mieux les défenses accessoires connues dans la fortification de campagne, et cela non-seulement dans le fossé et sur ses talus, mais aussi sur le glacis, ou mieux de les disposer dans des demi avant-fossés.

L'emploi de la maçonnerie se réduit au revêtement de la contrescarpe et à l'exécution d'un mur détaché, ce à quoi on doit toujours s'efforcer d'arriver, mais qu'il est rarement possible d'obtenir (sauf parfois dans les grandes villes où il existe des provisions considérables de briques).

La profondeur du fossé comporte au moins 4^m, mieux 5^m, mais rarement davantage ; la largeur se déduit de la quantité de terre dont on a besoin.

L'escarpe est à terre coulante ; pourtant, lorsqu'il existe une berme garnie de défenses accessoires, l'escarpe est tenue aussi roide que possible, surtout à la gorge.

On peut organiser au pied de l'escarpe un mur détaché, d'après la fig. 49 de la pl. IV, une barrière, d'après la fig. 48, ou un palissadement défensif de 2^m à 3^m de hauteur libre, d'après la fig. 47, et pl. X, fig. 113.

La contrescarpe est soit en pisé (pl. IV, fig. 48), soit en maçonnerie sèche (pl. X, fig. 113 A), soit revêtue en bois (pl. IV, fig. 48 A), soit comme glacis surplombant (pl. IV, fig. 49 A) (1), ou simplement talutée en terre, mais tenue aussi roide que possible et renforcée par des petits piquets, des abatis de branches, des palissades ou des réseaux de fil de fer (pl. X, fig. 113).

On peut disposer *dans le fond du fossé* des chausse-trapes, des chevaux de frise, des petits piquets et des réseaux de fil de fer.

Les défenses accessoires ordinaires peuvent aussi trouver place sur le glacis ou dans les demi avant-fossés ; par exemple (fig. 113), un abatis de branches entrelacé de fil de fer sera éventuellement placé au-dessus de petits piquets ou de trous de loup, derrière un palissadement, dans les demi avant-fossés.

En principe, il doit exister assez d'obstacles occupant une surface assez étendue, pour que l'ennemi mette à peu près autant de temps pour les surmonter sous le feu

---

(1) Voir la *Fortification de campagne* du même auteur, page 80.

de la fortification que pour venir à bout d'un mur de fossé de la fortification permanente. Mais, pour cela, il est indispensable que les défenses accessoires ne puissent pas être détruites par le feu de l'ennemi, de sorte que, pour les écarter, il faut des détachements de travailleurs outillés en conséquence, qui peuvent ne pas prendre leurs dispositions en temps utile (1).

Le glacis comporte une hauteur de 1^m, au plus de 2^m. On ne fait usage d'un chemin ouvert qu'exceptionnellement, mais on emploie au contraire très-souvent au pied des glacis un demi avant-fossé garni de défenses accessoires.

Les dispositifs pour le flanquement. — Ces dispositifs ont d'autant plus d'importance que l'obstacle est plus faible, et la défense du fossé peut être renforcée par des poutrelles d'assaut, des grenades à la main et des bombes roulantes (2), puis par des torpilles automatiques (attrape-mines) (3) et des mines volantes, surtout des fougasses-pierriers (4), dispos es sur le fond du fossé, des bombes auxquelles on met le feu depuis les coffres au moyen de cordeaux porte-feu, etc.

Le flanquement du fossé par des mitrailleuses est largement suffisant ici, mais le plus souvent, pour des rai-

---

(1) Dans les expériences faites en temps de paix, 20 soldats du génie exercés, munis d'échelles d'escalade démontables, escaladent de jour un fossé avec contrescarpe revêtue (de $5^m,37$ de haut) ou avec des murs détachés (de $6^m,32$) en 8 minutes 1/2; un fossé avec contrescarpe en terre et mur détaché (de $5^m,68$) en 4 minutes 3/4; des abatis de 4^m de large sont traversés en 1 minute 1/2, des réseaux de fil de fer, palissades, petits piquets, etc., le sont en moyenne en 1 minute 1/2.

(2) Voir la *Fortification de campagne* du même auteur, page 98.
(3)   id.   id.   page 98.
(4)   id.   id.   page 97.

sons de simplicité, on se contente de feux de mousqueterie.

L'organisation des coffres, galeries d'escarpe et de contrescarpe, ressemble en général, c'est-à-dire d'après les ressources de construction, à celle de la fortification de campagne ou de la fortification permanente.

Pour peu que ce soit possible, les parois sont en maçonnerie, mais les toits sont faits avec des rails, du béton et de la terre, comme l'indique la fig. 116 de la pl. X (coffres pour pièces). La fig. 117 représente le profil d'un coffre pour la mousqueterie.
Il faut protéger les parois non-seulement contre le tir indirect, mais encore, parce qu'elles sont plus faibles, contre les coups *perdus* tombant sous un angle de 1/3, et, dans ce but, on disposera éventuellement les constructions flanquantes assez bas pour que les embrasures soient au niveau du fond du fossé.

Des défenses accessoires entraveront l'approche des constructions flanquantes.

Les poternes qui conduisent dans ces dernières peuvent être construites par des travaux de mines (1).

On est souvent obligé de se passer d'une défense flanquante *des parois des coffres*. Cette défense peut d'ailleurs être obtenue simplement par un palissadement défensif, que l'on utilise surtout pour la défense de front du fossé, à la façon des murs détachés (p. XI, fig. 121).

Au moyen du flanquement par le rempart, vu le peu de profondeur du fossé et de la hauteur de la crête intérieure, on diminue l'inconvénient de l'existence d'angles morts aux saillants signalés dans le tracé tenaillé.

---

(1) Pour les bouches à feu comme descentes de fossés, pour l'infanterie comme galeries majeures.

Les communications avec la campagne.

Elles sont de la même espèce que pour la fortification de campagne.

Les fronts.

La pl. XI, fig. 127 et la pl. XIII (lignes de réunion entre les forts permanents) montrent l'emploi de coffres flanquants et de remparts, de formes polygonale et tenaillée, ainsi que l'exécution d'une communication avec la campagne, ayant pour but d'éviter la construction d'un passage couvert. On y trouve par conséquent l'assemblage des divers éléments en fronts, sans qu'il y ait à signaler de notables modifications aux règles précédemment données.

Ouvrages auxiliaires.

Ces ouvrages ne peuvent être employés pour ainsi dire que lorsqu'ils font partie intégrante de la fortification. Exceptionnellement, ils peuvent être admis aussi pour renforcer la résistance à opposer à une attaque en règle.

Système de mines.

On peut construire un système de mines dans les ouvrages qui sont considérés comme à l'abri de l'escalade, d'autant plus que la construction est possible après l'achèvement des ouvrages. Cependant, les dispositifs de mines se réduisent alors le plus souvent à quelques galeries ou rameaux, sans faire usage d'une galerie de contrescarpe.

Eaux.

Les eaux, à l'exception des manœuvres d'eau, sont utilisées comme dans la fortification permanente, surtout pour obtenir l'abri de l'escalade.

DEUXIÈME PARTIE

ASSEMBLAGE DES ÉLÉMENTS POUR LA CONSTITUTION DES FORTS ET DES PLACES FORTES.

Il a été dit dans l'Introduction que toute grande place forte moderne consiste généralement en une ceinture de forts et en un ouvrage situé à l'intérieur de cette ceinture, ouvrage qui constitue le noyau. On a expliqué aussi que la ceinture des forts doit être assez éloignée du noyau pour qu'il ne soit pas possible de bombarder efficacement ce dernier par-dessus la première, enfin que l'action des feux des divers forts doit empêcher l'ennemi de pénétrer dans leurs intervalles.

Dans ce qui suit, on exposera quels sont les éléments qui entrent dans la composition d'un fort ou du noyau, quelles sont les considérations prépondérantes à faire entrer en ligne de compte pour leur établissement, de quelle manière est constituée une ceinture de forts; puis comment une ceinture de forts et le noyau sont réunis pour former un tout, enfin quelles sont les dispositions et les mesures particulières qui se rattachent à l'objectif d'une *place forte*.

Généralités sur l'emplacement et l'organisation de détail de la fortification.

A. — En ce qui concerne l'emplacement.

Pour déterminer l'*emplacement* des diverses parties de la fortification, il y a lieu de faire passer en première ligne les considérations tactiques, surtout celles qui répondent au but que l'on se propose d'atteindre par l'ouvrage. Au contraire, les considérations techniques n'entrent en ligne de compte qu'autant qu'elles ne sont pas en opposition avec les considérations tactiques.

Considérations tactiques. — Les considérations tactiques à faire entrer en ligne de compte sont les suivantes :

a) La fortification doit commander le terrain environnant et procurer de *bonnes vues* sur la campagne éloignée, ainsi que dans tous les cas *un tir illimité* (champ de tir libre), tandis qu'au contraire elle doit rendre aussi *défavorables* que possible *les emplacements* des batteries de siége de l'adversaire.

b) La fortification doit prêter l'appui nécessaire aux parties de terrain en arrière (lieux de rassemblement et de campement, constructions, bâtiments).

c) La campagne ne doit pas entraver les sorties dans la direction projetée.

Il importe non-seulement qu'il n'existe pas d'obstacles naturels venant s'opposer à la liberté des mouvements de l'assiégé, mais encore que toutes les parties du terrain (hauteurs, villages, forêts) qui pourraient servir de points d'appui tactiques à l'assaillant dans le combat avec les troupes de sorties soient occupées par ces dernières, lorsque l'adversaire est forcé d'enlever ces positions (1). De plus, il ne faut pas que les chemins suivis et les emplacements de déploiement occupés par les troupes de sortie soient vus par l'ennemi, afin que l'on puisse ainsi préparer l'attaque d'une façon complétement inaperçue et l'exécuter à l'improviste.

Lorsque les communications et les emplacements en question ne sont pas masqués par des plis de terrain, des hauteurs, des forêts, des fortifications ou des bâtiments civils, etc., on remédie autant que possible à cet inconvénient par des masses couvrantes en terre, ou par des plantations d'arbres, de broussailles, de haies élevées, en certains endroits et lignes convenables (intervalles entre la ceinture des forts (2).

d) Pour la défensive, il faut :

1° *Rendre les approches plus difficiles* au moyen de défenses accessoires sur les champs défensifs ;

2° *Rendre plus pénible l'exécution des cheminements*, par des terrains rocailleux, marécageux, des prairies

---

(1) Les sorties tentées en 1870-71 par les Parisiens contre les Allemands avaient peu de chances de succès, malgré le mince cordon de la ligne d'investissement, parce que les Allemands occupaient des positions en partie dominantes, et généralement faciles à défendre, ou qu'ils s'étaient établis dans des localités solidement bâties ou à la lisière des forêts, positions qui, après avoir été fortifiées dans le genre passager, comportaient une grande force tactique.

(2) Devant Metz, en 1870, les Allemands avaient établi, en quelques points élevés, des observatoires d'où ils apercevaient parfaitement ce qui se passait dans le camp français. Ils étaient par suite en mesure de se mettre en mouvement pour une sortie presque au même moment que les Français, et d'amener les secours nécessaires aux points menacés ; ils voyaient de même les emplacements des réserves, surveillaient la marche du combat et observaient enfin le retour dans les campements.

inondées, des forêts coupées sur une vaste étendue, des pentes escarpées ;

3° *Limiter le nombre des forts ou des fronts susceptibles d'être attaqués par un siège en règle*, c'est-à-dire ceux pour lesquels il est possible de pousser les travaux de siége (tranchées) jusque sur le glacis, en vue d'anéantir l'obstacle à l'escalade.

Sont considérés comme *inattaquables* par la méthode régulière, les forts ou les fronts situés derrière des cours d'eau suffisamment larges, derrière des lacs ou des étangs qui ne peuvent pas être saignés par l'adversaire ; sur mer, les ouvrages placés en arrière des falaises escarpées et bien flanquées. Il en est de même pour les cas où les travaux de cheminement sont lents et pénibles, souvent même entièrement impossibles, comme lorsque en avant du glacis se rencontrent sur une certaine étendue des rocs à fleur de terre, ou que le fort (le front) est placé derrière une forêt épaisse abattue à une grande distance du côté de l'ennemi, etc.

Les fronts qui occupent une position retirée (gorge d'un fort, fronts rentrants) peuvent aussi le plus souvent être considérés comme inattaquables dans ce sens.

L'organisation de la fortification de ces fronts et forts peut être très-simple, mais il y a lieu d'employer les moyens et ressources disponibles pour renforcer les parties ou les ouvrages complètement exposés à une attaque en règle. Ce dernier point est particulièrement applicable *aux fronts d'attaque présumés* ou *nettement déterminés* de la ceinture des forts et de l'enceinte.

Lorsque les parties de la fortification non exposées à une attaque en règle ne sont pas naturellement limitées par le terrain, il faut arriver à en créer le plus possible artificiellement par des crues, des inondations ou des marais (blancs d'eau).

Si cette ressource aussi vient à faire défaut, il faut trouver le moyen de soustraire certains fronts à une attaque en règle par une organisation spéciale de leur fortification.

Ainsi, par exemple, dans la fig. 81, pl. VIII, il n'est pas possible à l'ennemi d'attaquer régulièrement les fronts attenant immédiatement au fort sur le Laaerberg, parce que les travaux d'attaque (tranchées) dirigés contre ces fronts pourraient être enfilés par ce fort et même être pris à revers.

Considérations techniques. — Les considérations techniques sont en relation étroite avec *la nature du sol, la forme et la grandeur des emplacements et avec les constructions* exécutées sur chaque emplacement ou près de celui-ci, etc.

Par conséquent, il y a lieu d'éviter le plus possible les terrains marécageux pour les constructions, ou de ne pas occuper un point tactique important par un ouvrage qui arriverait à être placé au milieu d'une grande localité ou d'une forêt étendue, mais il faut s'efforcer de trouver d'autres emplacements.

B. — Relativement à l'organisation de détail de la fortification.

L'organisation de détail de la fortification se déduit principalement du degré de force à accorder à chacun des ouvrages. Il convient de faire entrer en ligne de compte à ce sujet :

a) L'*abri de l'escalade*;

b) L'avantage procuré à l'*action des feux et aux sorties*, ainsi que *la conservation de ses propres moyens de combat;*

c) *Le renfort éventuel* que l'on peut obtenir par des ouvrages auxiliaires, des mines et des eaux.

A ce point de vue, il y a lieu également de distinguer si le front ou l'ouvrage est ou non exposé à une attaque en règle, ou bien s'il est le point d'attaque présumé ou seul possible de l'assiégeant.

LES FORTS.

A. — Grandeur.

La grandeur minima d'un fort se déduit du nombre de pièces qui sont nécessaires pour battre la campagne et pour défendre les intervalles qui existent entre eux. Elle dépend aussi des traverses à organiser indispensablement sur le terre-plein, par suite de la position des lignes du fort relativement au tir ennemi.

Le plus petit nombre de pièces à placer sur les faces et les flancs d'un fort de première ligne est commandé par la condition de pouvoir battre le terrain en avant, et particulièrement les emplacements favorables pour l'artillerie ennemie à un degré tel, que ce fort soit absolument en mesure d'empêcher l'adversaire de placer ou de faire avancer ses troupes et ses pièces à découvert dans son rayon d'action. Il en résulte que si l'ennemi veut s'emparer du fort, il sera forcé de passer par les préparatifs considérables que nécessite une attaque en règle.

Il doit être possible au défenseur, pendant la période

de ces préparatifs, de se porter en temps utile au secours du point menacé en le renforçant par de l'artillerie.

Le nombre des pièces de flanquement, de concert avec celles des faces, doit être suffisant pour empêcher l'ennemi de pénétrer à travers les intervalles non fortifiés.

Il appartient donc simplement à chaque fort de se prémunir contre une attaque brusquée et d'empêcher l'ennemi de se montrer à découvert dans la limite de la partie efficace du canon.

La valeur de l'armement est par conséquent aussi en relation intime avec la distance des forts entre eux, avec l'appui réciproque qu'ils se prêtent et leur position plus ou moins exposée, et enfin avec l'action du tir, plus ou moins favorisée par la forme du terrain.

Ce n'est pas le rôle des forts isolés de soutenir le combat contre une artillerie de siége de beaucoup supérieure et tirant concentriquement contre eux. Cette mission doit être réservée à des batteries construites par la défense (contre-batteries) dans les intervalles et armées de pièces de forteresse. Ces batteries doivent à leur tour être protégées par les forts contre l'escalade et les surprises de l'ennemi.

En conséquence, il y a lieu de considérer les forts d'une ligne de ceinture comme les points d'appui de l'obstacle à l'escalade, tant pour les troupes mobiles que pour les batteries de forteresse placées dans les intervalles et qui sont ambulantes aussi dans un certain sens.

Il y aurait lieu également de tenir compte de l'éventualité où l'assiégeant serait en mesure, positivement ou hypothétiquement, de construire en une nuit assez de batteries de siége, de les armer et de les approvisionner de munitions, de manière à ouvrir le feu subitement et à l'improviste à la pointe du jour, à réduire au silence les pièces d'un fort par l'artillerie et à empêcher l'arrivée des renforts en temps utile, ainsi que la construction des contre-batteries. Dans ce cas, il faut armer le fort d'un nombre de bouches à feu largement suffisant, y compris les ouvrages accessoires qui lui appartiennent et en dépendent (batteries annexes).

Les considérations de la plus grande économie possible et la nécessité la plus impérieuse sont ainsi d'accord pour exiger en général des forts d'une étendue relativement restreinte.

Ainsi qu'on l'a dit, l'armement et la grandeur des forts dépendant aussi *de leur éloignement réciproque*, les nombres adoptés sous ce rapport doivent être admis tout d'abord, en tant qu'ils sont indépendants du terrain, qui est prépondérant en première ligne.

La plus grande distance de deux forts entre eux est déterminée par la condition de commander complétement tout l'intervalle et de leur permettre de se soutenir réciproquement.

En tenant compte de la précision du tir et de l'efficacité des pièces de forteresse se chargeant par la culasse, la plus grande distance correspondant aux prescriptions ci-dessus est d'environ 3,000^m, parce qu'ainsi le milieu de l'intervalle se trouve à bonne portée pour l'action des shrapnels des deux forts, et d'un autre côté qu'on peut obtenir encore une action suffisante contre les troupes qui chercheraient à assaillir le fort voisin. La distance des forts peut être portée à 4,000^m, lorsqu'il se trouve en

2° ligne, c'est-à-dire derrière la ceinture, des ouvrages qui aident les forts à remplir leur mission.

Toutefois, cette distance ne doit pas dépasser 2,500ᵐ, lorsqu'on exige d'un fort qu'il soutienne efficacement le fort voisin, même contre une *attaque en règle* (c'est-à-dire qu'il lutte avec succès contre les travaux d'attaque, tels que batteries de siége et cheminements, dirigés contre lui).

Une distance plus petite que 2,000ᵐ, qui ne serait pas exigée par le terrain, serait contraire au principe d'économie et aurait pour conséquence de disséminer les forces en trop de points. Il y a donc lieu de l'éviter.

Pour la moyenne des distances indiquées, on peut admettre, approximativement pour chaque fort, *comme plus petit nombre de pièces* satisfaisant aux conditions posées en principe :

4 pièces lourdes (1) ou moyennes de chaque côté, *pour battre les intervalles;*

10 grosses pièces de forteresse, *pour commander la campagne éloignée;*

4 pièces légères ou moyennes, *pour défendre la gorge.*

Il convient d'ajouter à cela encore 4 mortiers rayés, et, si l'on ne possède pas d'appareils d'éclairage électrique, *deux pièces pour l'éclairage.*

Néanmoins, il n'est pas indispensable que le fort re-

---

(1) Comme pièces lourdes on admet, parmi les pièces normales, le 15ᶜᵐ (quand il en existe de fretté), comme pièces moyennes, les canons de 12ᶜᵐ se chargeant par la culasse, ou dans certains cas particuliers les canons lourds à obus de 15ᶜᵐ, comme pièces légères les canons de campagne de 8ᶜᵐ ou exceptionnellement les mitrailleuses, comme pièces d'éclairage les mortiers lisses de 24ᶜᵐ et les canons lourds à obus de 15ᶜᵐ.

çoive dans son enceinte même le nombre total des pièces considérées comme nécessaires pour la position, mais on peut en répartir aussi dans les parties auxquelles incombe un rôle spécial, sans avoir la mission de défendre le fort directement contre les entreprises de vive force. On place alors ces pièces dans le voisinage immédiat du fort et dans des batteries que les forts mettent *à l'abri de l'escalade*. Il est bien entendu que l'on peut dépasser le minimum de pièces fixé plus haut.

Il suffit dans ce cas d'exécuter le fort seulement dans le style permanent, comme noyau à l'abri de l'escalade, tandis que les batteries, appelées *batteries annexes*, peuvent être organisées dans le style provisoire, quoique, en leur qualité de parties intégrantes du fort, ces batteries doivent toujours être construites en temps de paix et paraître *sous la dépendance* du premier.

On arrive ainsi à satisfaire aux conditions d'économie, sans nuire à la force tactique ou à la valeur de la fortification.

Exemple. On a considéré comme nécessaire pour la position le nombre de pièces indiquées dans la fig. 128, pl. XI, et qui correspond à des longueurs de faces déterminées. Toutefois, on peut aussi admettre l'organisation indiquée par la fig. 128 A, qui est de beaucoup plus économique, parce que la batterie annexe y est construite dans le genre provisoire. Cette batterie est en outre mieux garantie contre les feux de revers et d'enfilade.

B. — *Forme.*

Les fig. 129 à 132, pl. XI, représentent les formes les

plus simples et les plus usitées pour les forts, en tant que ceux-ci sont indépendants du terrain.

C. — *Organisation de détail*.
1° **Forts exposés à un siége en règle.**
(Pl. XII, fig. 133).

Le parapet et l'organisation du rempart sont établis en tenant compte de la meilleure protection possible à procurer aux pièces et aux servants.

Au saillant et aux angles d'épaules, les emplacements de pièces peuvent être disposés pour tirer à barbette, afin d'aider quelque peu à repousser un assaut.

Les traverses voisines sont alors organisées comme abris pour les bouches à feu, afin de pouvoir au moins cacher les pièces non encore démontées, et dans tous les cas de conserver des pièces pour les cas urgents. Cette dernière condition se présente lorsque l'ennemi, après avoir déployé une supériorité écrasante dans le combat d'artillerie, a réduit au silence le plus grand nombre des bouches à feu du fort. On peut aussi examiner s'il ne serait pas préférable de retirer toutes les pièces du rempart, pendant le combat d'artillerie, à la condition de disposer d'affûts de batterie élevés et du nombre voulu de blindages-abris (1).

Il importe d'autant plus de ne pas perdre de vue de se ménager la possibilité de cacher momentanément les pièces des flancs dans un abri couvert des traverses voisines, que ces pièces peuvent être enfilées.

---

(1) Les traverses, au lieu d'être exécutées dans ce cas d'après les fig. 5, 7, etc. de la pl. I, le sont d'après la fig. 37 de la pl. III, avec un vide de $2^m,50$ de large ; les rampes doivent de même être établies comme l'indique cette dernière figure.

Il convient de faire les batteries pour les pièces des flancs assez larges, pour permettre au besoin de prendre part au combat de front éloigné aux pièces montées sur affûts de batterie exhaussés, que l'on tourne dans la direction des traverses, par-dessus lesquelles ces pièces peuvent tirer.

Il faut organiser *à la gorge*, pour les calibres légers, des barbettes permettant de faire feu sur les flancs aussi bien que dans toutes les directions du côté de la gorge. Il existe en U, fig. 133, un abri couvert pour ces pièces.

Des banquettes en terre ne peuvent trouver place qu'aux endroits où il y a assez de place pour les établir, sinon elles sont remplacées par des banquettes en bois.

On dispose avec le plus grand soin *des traverses* sur les faces et sur les flancs dans la mesure nécessaire.

Les servants des pièces et les hommes d'infanterie nécessaires pour occuper les banquettes doivent pouvoir se réfugier dans *les casemates* des faces et des flancs.

Les magasins de munitions de consommation placés près des pièces doivent contenir au moins l'approvisionnement nécessaire pour les 24 heures, et il doit exister, par chaque 4 ou 6 pièces, *un magasin de munitions de distribution avec ascenseur*, pour permettre de remplacer rapidement et autant que possible sans danger les munitions consommées.

De nombreuses *communications* doivent faciliter la mise en batterie et l'enlèvement des pièces, ainsi que leur changement de position (leur passage d'une face ou d'un flanc à un autre).

Abri de l'escalade. — L'obstacle à l'escalade consiste en contrescarpes revêtues et en murs d'escarpe (le plus souvent détachés), qui sont flanqués par des coffres. Les coffres des flancs sont disposés chacun pour 2 pièces ou mitrailleuses, mais souvent aussi ceux des flancs et de la gorge sont organisés simplement pour la défense par la mousqueterie.

Les gorges, dont la contrescarpe peut n'être pas revêtue par suite de leur position retirée, seront souvent brisées en forme de bastion, de manière à rendre possible le flanquement de l'entrée et du fossé de gorge, aussi bien par le parapet de gorge, que par le feu de mousqueterie des flancs des murs de gorge détachés.

Des abris spéciaux à l'épreuve de la bombe sont nécessaires :

a) Pour les hommes de piquet, c'est-à-dire pour la partie de la garnison d'infanterie et d'artillerie destinée, dans le cas d'une tentative d'escalade, à se porter rapidement au secours du personnel de service sur les remparts en tous les points menacés.

Exemple. D'après la fig. 133, on monte, au moyen des escaliers o, des abris en capitale pour les hommes de piquet dans la traverse abri en capitale sur le rempart, ou bien, au moyen des escaliers x et des rampes n et n', on gagne rapidement les autres parties du rempart. Lors de la mise en état de défense, on peut aussi organiser des escaliers en q et q', à l'aide desquels il est facile de se porter en n'importe quel point du rempart depuis le fond de la cour même et en suivant le pied du rempart, par suite aussi à couvert que possible.

Les poternes et les couloirs à l'épreuve de la bombe mm peuvent aussi être utilisés comme refuges pour les hommes de piquet.

b) Pour la partie de la garnison au repos (1/3), on

organise des casemates-logements sous le rempart des faces et ailleurs, comme l'indique la fig. 137, pl. XII, ou bien l'on se borne à construire à la gorge un bâtiment spécial à l'épreuve de la bombe, qui forme en même temps le parados du mur de gorge détaché.

Cette caserne de gorge doit contenir aussi des locaux pour les officiers, les médecins, les télégraphistes, les blessés, ainsi que des cuisines, des caves, des magasins à vivres, des latrines, enfin des puits ou des citernes.

Dans la détermination de la grandeur de ces divers locaux, il y a lieu de tenir compte aussi du logement nécessaire pour une partie de la garnison des batteries annexes.

Exemple. La fig. 133 donne l'organisation d'une caserne de gorge à deux étages et sous-sol. Les casemates pour officiers se trouvent au centre près de l'entrée, puis viennent celles des hommes, enfin les latrines aux ailes.

Dans le sous-sol sont disposés les cuisines, les approvisionnements, au besoin les citernes. Toutes les portes des casemates s'ouvrent sur un couloir commun, qui tient en même temps ces dernières à l'abri de l'humidité. Trois issues permettent de passer de la caserne sur la courtine de gorge ; deux de ces issues conduisent dans le bastion de gorge et la troisième dans la cour du fort (voir aussi fig. 134 et 136).

Le front en arrière de la caserne de gorge peut aussi servir en même temps comme escarpe de la courtine du front de gorge bastionné, auquel cas il y a lieu de supprimer les murs détachés indiqués dans la figure 133.

Mais l'organisation adoptée dans cette figure présente l'avantage de ménager, entre la caserne et le mur, un espace vide ouvert qui, même pendant un bombardement violent, reste praticable presque sans danger et peut être utilisé pour le placement des différents objets nécessaires pour la défense (outils, bois de construction et à brûler, matériel de fascinage, sacs à terre, etc.).

c) Pour les magasins principaux de munitions des ouvrages. Ces magasins doivent recevoir, non-seulement les munitions nécessaires pour le fort, mais aussi celles des batteries annexes, et même, suivant le cas, une partie de l'approvisionnement de munitions des contre-batteries à construire dans les intervalles des forts pendant la défense. Ces magasins sont le plus souvent établis dans le parados de gorge, à moins qu'ils ne soient disposés dans la place d'armes de gorge comme magasins spéciaux indépendants.

Exemple. Dans la fig. 133, une partie du sous-sol est réservée à un magasin principal destiné à recevoir les projectiles, tandis que les tonneaux de poudre sont déposés dans un magasin souterrain ménagé sous l'abri U. Un ascenseur sert à monter les munitions.

La communication avec la campagne a lieu au moyen d'une rampe conduisant au fond du fossé de gorge, et d'une porte qui se trouve dans le mur de courtine.

Dans l'exemple cité plus haut, la communication conduit dans le tambour, qui est fermé à l'intérieur par une deuxième porte, et on n'a pas installé de pont mobile.

La caserne de gorge est reliée aux faces par un passage couvert, d'où des issues donnent accès de chaque côté dans la cour du fort.

Ouvrages auxiliaires. — Il peut exister :
1° *Un chemin de ronde,* le long des faces et des flancs;
2° *Une place d'armes* palissadée à la gorge ;

3° *Un réduit* semblable à celui indiqué pl. XIII pour les conditions mentionnées à la page 133 (1);

4° *Des batteries annexes* (pl. XII, fig. 139) pour renforcer les feux de front.

Le parapet, le rempart et l'organisation du rempart des batteries annexes sont semblables à ceux des forts auxquels elles appartiennent, mais en tenant compte surtout du combat d'artillerie éloigné, et par suite en faisant usage d'embrasures à contre-pente (pl. I, fig. 11 et 12).

Une batterie annexe construite pour plus de 4 pièces doit contenir aussi un magasin de munitions de distribution.

Les batteries annexes sont mises à l'abri de l'escalade principalement par les feux des forts. Pourtant, pour empêcher une attaque de vive force ou une surprise, il y a lieu d'organiser des défenses accessoires comme pour la fortification de campagne (gorge palissadée) et au besoin, à l'aile libre, une place d'armes défendue par un blockhaus.

5° *Des ouvrages avancés*, pour battre les parties de terrain qui ne sont pas vues du fort.

Des contre-mines sont, pour les forts exposés à une attaque en règle, le moyen de renfort le plus puissant et,

---

(1) Dans la fig. 133, le parados de gorge pourrait être muni d'une banquette sur la face en arrière, ce qui constituerait une espèce de *coupure* n'ayant pas d'autre but que d'empêcher l'ennemi qui aurait pénétré dans le fort d'avancer plus loin, et de faciliter à la réserve du fort, qui a pu se préparer au combat pendant cela, la reprise de la partie du rempart perdue. Au fort Wagner, à Charleston, une traverse fournit l'occasion à quelques hommes résolus de la garnison de se maintenir après l'entrée de l'ennemi dans le fort et de l'en expulser.

par suite, il y a lieu d'en employer toutes les fois que c'est possible.

Emploi des eaux. — Outre *les fossés pleins d'eau*, on peut aussi faire usage *d'inondations et de blancs d'eau*, à la condition toutefois de ne pas entraver l'offensive.

Augmentation des difficultés de construction des cheminements. — On rend artificiellement plus pénible l'exécution des travaux de siége : sur le roc ou dans les terrains aquatiques, *en enlevant* sur la largeur convenable *la couche de terre* au pied du glacis ; dans les terrains rocailleux, en formant aussi des glacis avec des blocs de pierres (*glacis en pierres*) ; dans les terrains aquatiques, *en élevant le niveau primitif de l'eau*, mais seulement jusqu'à $0^m,25$ au-dessous du sol naturel, pour ne pas rendre les sorties plus difficiles ; *en plantant d'arbres* le glacis et la campagne rapprochée.

2° Forts qui ne sont pas exposés à un siége en règle.

Il n'y a pas de différence essentielle à établir, pour l'organisation de la fortification, entre les forts exposés ou non à une attaque méthodique.

Pour le dernier cas, cette organisation se réduit à un nombre moindre d'abris à l'épreuve de la bombe, par suite de la garnison relativement plus petite, à la suppression du chemin couvert et du réduit, au moindre soin apporté à couvrir les maçonneries contre le tir indirect, etc. Toutefois l'emploi *de batteries annexes* et *l'organisation du rempart* dépendent de la part que prend le fort à la défense de la campagne éloignée et de l'appui que prête le fort attaqué.

Il ne peut nullement être question *de contre-mines.*

L'eau peut être utilisée dans la mesure la plus large, en tenant compte des exigences de l'offensive, pour obtenir ou augmenter l'abri de l'escalade et pour rendre les forts encore plus inattaquables.

3° Forts provisoires.

Suivant le temps donné et les ressources dont on dispose, il y a lieu de se rapprocher dans ce cas le plus fidèlement possible du type des forts permanents, surtout lorsque après la guerre les forts provisoires doivent être exécutés dans le genre permanent.

Ainsi, par exemple, si l'on dispose de dix semaines pour la construction, le rempart et le parapet peuvent se rapprocher suffisamment de ceux de la fig. 133, toutefois, avec cette différence que les constructions creuses seront établies dans le genre provisoire seulement. Cependant, si l'on a sous la main le matériel nécessaire, les abris à l'épreuve de la bombe peuvent être exécutés au moyen de supports en fer et de maçonnerie de béton coulé.

La fig. 121 représente un fort provisoire qui, dans six semaines, peut être mis à l'abri de l'escalade.

En ce qui concerne *les conditions du travail*, il y a lieu de procéder comme il suit :

Le fossé des faces et des flancs ne fournit que la terre nécessaire pour le rempart, le parapet et le glacis, tandis que la terre pour les traverses et pour l'ensemble des constructions intérieures provient de l'intérieur du fort, qui doit être approfondi de 2^m, et en partie aussi du fossé de gorge.

On permet ainsi avant tout d'achever rapidement le parapet, de sorte que l'ouvrage peut être armé dès le commencement de la quatrième semaine.

Lorsqu'on n'a pas besoin de toute la terre de l'intérieur, on laisse subsister les massifs Z Z', ainsi que U et V, pour faciliter la communication avec les flancs et affaiblir l'action des bombes tombant à l'intérieur.

L'ensemble des plus grandes constructions en bois est indépendant du rempart, de sorte que la possibilité de défendre l'ouvrage contre une attaque de vive force ne dépend pas de l'achèvement de ces constructions.

La poterne pour le coffre en capitale est exécutée comme galerie de mines (1), ainsi que la communication avec les coffres des flancs (pour la mousqueterie).

Il n'y a rien à changer ici à ce qui a été dit page 195 touchant l'**organisation du rempart**.

Abri de l'escalade. — La contrescarpe est revêtue en avant du coffre en capitale, sinon on fait usage des défenses accessoires indiquées à la page 179. Le flanquement du fossé des faces est obtenu par un coffre en maçonnerie disposé pour 2 mitrailleuses (profil fig. 116, pl. X), dont les côtés sont flanqués par le tambour adossé à l'escarpe. Les défenseurs de ce dernier se tiennent prêts dans l'espace R derrière le coffre. Les fossés des flancs sont flanqués par des coffres à mousquerie, ceux de la gorge soit par un coffre à mousqueterie (droite), soit par un redan (gauche).

Comme **abris spéciaux** à l'épreuve de la bombe, il convient de signaler le blockhaus de refuge à la gorge, qui remplace la caserne de gorge, et l'abri pour les hommes de piquet adossé au rempart (au saillant).

La poterne en capitale relie cet abri avec le blockhaus de la gorge et avec le coffre en capitale. Deux sorties se trouvent de chaque côté de cette poterne.

---

(1) Pour l'artillerie comme descente de fossé, pour l'infanterie seule comme grand rameau.

Cette poterne, ainsi que les passages couverts R et R' (ce dernier construit comme travail de mine), permettent d'atteindre chaque point du rempart presque sans danger.

Il y a lieu de soustraire le plus possible à l'action des feux des mortiers les grandes constructions creuses que l'on ne peut rendre complétement à l'épreuve de la bombe, en plaçant et en organisant ces constructions en conséquence. Il convient aussi de disposer les locaux à l'épreuve le plus possible à côté les uns des autres, et non les uns derrière les autres, comme dans la fig. 121, parce que l'écart latéral des bombes cylindro-ogivales est très-petit, tandis que l'écart en longueur est très-important. On reporte alors les magasins de munitions de distribution et les abris pour les hommes de piquet placés au milieu, les premiers à droite et à gauche du blockhaus de gorge et les derniers vers les angles d'épaule.

Batteries de position. — On appelle *batteries de position des forts de petite espèce*, qui ont pour but de soutenir ou de compléter les forts de la ceinture principale. Elles sont le plus souvent construites dans le genre provisoire et doivent être à l'abri de l'escalade, par suite fermées à la gorge. L'organisation du rempart est semblable à celle des forts.

Forts cuirassés. — Tout récemment, on a proposé aussi, pour garnir les intervalles, l'emploi de forts cuirassés ayant chacun de 3 à 5 tourelles en fer.

Les données de la page 50 suffisent pour faire apprécier leur opportunité dans chaque cas particulier (1).

---

(1) A une époque très-récente, on a cherché à percer les cuirasses en dirigeant concentriquement sur un point de la cuirasse plusieurs pièces auxquelles on met le feu simultanément. L'amiral Tegethoff employa à Lissa ce procédé, dont le succès fut complet et l'action bien supérieure à

LE NOYAU.

A. — *Grandeur*.

La grandeur à donner au noyau dépend principalement du terrain, de l'étendue, de la position à entourer (ville, établissements militaires, arsenal, etc.).

L'économie d'argent et de forces exige que le noyau soit réduit à un minimum, bien que dans certains sens, surtout sous le rapport tactique, la force de la résistance s'accroisse avec la grandeur du noyau.

Les avantages que procure *un grand noyau* sont :

1° De permettre, dans le combat avec les batteries de siége, le déploiement d'un feu de front énergique contre chaque point de la campagne avancée ;

2° De correspondre à de grands angles du polygone, ce qui augmente considérablement la difficulté d'enfiler un front, parce que les batteries d'enfilade ennemies doivent alors être placées dans la sphère la plus efficace du tir des fronts collatéraux, ou exceptionnellement loin des lignes à enfiler. La fig. 138 de la pl. XII représente graphiquement cette condition. Pour un angle polygonal de 170°, les batteries d'enfilade, tirant à 2,000^m de distance, ne seraient qu'à 400^m du 2° front collatéral, où elles seraient fort en danger par le feu des fronts II et III, et par les sorties rapprochées, de sorte qu'il deviendrait à peine possible de les établir. Pour un angle polygonal de 160° (150°), la batterie d'enfilade serait déjà à 750^m

---

celle des projectiles venant frapper successivement. Il faut donc tenir suffisamment compte de ce procédé dans la détermination de l'épaisseur des cuirasses.

($1,000^m$) du front collatéral et hors de l'action du front III;

3° De permettre difficilement à l'assaillant d'envelopper le noyau, au point de pouvoir envoyer à revers des coups au front d'attaque de la partie opposée en passant par-dessus la ville;

4° D'empêcher l'action d'un bombardement d'être décisive, parce que le bombardement ne peut pas s'étendre simultanément sur tout l'intérieur, à cause du trop grand espace enfermé ou de la quantité considérable des maisons de la ville.

Les données qui viennent d'être exposées peuvent subir quelques restrictions, lorsque des considérations tactiques n'imposent pas une enceinte d'une grande étendue. Ainsi, la fortification intérieure ne doit servir qu'à protéger contre un coup de main, ou, comme on a eu soin de le dire, former essentiellement un retranchement de police, lorsqu'un noyau ne peut être enveloppé par suite de sa situation (adossé à un cours d'eau), ou à cause de la continuité éventuelle de la fortification avec les forts de ceinture non enlevés et encore susceptibles de résistance. Le même cas se présente aussi pour un noyau qui ne peut être en mesure de poursuivre une résistance énergique après la chute de la ligne de ceinture.

Pour les places très-petites, surtout pour les places d'arrêt, le noyau doit aussi être relativement petit, et il est souvent remplacé simplement par un ouvrage ou fort unique (ouvrage formant noyau).

B. — *Forme*.

Il y a lieu de tenir compte, pour la détermination des formes du tracé du noyau :

1° De *la configuration de la position* à enfermer;
2° De s'efforcer d'utiliser les avantages *du terrain* (recherche des positions dominantes ou difficilement at-

taquables, afin de bien voir la campagne de tous les côtés) (1) ;

3° *De s'attacher à limiter le nombre des fronts d'attaque*, en évitant les angles fortement saillants, par suite faciles à enfiler et à envelopper par l'assiégeant, ou tout au moins en les reléguant derrière un terrain qui empêche l'exécution des travaux de siége ;

4° De chercher à soustraire *à l'enfilade* les fronts exposés à une attaque en règle ;

5° De faire en sorte d'avoir, *le moins possible*, de *lignes flanquantes* (brisures) pour faciliter le flanquement des fossés.

C. — *Nature de la fortification du noyau*.

Le noyau consiste généralement en une ligne de fortification continue.

Cette ligne peut être formée :

a) De fronts isolés contigus et adaptés au terrain, appelés *lignes continues*, dont la contruction a été donnée dans la 1re partie ;

b) Ou de forts isolés à l'abri de l'escalade (appelés aussi forts de rempart), qui sont reliés entre eux au moyen de lignes de réunion : *forts avec lignes de réunion*.

Les lignes de réunion se composent à leur tour de fronts isolés.

---

(1) Exemple : S'il y avait lieu d'entourer Vienne d'une fortification à noyau, le noyau devrait par exemple être poussé du côté sud jusque sur les hauteurs du Laaerberg et du Wienerberg, parce que la ville pourrait être dominée par ces hauteurs à une distance trop rapprochée (Voir pl. VII, fig. 81).

Dans certaines conditions, lorsque les forts du noyau sont placés loin de la ville et que le terrain est défavorable pour l'établissement de lignes de réunion continues, on peut aussi employer, en quelques points, simplement des forts isolés sans lignes de réunion.

Les lignes continues dans le sens le plus rigoureux présentent, en général, l'avantage de la simplicité et, par la même occasion, aussi celui de l'économie; elles ont, au contraire, l'inconvénient de répartir également la force en tous les points, contrairement aux principes tactiques généraux, et d'être complétement perdues lorsqu'elles sont percées en un endroit. En supprimant ou en atténuant le premier inconvénient par l'organisation d'ouvrages auxiliaires et le dernier par l'isolement de certaines parties, on supprime du même coup les avantages indiqués d'abord.

Les forts avec lignes de réunion concentrent la force principale dans les forts. On les emploie pour occuper les points désignés par le terrain, comme les plus importants ou qui doivent l'être. Mais il y a lieu d'assigner une importance tactique, surtout aux parties de terrain dominantes et à celles qui font saillie dans la campagne, d'où il résulte que les fortifications qu'on y établit sont aussi les objectifs principaux des attaques de l'assiégeant.

Il convient cependant de jeter un fort fermé, indépendant, sur les points saillants faciles à occuper et, ainsi que le montre l'exemple de la pl. VII, fig. 81 (Laaerberg), d'en assurer la gorge par un réduit, tandis que les lignes de réunion peuvent être considérées comme formant retranchement.

Les lignes de réunion occupent, d'après cela, les parties de terrain commandées par les forts ou faisant saillie, ou (lorsque le terrain, sans l'exiger, le permet) elles sont reportées assez loin en arrière pour que l'exécution des travaux de siége, sur le glacis et la campagne rapprochée, devienne si pénible, sous l'influence des feux d'écharpe et de revers du fort, que l'assaillant en arrive à préférer d'attaquer directement le fort, à la chute duquel est attachée aussi celle des lignes de réunion les plus rapprochées.

Les forts de rempart, possédant déjà une certaine valeur par le terrain sur lequel ils sont situés, et, autant que possible, par leur position dominante, doivent aussi, comme objectifs de l'attaque ennemie, avoir une fortification plus résistante que les lignes de réunion. Il faut donc que ces forts soient rendus complétement indépendants de celles-ci par leur garnison, leur armement et leur approvisionnement, afin que la perte du fort ne soit pas fatalement liée à celle des lignes.

A ce point de vue, et avec une fortification de même valeur (dans le sens le plus rigoureux), les forts avec lignes de réunion doivent être préférés, même sous le rapport économique, aux lignes continues, pour les parties de l'enceinte exposées à une attaque en règle.

Dans des terrains coupés, accidentés, toutes les considérations militent en faveur de leur emploi, et il est à peine possible d'établir des lignes continues sans parties isolées, tandis qu'au contraire, derrière des cours d'eau et des surfaces marécageuses, il faut donner la préférence aux lignes continues.

Un avantage essentiel à faire ressortir encore en faveur des forts avec ligne de réunion consiste précisément dans la séparation des défenseurs des points les plus importants d'avec la population de la ville.

Dans le **choix de la forme du tracé** pour les fronts isolés, dans le sens rigoureux du mot, il faut en première ligne tenir compte *du terrain* (configuration du sol); en second lieu, viennent les considérations de *simplicité et de clarté* dans l'organisation, ainsi que les considérations *d'économie ;* enfin, il faut s'efforcer d'arriver à permettre le déploiement complet des forces au premier plan, déjà en vue *de maintenir l'ennemi éloigné.*

Les formes du tracé polygonal sont celles qui répondent le mieux à celles de ces conditions qui sont indépendantes du terrain.

D. — *Organisation de détail.*

1. Les lignes continues.

A. — FRONTS EXPOSÉS A UNE ATTAQUE EN RÈGLE.

Il faut d'abord pourvoir ces fronts de l'organisation nécessaire pour commander le plus convenablement la campagne, pour couvrir soigneusement les moyens de combat actifs et passifs, et pour les déployer complétement, ainsi que pour mettre ces fronts entièrement à l'abri de l'escalade. Mais il est indispensable, en outre, de les munir des dispositifs et annexes dont ils ont besoin pour être en mesure d'entraver sensiblement *la marche des travaux de siége* dans les dernières périodes de l'attaque.

Ce dernier point doit particulièrement être mis en vigueur pour les fronts d'attaque présumables ou naturellement désignés.

En général, les meilleurs fronts sont ceux le plus possible en ligne droite, et qui s'assemblent entre eux sous des angles obtus et non enfilables (tracé polygonal), à la condition d'avoir un relief suffisant et de posséder le nombre de grosses pièces nécessaires pour battre énergiquement de front chaque point du terrain en avant.

<small>Il y a lieu de remarquer à ce sujet que, par suite du grand angle de conversion que permettent les affûts de place, il est indispensable, pour les fronts isolés, de toujours organiser des portions de face spécialement destinées à battre les points importants par un nombre de pièces déterminé.

On peut, par suite, d'une seule et même face, au besoin en brisant légèrement la ligne des crêtes, atteindre des points relativement éloignés les uns des autres, tandis que sans cela il serait nécessaire de briser les lignes de la fortification.

Il faut en outre s'efforcer constamment de concentrer au besoin sur un point le feu de plusieurs lignes ayant des rôles différents.

Pour arriver au but indispensable de croiser des feux devant les principaux chemins de l'attaque, dans la sphère la plus voisine du front, ainsi qu'à celui de flanquer le glacis, il suffit d'ouvrages extérieurs et de flancs à bonnettes sur le terre-plein même (flancs du cavalier) ou d'éperons ajoutés au parapet (Pl. VII, fig. 85).</small>

Il vaut mieux éviter les angles aigus très-saillants, sinon, il y a lieu de les tenir sous un feu de flanc très-intense.

Le parapet et l'organisation du rempart doivent être disposés en prévision du combat d'artillerie et de mousqueterie que les fronts auront à soutenir énergiquement jusque vers la fin du siége. Les moyens à employer pour arriver à ce résultat étant connus en général, on se bornera à les exposer sommairement pour ce cas spécial.

En plaine, *le relief* sera au moins de 7ᵐ ; sur les positions dominantes, le relief minimum admissible en ce cas, *l'épaisseur du parapet*, sera de 8ᵐ ; il existera partout des dispositions pour *l'emplacement des pièces*. Pour les fronts isolés, il y aura des positions battant le glacis et les abords des communications, des barbettes pour les pièces ambulantes. Le rempart sera soigneusement pourvu de traverses, et on fera un emploi étendu *d'abris couverts* pour tous les hommes de service de l'artillerie et pour les hommes d'infanterie de service sur le rempart ou de piquet, ainsi que pour les troupes au repos dans le voisinage du front d'attaque. On organisera *des tourelles cuirassées, des abris de pièces cuirassés, des refuges couverts pour les pièces* fixes et ambulantes, *des abris à l'épreuve de la bombe* pour les mortiers. Enfin on ménagera des endroits abrités (*traditors*) permettant d'agir contre la campagne.

Les *magasins de munitions de distribution et principaux* seront disposés pour chaque ligne importante, au besoin pour chaque front, de manière à contenir les quantités de munitions nécessaires pour le front, ses ouvrages auxiliaires et les contre-batteries construites dans le genre de la fortification de campagne. On prendra des dispositions pour assurer rapidement et facilement l'approvisionnement des munitions. *La rue de rempart* devra être protégée contre les coups arrivant normalement au front à 1/6, et être munie de traverses lorsqu'on aura à craindre des feux d'enfilade.

Obstacle et flanquement. — Pour les fossés secs : escarpes et contrescarpes *revêtues*, pour que *le flanquement* soit énergique ; lignes de défenses pas trop longues et flanquées par un grand nombre de canons à obus, afin de pouvoir endommager aussi les travaux de tranchées exécutés par l'assaillant dans les fossés (passage de fossé) ou ses ponts ; emploi d'embrasures-tunnels pour les casemates de flanquement exposées au feu des contre-batteries ; protection minutieuse des maçonneries contre le tir en brèche indirect et *augmentation de la difficulté d'établir la brèche* par les moyens connus.

Ouvrages auxiliaires. — Voici ceux dont l'emploi est impérieusement commandé :

Le chemin couvert (chemin de ronde) avec places d'armes ordinaires, places d'armes défensives pour les sorties (qui doivent rendre possibles de grandes sorties jusqu'aux dernières périodes du siége) et réduits (blockhaus).

On peut aussi employer conditionnellement :

Des ravelins ou bastions détachés, des ouvrages avancés dépendants, pour forcer l'ennemi à cheminer dans une direction déterminée, sur une zone de terrain située sous le feu croisé du corps de place, ou sur laquelle les travaux de cheminement sont plus pénibles et plus lents, enfin pour arriver aussi à rendre un front déterminé seul possible ou présumable comme front d'attaque, de manière à pouvoir le renforcer en conséquence.

Des ouvrages intérieurs, tels que *retranchements et cavaliers*, ne trouveront emploi que lorsque le terrain ou des conditions spéciales l'exigeront, ou bien lorsqu'ils pourront être adoptés, sans occasionner de dépense importante, conjointement avec des constructions creuses qu'il est indispensable d'organiser.

Il faut toujours, lorsque le terrain le permet, préparer l'emploi de **contre-mines**, dès le temps de paix, par la construction d'une galerie de contrescarpe dans le style permanent ; mais cette galerie est indispensable devant le front d'attaque *présumable*.

On ne fera usage de l'eau pour augmenter la force de résistance passive, qu'autant qu'elle n'entravera pas l'offensive de la défense, par conséquent avec manœuvre d'eau. Toutefois, il convient de prendre aussi des dispositions permettant de tirer largement parti des eaux après que les sorties ne sont plus possibles ou ne peuvent plus procurer aucun succès.

Les travaux de cheminement doivent être rendus plus pénibles, comme pour les forts.

B. — FRONTS NON EXPOSÉS A UNE ATTAQUE EN RÈGLE.

Il n'est besoin, pour ces fronts, de prendre aucune mesure pour augmenter la difficulté des approches dans la sphère la plus rapprochée. Par suite, il y a lieu de supprimer les dispositions spéciales concernant le croisement des feux et le flanquement de leur propre glacis, les contre-mines et l'augmentation des difficultés pour les travaux d'approche.

Parapet et organisation du rempart. — Le parapet et le rempart ne sont organisés que sur les lignes qui peuvent prendre part au combat d'artillerie, particulièrement pour appuyer les fronts collatéraux exposés aux attaques, sinon, pour les autres lignes, on se borne à prendre les dispositions nécessaires pour repousser une escalade et maintenir en général l'ennemi éloigné. Il n'existe, par suite, que *des emplacements de pièces* séparés dans le premier cas, tandis que, pour le dernier, on établit *des barbettes*. Le *nombre d'abris couverts* pour les tirailleurs est calculé en tenant compte de la petite quantité de forces actives prenant part au combat sur chaque front et du danger moindre auquel elles y sont exposées.

Une épaisseur de 6^m est suffisante pour le parapet.

Obstacle et flanquement. — Les moyens employés pour cela sont choisis de telle sorte, en tenant compte des quelques obstacles existants, qu'il soit possible d'occuper le front par un minimum de forces.

Pour les fossés secs ou pour les fossés pleins d'eau exposés à être gelés, il suffit en général d'un seul mur d'obstacle, flanqué par 2 à 4 mitrailleuses; le profil demi-permanent peut par suite être admis dans ce cas. Souvent aussi le profil provisoire suffit, lorsque les obstacles naturels qui se trouvent sur le parcours des assaillants ne peuvent être traversés que difficilement, ainsi que pour les fronts situés dans une position reculée bien flanquée.

Abstraction faite *du chemin couvert* avec ses places d'armes, et où les sorties sont possibles, des places d'armes défensives et des blockhaus à l'intérieur de celles-ci, **les ouvrages** auxiliaires ne sont admis que lorsqu'ils appuient essentiellement les grandes sorties, lorsque le terrain les rend indispensables, ou lorsqu'ils flanquent efficacement le terrain des attaques, surtout ceux qui sont situés dans une position inattaquable. Il suffit dans ce cas d'un obstacle moins sérieux, mais il faut faire en sorte d'obtenir une grande intensité de feu dans la direction correspondante.

Forts avec lignes de réunion (Pl. VII, fig. 81, pl. XIII, fig. 140 et 145)

En général.

Les forts du noyau comportent ordinairement une forme polygonale, avec des flancs relativement longs et rentrés dans les parties en arrière, de manière à recouvrir les lignes de réunion de chaque côté. Ils sont armés de 30 à 40 pièces de rempart.

Les forts composant le noyau doivent commander le terrain en avant et l'espace en arrière des lignes de réunion, et être en mesure de repousser toute tentative de l'ennemi qui chercherait à pénétrer dans l'intérieur de la place à travers les lignes de réunion. Ils forcent par conséquent l'assaillant à exécuter une attaque en règle contre ces forts mêmes.

Ainsi qu'on l'a déjà dit, les forts occupent les points tactiques les plus importants et autant que possible dominants. Plus les lignes de réunion sont longues et faibles, plus les forts doivent concentrer en eux les forces actives, mais surtout les forces passives de la résistance.

On appelle *esplanade* l'espace libre, dépourvu de constructions, situé entre la ville et les lignes de la fortification. La largeur de l'esplanade augmente aussi dans la même proportion que l'importance des forts, pour tenir l'ennemi qui veut atteindre la ville exposé au feu des forts sur une zone d'autant plus considérable.

Les forts assurent dans les choses essentielles l'abri de l'escalade de tout le front, tandis que les lignes de réunion reçoivent le plus grand nombre des pièces destinées à soutenir le combat éloigné avec l'artillerie de siége.

La distance des forts entre eux ne doit dépasser que d'environ 1,800^m à 2,000^m la portée efficace des shrapnels tirés par les pièces de forteresse, pour que ces forts soient en mesure de se soutenir réciproquement d'une manière convenable.

Les parties des flancs et de la gorge destinées à flanquer les fossés des lignes de réunion, à commander le parapet de ces lignes et à défendre l'intérieur seront, comme on l'a dit déjà, habituellement séparées des parties en avant. Elles seront reportées en arrière et comprises avec les casemates de refuge nécessaires pour une partie de la garnison du fort, dans une construction spéciale qui peut servir en même temps de réduit (fig. 140).

a) *Fronts attaquables.*

Les forts.

Les règles données pour les forts en général peuvent être appliquées ici.

Cependant, on fait souvent usage de réduits, et dans ce cas on reporte à ces derniers le soin de flanquer les fossés des lignes de réunion adjacentes et de la défense intérieure. Ces réduits reçoivent aussi les abris à l'épreuve de la bombe qui, dans les forts, sont contenus dans les casernes de gorge. Les réduits peuvent être renforcés par un système de mines.

Exemple. La fig. 140 de la pl. XIII représente un fort de rempart de grande espèce avec réduit, auquel se rapportent les explications suivantes.

Le parapet et l'organisation du rempart, l'obstacle et le flanquement ne présentent pas de modifications sensibles, comparativement aux forts de ceinture.

La moitié du deuxième flanc (appuyée aux lignes de réunion) est disposée pour le tir à barbette, les traverses voisines sont organisées comme abris couverts pour les pièces ambulantes de ces flancs.

Le fossé des flancs retirés est flanqué par les lignes de réunion. Des refuges couverts sont nécessaires pour les pièces destinées à cette mission.

Le rempart des faces du réduit est disposé pour recevoir des pièces ambulantes. Il doit exister pour ces pièces des abris qui permettent de les soustraire au feu ennemi jusqu'au moment de leur emploi.

Ainsi, par exemple, on a organisé sur les flancs deux abris cuirassés pour les grosses pièces.

Les cuirasses doivent occuper contre la campagne une position telle que l'ennemi, pour les détruire, soit obligé de se porter dans la sphère d'action la plus énergique des lignes de réunion et sous le feu croisé des flancs du réduit. L'autre partie des flancs est destinée aux pièces ambulantes.

Le parapet de gorge est disposé pour l'infanterie, et dans les angles aussi pour la défense d'artillerie.

Le magasin principal de munitions, servant pour le fort et pour les lignes de réunion, est organisé comme ravelin de gorge pour agir contre l'intérieur et comporte un parapet pour les pièces légères. Celles-ci ont leur abri couvert dans les casemates de gorge du réduit, et peuvent par suite être conservées intactes jusqu'au moment du besoin.

La communication d'un fort de rempart traverse sur un pont le fossé des lignes de réunion, de manière à ne pas porter préjudice à l'action du tir des pièces de flanquement, et conduit directement dans la cour du fort. On peut de là gagner tous les points du rempart, soit en contournant les parados, soit, pendant le feu de l'adversaire, au moyen des passages qui sont ménagés dans ces parados.

Du fort on arrive dans le réduit par un escalier descendant dans le fossé de ce dernier et situé au-dessous de la communication qui vient d'être décrite.

Les ouvrages auxiliaires, les mines et les eaux sont utilisés en général comme dans les forts.

Les lignes de réunion.

Ces lignes comportent pour leur feu le moindre développement possible en longueur, tout en tenant compte convenablement des conditions locales et de la distance entre les forts. Leur tracé doit prendre en considération le flanquement général de la campagne en avant et de celle des forts, dont il doit tenir le glacis sous un feu croisé.

Le parapet et l'organisation du rempart reçoivent une

disposition en rapport avec la destination pour le combat éloigné de la plus grande partie des pièces, dont il faut pouvoir utiliser le maximum de conversion.

L'obstacle à employer doit correspondre au genre de la fortification, la méthode de son flanquement au mode de tracé adopté. On sera le plus souvent obligé de se contenter du *genre de la fortification provisoire*.

La **communication** principale avec la campagne traverse les lignes de réunion et est protégée par un ouvrage fermé appuyé à ces lignes et de dimensions relativement petites.

Le **fossé** des lignes de réunion est disposé en partie comme place d'armes défensive, c'est-à-dire la partie comprise entre le fort et l'ouvrage qui vient d'être mentionné. La rue de rempart qui circule le long des lignes de réunion peut être creusée en forme de tranchée, lorsque le parapet en avant ne présente pas un couvert suffisant.

Un chemin couvert peut être employé comme **ouvrage auxiliaire**.

Des **systèmes de mines** peuvent trouver place dans les parties saillantes.

L'**eau** peut particulièrement être utilisée pour inonder les fossés.

Exemple. La fig. 145 de la pl. XIII représente la construction des lignes de réunion en général, la fig. 146 donne le détail de la communication centrale principale, avec l'ensemble des ouvrages fermés qui en font partie et qui sont construits dans le genre de la fortification provisoire.

b) *Fronts non exposés à une attaque en règle.*

Les forts sont semblables à ceux d'une ligne de ceinture sans réduit.

Les lignes de réunion sont analogues à celles des fronts avec lignes continues, mais exécutées presque toujours seulement dans le style provisoire.

Noyau provisoire.

Il est facile de déduire de ce qui précède et des indications données à la page 186 les règles pouvant être appliquées pour un noyau provisoire qui ne doit être exécuté qu'en cas de guerre.

La fig. 127 de la pl. XI montre la partie en arrière d'un fort-noyau provisoire, avec amorce des lignes de réunion. La partie antérieure est supposée identique au fort de ceinture, fig. 121.

On se bornera à faire remarquer à ce sujet qu'un noyau provisoire se compose presque toujours de forts avec lignes de réunion, et qu'il faut s'efforcer avant tout de mettre les forts en état.

Remarque. Quelles sont les parties essentielles d'une fortification considérées comme indispensables qui doivent être construites dès le temps de paix, dans le style permanent ou provisoire, ou qui peuvent être laissées pour la mise en état de défense du temps de guerre? Cela dépend des ressources du temps de paix, du temps dont on peut disposer en cas de guerre, des travailleurs et du matériel. Pour un noyau, cela dépend aussi de la valeur de la ceinture des forts et de la durée de la résistance qu'on en attend.

Toutefois, la construction des forts de ceinture et celle du noyau doivent être poussées assez loin pendant la paix pour être complétement à l'abri de l'escalade et pour permettre l'armement immédiat des pièces de rempart, le dépôt assuré des munitions et le logement de la garnison minima.

Moins il reste à faire pour le temps de guerre, mieux cela vaut pour la solidité des constructions, pour la mise en état de défense de la forteresse et pour la défense elle-même.

Prescriptions relatives aux constructions civiles et aux constructions purement militaires.

A. — *Zones de servitude*.

Dans la limite de la sphère d'action la plus efficace, on ne peut tolérer dans la campagne aucune espèce de construction ou de modification du sol qui vienne entraver le tir des pièces de la place. Tout au moins, il y a lieu de déterminer les conditions dans lesquelles il est permis de bâtir, dans la zone rapprochée des fortifications, des constructions faciles à détruire et dont, en tout cas, le propriétaire soit prévenu qu'il est tenu, lorsqu'on le lui commandera, de démolir ou de laisser démolir ses immeubles sans avoir droit à aucune espèce d'indemnité.

Les limites relatives à la fixation des terrains qui tombent sous le coup de cette prohibition s'appellent *zones de servitude*.

On en distingue de deux sortes : la première, à l'intérieur de laquelle il est absolument interdit de bâtir ; et la deuxième, à l'intérieur de laquelle il n'est permis de construire des bâtiments non militaires que sous la réserve des prohibitions ci-dessus. La première s'appelle *zone rigoureuse*, la deuxième *zone éloignée*.

Leur distance, mesurée de la crête du glacis des ouvrages les plus rapprochés, est actuellement de $1,150^m$

pour la zone éloignée (portée efficace de l'artillerie), et de 750ᵐ pour la zone rapprochée (portée efficace de la mousqueterie).

B. — Prescriptions relatives aux constructions intérieures.

Il ne faut construire, dans l'intérieur d'une forteresse (d'un fort), que des bâtiments à l'épreuve des projectiles, avec escaliers voûtés, couloirs et étages satisfaisant à la même condition. Ils doivent être à une certaine distance du rempart, c'est-à-dire, pour les enceintes continues, être au moins assez loin pour qu'un incendie se déclarant dans les bâtiments les plus rapprochés n'empêche pas la défense du rempart, et que la chute des pâtés de maisons n'entrave pas la circulation sur la rue de rempart.

Pour les fortifications à noyau avec ouvrages isolés (forts avec lignes de réunion), la distance des bâtiments au rempart doit être d'au moins 200ᵐ, et être d'autant plus grande que les lignes de réunion sont plus faibles et les forts plus éloignés les uns des autres, parce qu'alors, comme on l'a dit déjà, l'action des feux doit être d'autant plus opiniâtre contre l'ennemi faisant irruption.

La plus grande distance admissible peut être de 600ᵐ environ.

L'espace libre entre la ville doit être porté à 800ᵐ lorsque les forts de rempart doivent permettre à un front non attaqué une défense énergique du côté de la ville, même lorsque celle du front d'attaque est presque épuisée. Il faut donc que ces forts contraignent l'assaillant d'assiéger ce front méthodiquement.

C. — Mesures sanitaires.

Des mesures ou précautions sanitaires doivent être prises dans une place forte avec d'autant plus de raison que, par suite des circonstances de la guerre, il s'y produit une grande agglomération d'hommes, provenant de l'accroissement de la garnison, du rassemblement de la landsturm, des blessés et des prisonniers, etc. On comprend que sans des mesures suffisantes, les conditions sanitaires laisseraient beaucoup à désirer.

Il faut par conséquent s'efforcer le mieux possible de se procurer de bonne eau potable, qui ne puisse être saignée par l'ennemi, d'établir des canaux en conséquence, des abreuvoirs, de régulariser les cours d'eau, de prendre des précautions contre les hautes eaux, etc,

D. — Communications.

1. COMMUNICATIONS PUBLIQUES.

Places et rues. — Outre les places publiques nécessaires pour les besoins des habitants et qui servent de *places d'alarme*, il doit exister, dans chaque ville fortifiée, un nombre convenable de *rues rayonnantes* suffisamment larges et conduisant au rempart. Ces rues, devant être garanties le mieux possible des feux d'enfilade, comporteront forcément des tournants et des bifurcations près du rempart.

Il y a lieu de construire les ponts en pierre ou en fer et de les protéger dans les rues qui forment des communications militaires importantes.

Chemins de fer. — Autant que possible, la gare doit être située dans *l'intérieur* de la place, mais du côté opposé aux attaques. On organise des passages voûtés à travers le rempart pour donner passage à chaque voie, et on les munit de coulisses et de portes doubles.

Si cette organisation n'était pas possible, il y aurait lieu de flanquer efficacement la coupure existante, et en outre de faire des préparatifs pour combler rapidement cette dernière, au besoin pour élever un rempart provisoire.

Un pont fixe traverse les fossés ; la partie attenante à l'escarpe doit pouvoir se replier facilement.

Une gare peu importante située *en dehors* du noyau doit être construite avec des matériaux légers, afin de pouvoir être rapidement détruite.

Mais les gares extérieures importantes, qui répondent à des intérêts commerciaux considérables, doivent être solidement bâties et être situées autant que possible en avant des fronts inattaquables, au moins à 500ᵐ des glacis, de manière à ne pas dominer le rempart et à entraver le moins possible le flanquement de la campagne éloignée. Elles peuvent aussi être organisées défensivement, et il faut alors les protéger par des ouvrages avancés.

Dans *la construction* de la voie, il y a lieu, dans la limite de la portée des pièces de forteresse, d'éviter le plus possible les tranchées, et encore plus les chaussées, surtout lorsqu'elles ne sont pas en ligne droite. Dans le cas contraire, il faut battre la voie et les tranchées existantes.

La situation des ponts de chemins de fer doit satisfaire aux conditions militaires en vigueur.

Communications par eau. — Les cours d'eau navigables et les canaux qui traversent les places doivent être commandés par des monitors cuirassés, ayant pour but d'empêcher l'ennemi de jeter des ponts et, en outre, de prendre part à la lutte, surtout en cas de sortie.

On empêche les vaisseaux de guerre ennemis de pénétrer dans la place, et on s'oppose aux coups de main qui peuvent être entrepris par les bâtiments qui naviguent ordinairement sur le cours d'eau, non-seulement par l'action de l'artillerie, mais encore par des torpilles et des estacades placées, en cas de guerre, dans les eaux navigables (Voir ce qui concerne les fortifications des côtes).

Il convient aussi de protéger, par des obstructions de ce genre, ses propres ponts contre les tentatives de destruction par des corps flottants lancés dans le courant.

Enfin, on tend des filets en travers du fleuve, pour arrêter les bouteilles contenant des dépêches, qui pourraient être lancées dans le courant sans l'assentiment du commandant ou celles qui viendraient de l'extérieur.

2. COMMUNICATIONS MILITAIRES.

Les communications civiles doivent être complétées, dans la mesure nécessaire, au point de vue militaire.

Routes. — *Une route rayonnante* à pentes douces et à courbes peu sensibles, praticable aux locomotives routières et aux plus lourdes pièces de forteresse, doit conduire, par la direction la plus courte, du noyau à chaque ouvrage avancé ou de ceinture. Il convient de donner à cette route une largeur d'au moins 6 à 8^m et de la protéger, le mieux possible par le terrain, contre les vues et les coups, mais surtout contre l'enfilade.

Les routes doivent être munies d'allées, pour soustraire aux vues ceux qui y circulent et les garantir jusqu'à un certain point contre les éclats d'obus et les shrapnels.

Pour relier les forts entre eux, ainsi qu'avec les batteries et ouvrages de campagne à disposer dans les intervalles, il y a lieu de construire, dans les conditions énoncées ci-dessus, une route parallèle à la ligne de ceinture, et à quelques centaines de mètres en arrière. C'est *la route de ceinture*.

Un parapet, dont l'exécution est réservée pour le temps de guerre, soustrait ce chemin aux vues ennemies, lorsqu'il ne l'est pas par le terrain même. Lorsque les ouvrages de ceinture peuvent être reliés entre eux et avec le noyau, ainsi qu'avec l'arsenal d'artillerie, au moyen d'une *voie ferrée* (exploitable aussi par des chevaux), on constitue de la sorte un grand avantage pour la mise en état de défense et pour l'armement, non moins que pour la défense elle-même.

Les communications conduisant de la ligne de ceinture dans la campagne sont subordonnées à des considérations militaires, principalement lorsqu'elles peuvent servir à l'offensive du défenseur.

Télégraphe. — Les fronts d'un noyau, ainsi que les ouvrages avancés et détachés, doivent être en communication télégraphique avec le commandant de la place.

Pour le cas où des dégâts viendraient empêcher la transmission des dépêches, il convient d'y suppléer par la télégraphie optique.

Deux places assez rapprochées, placées sur un même cours d'eau, peuvent être réunies télégraphiquement par un câble reposant sur le fond du fleuve ; sinon, il convient d'établir entre elles une communication optique (un télégraphe optique ou l'emploi d'héliotropes).

Pigeons voyageurs. — Il est bon d'organiser un service de pigeons voyageurs reliant les forteresses éloignées avec le point central de la défense du pays.

E. — *Établissements militaires.*

Les établissements militaires qui doivent être établis dans l'intérieur d'une forteresse sont :

Des magasins à poudre et à munitions à l'épreuve de la bombe (magasins de guerre).

Ces magasins, organisés pour recevoir 50,000^k, contiennent les approvisionnements généraux et doivent être soustraits, le plus possible, par leur situation, aux vues et aux coups de l'ennemi.

Des laboratoires à l'épreuve de la bombe pour l'artillerie, de manière à pouvoir évacuer les laboratoires et les magasins à poudre du temps de paix.

Des hôpitaux militaires à l'abri des feux, sur les fronts inattaquables. Ces hôpitaux sont placés, autant que possible, en des endroits qui n'aient rien à craindre du bombardement des fronts d'attaque et que l'ennemi n'ait aucun intérêt à bombarder. Des signes extérieurs doivent les rendre facilement reconnaissables et visibles de loin, pour que l'adversaire puisse se conformer, à leur égard, aux dispositions de la convention de Genève.

Des abris à l'épreuve de la bombe ou, au moins, de l'obus, doivent être organisés dans les forts ou les places de peu d'étendue, pour la partie de la garnison au repos. Dans les grandes places, on en établit dans la mesure du possible.

Il faut ajouter encore : *les bureaux de l'état-major de la place, la direction du génie, les casernes, les magasins à vivres avec manutention à l'épreuve de la bombe, les arsenaux, les ateliers, les chantiers*, et, en outre, dans les endroits où l'eau manque, *des réservoirs et des puits forés* (pour les sources découvertes) près du campement des troupes mobiles.

TROISIÈME PARTIE.

EMPLOI DE LA FORTIFICATION PERMANENTE DANS DES CAS PARTICULIERS.

On a examiné en détail, dans la fortification de campagne, quels sont, dans les plaines et les pays plats, dans les pays de montagnes et sur les côtes, les points stratégiques importants qui ne peuvent se passer du concours de la fortification pour permettre, faciliter ou assurer les opérations de l'armée ou de la flotte. Ces points stratégiques sont divisés en plusieurs catégories, caractérisées par le rôle qu'ils ont à remplir d'après le but spécial assigné à leur fortification. C'est ainsi, par exemple, que la dénomination de tête de pont, de camp retranché, etc., est significative, et qu'on la donne à toutes les positions de ce genre, à fortifier d'une manière permanente, provisoire ou passagère.

Les principes généraux exposés alors ont ici toute leur valeur, en ce qui concerne l'organisation générale des places fortes. Ils sont, de même, appliqués lorsque les divers ouvrages de la fortification doivent être exécutés dans le style permanent ou provisoire, au lieu de l'être dans le style passager.

Pour éviter les redites, on se bornera à traiter, dans ce

qui suit, simplement les questions qui diffèrent d'une façon quelconque des principes exposés dans la fortification de campagne.

Têtes de ponts.

On n'établit une tête de pont permanente que pour les ponts qui ont, pour la défense du territoire ou pour les opérations de l'armée active, une importance assez grande pour que l'ennemi soit obligé de se résoudre aux plus grands sacrifices, et même à une espèce de siège pour s'en emparer.

Parmi les têtes de ponts de manœuvre à fortifier d'une manière permanente, il faut comprendre surtout celles des fleuves près des frontières, qui permettent de pénétrer dans le pays voisin, et, pour les pivots stratégiques, celles qui sont placées sur le flanc des lignes de retraite ennemies. Une fortification du genre provisoire suffit pour toutes les autres, en supposant, toutefois, que les parties essentielles des têtes de ponts près des frontières seront construites dès le temps de paix.

Si, par exemple, un cours d'eau forme la frontière de deux Etats A et B, toute guerre offensive devra commencer par un passage de rivière; mais, comme dans ce cas les ponts permanents ont dû être détruits par les assaillis, ce passage ne peut avoir lieu qu'au moyen de ponts militaires et constitue toujours une opération fort désavantageuse.

Toutefois, si l'Etat assaillant A possède sur la rive ennemie une petite bande de terrain, l'entrée de l'armée de l'Etat A dans l'Etat voisin B sera considérablement favorisée par l'établissement d'une tête de pont en ce point.

Cette tête de pont demeure une menace permanente pour l'Etat B, qui doit alors tout mettre en œuvre pour s'en emparer.

<small>La tête de pont de *Borgoforte* fut dans ce cas jusqu'en 1866 pour l'Italie, et la tête de pont de *Kehl* jusqu'en 1814 pour l'Allemagne. *Düppel* était d'une importance égale pour les Danois comme tête de pont sur le détroit d'Alsen.</small>

Une tête de pont placée sur la ligne de retraite de l'ennemi constitue un camp retranché et un danger perpétuel pour l'assaillant, qui doit faire tous ses efforts pour s'en rendre maître.

<small>Ainsi, par exemple, une tête de pont placée à Tulln remplirait ce but par rapport à un adversaire qui, de la vallée du Danube, s'avancerait du nord-ouest ou de l'ouest contre le camp retranché de Vienne, tandis qu'une tête de pont de ce genre placée à Hainbourg, à Theben ou à Presbourg, ne rendrait pas les mêmes services.</small>

Enfin il y a lieu de mentionner qu'*un camp retranché* situé sur un grand fleuve constitue également une tête de pont de manœuvre de la plus grande espèce.

Il est indispensable de construire d'une manière permanente des *têtes de ponts d'arrêt* :

A) Pour les ponts sur cours d'eau qui traversent la frontière. Elles sont situées sur la rive amie et ont pour but d'empêcher l'ennemi, avant ou à la déclaration des hostilités, de s'établir dans la sphère des ponts, et de s'opposer à ce que l'ennemi puisse utiliser ces derniers, dans le cas où on n'aurait pas réussi à les détruire complétement et au moment opportun. Les batteries établies à Kehl, en face de Strasbourg, avaient été disposées sur la rive allemande dans cette prévision, avant 1870.

B) En avant des ponts de chemin de fer très-coûteux et très-importants au point de vue commercial et situés dans l'intérieur du pays, lorsqu'ils ne sont pas pourvus d'une tête de pont servant à retarder leur destruction. Des ouvrages d'arrêt ont été établis dans ce but en avant du pont du chemin de fer à Kottbus, en Prusse.

ORGANISATION DE DÉTAIL.

A. — *Têtes de ponts d'arrêt.*

Par suite du feu enveloppant qui peut être dirigé contre cette petite espèce de fortification, il y a lieu de recommander, pour ces ouvrages d'arrêt, l'emploi d'un ou plusieurs petits forts avec coupoles en fer, situés autant que possible dans une position inexpugnable, c'est-à-dire dans des îles, des marécages ou des terrains inondés. Ces petits forts sont reliés entre eux et au fleuve au moyen de lignes en terre.

On peut à peine exiger de ces espèces de barrages qu'ils forcent l'ennemi à des travaux de siége et à une attaque d'artillerie avec des pièces de siége. Il faut par conséquent les mettre avant tout à l'abri de l'escalade et y organiser des refuges à l'épreuve de la bombe pour toute la garnison. Il doit exister sur les remparts découverts des abris couverts pour l'ensemble des pièces placées sur le rempart, afin de pouvoir soustraire celles-ci ux effets destructeurs du bombardement.

B. — *Têtes de ponts de manœuvre.*

La ligne de ceinture se compose de forts, appelés ici *ouvrages avancés offensifs,* qui, disposés d'après les conditions indiquées dans la 2ᵉ Partie et dépendant en première ligne du terrain, sont en moyenne à 2,250^m les uns des autres. Mais, d'après les principes exposés dans la fortification de campagne, et au point de vue de la portée des pièces de forteresse, ces forts doivent être au moins à 3,000 ou 3,750^m du pont, tout en tenant convenablement compte des conditions locales.

Le noyau consiste en une enceinte simple ou en quelques forts avec lignes de réunion. Toutefois on peut aussi les remplacer par un ou plusieurs forts, qui défendent l'accès du pont.

Les retranchements de ponts, destinés à protéger la retraite à travers le fleuve après la perte du noyau, sont exécutés dans le genre de la fortification de campagne.

Aux têtes de ponts simples et pour protéger le pont contre un coup de main, on ajoute souvent, sur la rive ennemie, un fort de pont provisoire ou un retranchement de pont passager.

En fait de dispositions particulières et en tenant compte suffisamment de la distance et de l'effet du tir, il y a lieu de prendre, pour l'attaque et pour la défense, les mêmes mesures relatives à l'emploi des pièces de forteresse que dans les têtes de ponts de la fortification de campagne (voir la Fortification de campagne, 2ᵉ Partie, page 245).

Camps retranchés.

Les camps retranchés de la fortification permanente

correspondent aux camps retranchés de la fortification de campagne (2° Partie, page 253).

Les forts de la ligne de ceinture, appelés forts retranchés (1), sont situés à une distance telle du noyau, ou suivant le cas du campement de l'armée, qu'il ne soit pas possible de les bombarder même avec les plus grosses pièces employées pour les siéges (actuellement les canons frettés de 15^{cm} et les mortiers rayés de 24^{cm} se chargeant par la culasse).

On sait qu'en général ces bouches à feu ne peuvent pas, même dans un siége, s'approcher à plus de 750^m des forts et que le canon fretté a une portée de 7,500^m. On admet par conséquent une distance de 6,750^m entre les forts et le noyau, à moins que le terranri permette d'employer une distance moindre, par suite des difficultés qu'il oppose au bombardement susmentionné.

On a été amené à adopter d'aussi grandes distances bien plus à cause de l'*effet moral* que le bombardement produit sur les habitants, que par suite de l'*action matérielle* de ce bombardement. On a vu par le bombardement de Paris, en 1871, que l'effet matériel dans les grandes villes et à une si grande distance est presque nul et ne consiste qu'en incendies isolés, rapidement éteints.

La population est tenue, par un bombardement, dans un état continuel d'effervescence, et elle se voit généralement forcée d'abandonner ses habitations de paix pour se réfugier dans des caves humides.

Cette situation insupportable à la longue, jointe aux nouvelles de toute espèce qui se propagent dans une ville assiégée, laquelle en

---

(1) Lorsqu'il y a deux lignes de forts organisées, les ouvrages de la 2° ligne sont appelés ouvrages intermédiaires ou forts de la ceinture intérieure.

outre renferme souvent dans son sein une grande quantité d'éléments sociaux douteux et inflammables, peut facilement amener la population à exercer directement ou indirectement, sur le commandant de la place, une pression funeste pour la défense.

L'exemple de Strasbourg, qui a supporté admirablement les conséquences d'un bombardement long et violent, exécuté à une distance rapprochée pendant un temps relativement long, bien loin de modifier cette appréciation, ne peut au contraire que la corroborer, car il est hors de doute que l'aspect des calamités publiques causées par le bombardement amena le commandant de la place à capituler bien avant que les éléments de résistance fussent complétement épuisés, ce qui n'aurait certainement pas eu lieu dans le cas contraire.

Mais c'est surtout dans les villes très-populeuses, parmi lesquelles il faut compter en première ligne la capitale du pays, qu'il y a lieu de s'attacher par tous les moyens possibles à conserver à la ville sa physionomie normale, malgré la présence de l'ennemi devant les murs. Il convient à cet effet non-seulement d'en rendre le plus longtemps possible le séjour sans danger, mais encore d'avoir soin de pourvoir largement à tous les besoins de la vie et de veiller à conserver des relations avec l'extérieur, si petites qu'elles soient.

Il y a lieu de redouter tout spécialement un bombardement venant frapper les vastes campements de troupes, même aux plus grandes distances possibles. Ce bombardement aurait non-seulement pour conséquence des pertes matérielles considérables, mais il exercerait forcément une impression fâcheuse sur le moral des troupes, qui auraient à en subir les effets sans pouvoir s'y soustraire (1).

---

(1) L'avenir verra certainement surgir encore des calibres plus lourds, que l'on pourra amener plus près de la place au moyen de bonnes communications.

Le périmètre de la ligne de ceinture est aussi en rapport avec la distance des ouvrages entre eux, ainsi qu'avec la grandeur du noyau et des emplacements de campement.

L'étendue de la ligne de ceinture des capitales fortifiées ou des camps retranchés dont la chute aurait pour conséquence la défaite finale du pays, doit être si considérable, qu'à elles seules les grandes quantités de ressources militaires qui se trouvent dans la place suffisent pour empêcher l'exécution d'un investissement complet suffisamment solide, en admettant que la situation de la place sur un cours d'eau important ne le rende pas déjà impossible.

Dans ce dernier cas, l'armée de siége est coupée en deux parties, qui ne peuvent pas se prêter un mutuel concours bien concerté. Dans le premier cas, les forces ennemies réparties sur tout le périmètre de l'enceinte du camp retranché ne peuvent pas disposer, en chaque point, des forces nécessaires pour repousser une attaque entreprise par l'ennemi avec l'ensemble de ses forces. Dans l'un comme dans l'autre cas, le défenseur, par la supériorité numérique qu'il peut concentrer en un seul point, se trouve par conséquent dans une situation favorable pour battre d'une manière décisive la partie des assiégeants qu'il attaque. Cet avantage peut surtout être acquis avant que ces derniers aient pu renforcer leurs positions en conséquence.

Il y a lieu toutefois à ce sujet de ne pas perdre de vue que les sorties du défenseur constituent toujours un désavantage tactique, parce qu'elles sont exécutées de front et repoussées d'une façon enveloppante.

Il faut aussi, pour les places fortes d'une étendue considérable, faire entrer en ligne de compte le cas où ces places seront réduites à leur garnison minima et où il ne s'y trouve pas une grande partie de l'armée d'opération, parce qu'on sera obligé de renoncer alors à une défense active, sans laquelle une ceinture de forts perd la plus grande partie de sa puissance de résistance.

En 1870, Metz avait une garnison de 90,000 combattants (pour un effectif total de 154,000 hommes) ; cette place fut investie par 175,000 Allemands (sur un effectif total de 230,000 hommes). L'étendue des lignes d'investissement était de 60,000 pas : il y avait par conséquent près de 3 hommes par pas. La sortie du 31 août et du 1ᵉʳ septembre (bataille de Noisseville) ne pouvait cependant manquer d'échouer misérablement, parce que les Allemands voyaient tous les mouvements préparatoires des Français, qui en outre ne commencèrent le combat que vers midi et ne firent pas entrer en action toutes leurs forces en temps utile. La fortification ne satisfaisait pas d'ailleurs aux exigences des temps modernes et de plus la sortie prit une mauvaise direction. Il est à supposer que les Français auraient eu beaucoup plus de chances de percer les lignes ennemies du côté du sud-est. (Ouvrage du grand état-major prussien, page 1485).

Lors des grandes sorties contre Champigny, du 30 novembre au 3 décembre 1870, Paris avait une garnison de 131,000 hommes de troupes régulières et de 130,000 mobiles, sans compter 370,000 hommes de garde nationale exercés. Les troupes d'investissement comptaient à cette date 206,000 hommes et 738 pièces de campagne, de sorte que pour l'étendue de leurs lignes qui était de 100,000 pas, il y avait environ 2 hommes de l'effectif total ou 1 homme 1/2 de l'effectif combattant par pas. La sortie joua de malheur dès le début; elle arriva en retard, de sorte que les Allemands purent faire arriver des renforts en temps utile aux points menacés. Les Français réussirent néanmoins à conserver, malgré tout, pendant trois jours les positions enlevées.

Ces exemples prouvent catégoriquement que l'investissement d'une grande place forte n'exige pas une supériorité considérable des troupes en rase campagne, mais ils ne donnent pas d'exemple de sortie bien conçue et bien exécutée, de même que les places ne répondaient pas aux conditions voulues. Il en résulte que l'on peut à peine tirer de ces exemples une expérience autre qu'une leçon négative pour l'avenir. Paris a d'ailleurs actuellement un développement de 160 kil., contre environ 60 kil. en 1870-71.

Une artillerie de forteresse nombreuse et solide, le triage et l'emploi judicieux des bons éléments qui se trouvent dans la population, ainsi que dans l'armée territoriale faisant partie de la circonscription, peuvent certainement permettre toujours de se maintenir longtemps en possession de la ligne de ceinture. Mais tout cela ne peut jamais tenir lieu d'un noyau solide, composé de troupes de campagne réelles et aptes à l'offensive, une troupe de noyau dans le vrai sens du mot.

Le camp retranché présente alors l'inconvénient de toute position trop étendue par rapport aux forces qui la défendent.

Le danger qui résulte pour les défenseurs d'un investissement complet consiste en ce que l'armée active ou la partie de cette armée qui est enfermée dans le camp retranché, et qui est ainsi paralysée pour la défense active du pays, sera tôt ou tard forcée par la faim de se rendre.

Mais précisément dans ce cas, il est possible de rendre tenables des positions avantageuses situées en dehors des lignes de ceinture, au moyen de travaux solides de fortification de campagne ou provisoire. On augmente ainsi le développement des lignes de la fortification et l'on oblige par suite l'assiégeant à agrandir ses lignes d'investissement.

En cas de départ de l'armée active, et lorsque par conséquent on ne peut disposer des troupes nécessaires pour occuper ces fortifications, on est obligé d'abandonner ces dernières au moment où elles pourraient être utiles (1).

Il y a lieu d'occuper par des ouvrages indépendants, appelés *forts de manœuvre*, les parties de terrain d'une importance tactique particulière, soit pour l'assiégeant, soit pour le défenseur, et qui sont situées en avant de la ligne de ceinture. Il faut surtout être maître de ceux de ces points qui, en la possession du défenseur, faciliteraient les grandes sorties, et qui au contraire, entre les mains de l'adversaire, rendraient sensiblement plus difficiles ces sorties.

Au point de vue du but qu'ils ont à remplir, c'est-à-dire favoriser l'offensive de grands corps d'armée ou leur servir de points d'appui, les forts de manœuvre perdent une grande partie de leur importance quand, par suite de la faiblesse de leur garnison, on ne peut pas songer à entreprendre de grandes sorties s'avançant au loin, ou lorsque, par suite de leur position exposée, leur puissance de résistance est notablement amoindrie.

Dans l'organisation de ces forts de manœuvre ou de groupes de ces forts, on peut trouver aussi le moyen de forcer l'armée d'investissement à se développer davantage, sans que l'étendue de la fortification soit une cause de faiblesse pour la défense.

Dans la répartition des ouvrages d'un camp retranché,

---

(1) Les défenseurs de Paris avaient occupé les villages de Bondy et de Drancy, ainsi que la position de Villejuif, situés à 3,000^m en avant des forts de Paris, tandis qu'au contraire ils avaient, à l'arrivée des Allemands, abandonné l'excellente position de Clamart, parce que les ouvrages provisoires destinés à la défendre n'étaient pas achevés, et que, comme on l'a dit déjà, les troupes disponibles ne possédaient pas les qualités militaires et morales nécessaires.

il ne faut, autant que possible, pas perdre de vue de *les assembler par groupes,* de manière que chaque groupe possède par lui-même une certaine indépendance, et que la prise des uns par l'ennemi n'ait pas pour conséquence forcée l'abandon des autres.

Parmi les nouveaux forts construits autour de Paris (Pl. XIII, fig. 147), ceux de la basse Seine jusqu'à la rivière Morée forment, par exemple, un groupe qui, de même que les forts de la rive gauche de la Marne et de la Seine, peuvent, conjointement avec le noyau, poursuivre la résistance, même après que les forts de Vaujours et de Chelles auront succombé à l'attaque en règle. Il en serait de même pour les autres forts, dans le cas de la perte de celui de Villiers ou de Villeneuve-Saint-Georges, etc.

Enfin, il ne paraît pas superflu d'insister encore une fois sur ce que les forts des camps retranchés doivent former le point d'appui d'une résistance effective à opposer à une attaque en règle, car les dispositions avancées de la défense sont placées sous leur protection. Parmi ces dispositions, on peut indiquer les ouvrages de campagne et les *contre-batteries* (dans le genre provisoire ou dans le genre des batteries d'attaque) et l'organisation des villages et des forêts pour une défense opiniâtre, etc. Il convient de tenir compte de cet ordre d'idées déjà dans le projet général du camp retranché.

La faculté pour la défense de faire participer au combat un grand nombre de pièces placées dans ces contre-batteries constituera à la défense une supériorité prépondérante sur l'attaque, à la condition toutefois que de bonnes communications, soustraites le mieux possible à l'action des feux ennemis, conduisent à l'emplacement de ces batteries, de manière à permettre rapidement, sûrement et facilement l'armement et le remplacement des munitions, tandis que pour l'assiégeant c'est précisément le contraire qui a lieu.

La fortification du noyau, dans les camps retranchés, renferme toujours une grande ville, souvent la capitale du pays. La grandeur de la fortification dépend donc en premiere ligne de la grandeur de la ville qu'elle enceint.

Cependant, il ne faut pas que le noyau empêche le développement naturel de la ville, de sorte qu'il convient d'éloigner en conséquence la fortification des parties où la ville tend à s'agrandir.

<small>Après les explications données à ce sujet à la page 253 de la Fortification de campagne et dans la IIe Partie de la Fortification permanente, il n'y a pas lieû d'insister davantage ici.</small>

Ouvrages d'arrêt de défilé (1).

Les ouvrages permanents construits pour empêcher l'ennemi de franchir le défilé ou d'en déboucher, ainsi que ceux destinés à barrer les routes et les chemins de fer et confondus avec les premiers, ne se distinguent pas en général, par leur emplacement, des ouvrages de campagne de même espèce. Par conséquent, à l'exception de ce qui a trait aux détails techniques, on peut appliquer aux ouvrages permanents ce qui a été dit à ce sujet, pages 258 à 262, dans la Fortification de campagne.

Toutefois on ne fortifie ordinairement d'une manière permanente que les ouvrages destinés à barrer les routes,

---

(1) Thal-und-Pass-Sperren.

ainsi que les ouvrages d'ailes et les ouvrages de manœuvre d'une importance spéciale.

Des fortifications provisoires ou passagères suffisent pour tous les autres ouvrages, dont pourtant les travaux de terrassement doivent être exécutés dès le temps de paix, lorsqu'ils ne pourraient l'être que difficilement en temps de guerre.

Dans les ouvrages d'arrêt de défilé, et surtout dans les ouvrages d'arrêt de débouché, on peut faire beaucoup avec peu de pièces bien placées, parce que l'assiégeant ne trouve pas facilement des positions pour l'établissement de ses lourdes batteries d'attaque, et que l'organisation de ces dernières rend le plus souvent nécessaires de grands travaux d'accès.

Ports militaires.

Les forts maritimes ont simplement pour but d'empêcher les navires ennemis de pénétrer dans le port, ou aussi d'engager le combat avec une flotte mouillée devant l'entrée du port. Ce dernier cas se présente lorsque l'on a en vue, soit de faciliter la sortie de sa propre flotte, soit d'empêcher l'adversaire d'approcher suffisamment pour bombarder le noyau et l'arsenal, à moins que le terrain ne rende un bombardement impossible par suite de la distance et de la situation des ouvrages. Ces données déterminent par conséquent l'emplacement, la distance et l'armement des forts maritimes isolés et des batteries de côtes destinées à les compléter.

Un combat d'artillerie éloigné, avec les navires cuirassés ennemis, produirait des résultats peu sensibles, et il convient de se borner essentiellement à tirer sur la mâture, les cheminées et le pont de ces vaisseaux. Des pièces de 15^{cm} frettées et des mortiers rayés de 21^{cm} suffisent pour cela, à la condition d'être placés sur des batteries aussi élevées que possible. Le combat rapproché lui-même, avec des batteries et des forts parfaitement organisés, bien protégés et fortement armés, restera le plus souvent indécis; car, en admettant que quelques vaisseaux isolés arrivent à forcer l'entrée du port, ils pourront être combattus par les batteries placées en arrière, de concert avec les navires amis qui se trouvent forcément dans le port.

La flotte de blocus doit surtout être inquiétée par des chaloupes-torpilles, des bateaux sous-marins et des torpilles automatiques, combinées avec l'attaque de la flotte nationale, notamment au moyen de navires-béliers.

L'organisation, la distance et la position des forts continentaux répondent aux principes qui ont été développés pour les camps retranchés.

Le noyau a ses fronts continentaux semblables à ceux d'un camp retranché, et ses fronts maritimes sont rarement disposés comme lignes continues, parce que des lignes de cette espèce seraient nuisibles aux intérêts de la navigation du temps de paix. Pour en tenir lieu, on construit des batteries de côtes isolées et fermées, qui tirent d'enfilade et de front, au besoin aussi à l'aide de mortiers rayés, sur les quelques vaisseaux qui peuvent pénétrer, et l'on dispose des batteries, qui sont surtout chargées de faire échouer les débarquements ennemis qui pourraient être tentés dans le port même.

Comme il ne faut guère songer à forcer par mer *un*

port militaire satisfaisant à toutes les conditions prescrites, il ne sera, par suite, possible à l'ennemi de s'en emparer que par une attaque du côté de la terre. Aussi, dans l'organisation du noyau, il faut prévoir le cas et empêcher qu'après la prise de quelques forts continentaux, l'adversaire soit en mesure de détruire immédiatement, par son artillerie, la flotte nationale. Celle-ci doit au moins être soustraite, par le noyau, aux vues de l'ennemi.

Toutes les autres dispositions sont les mêmes que pour les camps retranchés.

En ce qui concerne le mouillage des flottes, fortifié d'une manière permanente, il n'y a rien à ajouter à ce qui a été dit, page 263, de la fortification de campagne.

Relativement à la fortification des rades et des ports, il faut, en outre, tenir compte de ce que les ouvrages isolés employés dans ce cas, étant particulièrement exposés aux attaques enveloppantes, l'emploi de fortes tourelles en fer avec les gros calibres est commandé. Il y a lieu aussi de placer ces ouvrages, le plus possible, en des positions inattaquables ; et, comme ils ne peuvent pas engager le combat avec une flotte cuirassée, il convient de les soustraire, autant qu'on le peut, par leur éloignement ou leur situation élevée, à l'action efficace des gros canons de marine, sans se priver, pour cela, de la protection de ces ouvrages contre le port.

Remarque. Les fortifications spéciales dont il est question dans la IIIe Partie sont soumises aux règles qui viennent d'être exposées, lorsqu'elles doivent être exécutées dans *le style provi-*

soire. Néanmoins, les circonstances forceront souvent à choisir, entre deux projets possibles, celui qui est le plus facile à exécuter dans un temps donné, par suite, celui qui a le moins d'étendue, tandis qu'au contraire, pour la fortification permanente de cette même place, on devrait donner la préférence au projet de la plus grande espèce.

QUATRIÈME PARTIE

APERÇU DU DÉVELOPPEMENT DE LA FORTIFICATION PERMANENTE.

On distingue quatre périodes dans l'histoire de la fortification permanente : l'antiquité, le moyen âge, les temps modernes et l'époque actuelle.

L'antiquité.

Fortification. — *Les plus anciennes fortifications* (1) que l'on connaisse consistaient en travaux de clayonnage et de pieux ou en parapets en terre, dont on entourait les endroits habités.

Mais, comme ces moyens de défense pouvaient facilement être escaladés ou enlevés, on s'empressa d'utiliser la maçonnerie, aussitôt après qu'on en eut découvert l'emploi, pour entourer de murailles les localités habitées. Ces murs étaient considérés, non-seulement comme une protection suffisante contre les moyens d'attaque de l'époque, tels que frondes, arcs et javelots, mais encore, par

---

(1) Et encore actuellement celles des peuples vivant à l'état sauvage.

leur grande hauteur, comme un obstacle suffisant à l'escalade.

Au début, on défendait ces murailles du haut de leur terre-plein ; mais, plus tard, on procura aux défenseurs un meilleur abri en perçant, près du couronnement des murs, des meurtrières ou **créneaux**. Les archers se tenaient sur une plate-forme en bois, souvent couverte, ou sur les murs mêmes, auquel cas on ajoutait, pour protéger les défenseurs, un faible parapet en maçonnerie, au bord antérieur des murs. Pour permettre le tir, on disposait sur ce mur d'appui des coins en maçonnerie, nommés merlons (*m*, pl. XIV, fig. 148), entre lesquels se trouvaient *les créneaux* S.

Plus tard, lorsqu'on eut reconnu la nécessité de tirer sur l'ennemi, même jusqu'au pied des murailles, on organisa souvent aussi un mur faisant saillie et reposant sur des supports en pierre *t*, de manière à laisser entre le parement du rempart un espace ouvert, à travers lequel on pouvait tirer de haut en bas. C'est ce qu'on appelle des **mâchicoulis**.

Le besoin indispensable de bien voir continuellement la campagne et les murailles, ainsi que de se procurer une défense flanquante, amena à établir des constructions faisant saillie en avant de l'enceinte. On disposa donc (fig. 149 et 150) aux angles et en certains points des lignes droites très-étendues, des **tours** carrées ou rondes, saillant en avant et en arrière de l'enceinte, et commandant celle-ci. Ces tours étaient, le plus souvent, munies de créneaux étagés et surmontés d'une plateforme. Elles étaient à distance de flèche (100^m à 150^m) l'une de l'autre, et elles formaient en même temps une partie de l'enceinte, complétement fermée et pouvant être défendue isolément. Bien que ces tours fussent établies en quantité suffisante, leur action flanquante était presque insignifiante.

L'enceinte ainsi constituée était souvent entourée d'un **fossé** extérieur, sec ou plein d'eau.

Des portes de ville permettaient de communiquer avec l'extérieur et de combattre l'ennemi par des sorties. Ces passages pouvaient être fermés au moyen de portes à vantaux et être barrés, à l'intérieur, par des herses.

Un pont fixe traversait le fossé. Ce pont était interrompu près de la porte, de manière à permettre l'établissement d'un pont-levis.

Une porte de ville était toujours située entre deux tours flanquantes; souvent, en avant de ces deux tours, il en existait une troisième, la **tête de pont**, appuyée à la contrescarpe. Ces enceintes étaient quelquefois doubles et même triples. Enfin, l'on s'efforçait encore de prolonger la durée d'un siége au moyen de **retranchements et de citadelles (1)**.

La famine seule pouvait avoir raison d'une telle place, à moins de surprise, de ruse ou de trahison.

On finit par fortifier toutes les grandes villes de cette manière. Les frontières étaient protégées par de petites fortifications (**castels** des Romains) construites le long de ces frontières, ou par des remparts continus en maçonnerie ou en terre (2).

---

(1) *Babylone*, ville construite 2122 ans avant Jésus-Christ, était entourée d'une muraille de près de 100 kilom. de longueur, de 22^m d'épaisseur et de 30^m de hauteur, flanquée de nombreuses tours élevées de 60^m, et elle comptait 100 portes de bronze. *Ninive* avait 1500 tours.

(2) La muraille de la Chine, longue de 2,700 kilom.; les murailles des

Moyens d'attaque. — Avec les progrès de l'art de la guerre et la valeur croissante des fortifications, vinrent aussi les moyens d'amener la chute des places fortes par une attaque méthodique, c'est-à-dire par l'emploi de machines de guerre spéciales.

Ces machines de siége consistaient en :

Brise-murailles (béliers, corbeaux), dont les chocs répétés devaient amener la démolition des remparts ;

Boucliers mobiles (tortues, testudos), montés sur des rouleaux ou des roues qui protégeaient les hommes placés sur les béliers contre les flèches, les frondes, l'eau bouillante, etc. ;

Allées ou communications sûres conduisant aux boucliers mobiles et tenant lieu de tranchées. Elles consistaient en fossés couverts ou *en boucliers* formés de planches jointives.

Pour couvrir les troupes contre les effets du tir (archers) et les machines de jet et de tir (balistes et catapultes), on employait des *parois en madriers* ou hourds, que l'on disposait en rangs jointifs et parallèles à la place. Lorsque le bélier se montrait impuissant, on exécutait un **passage souterrain** (cuniculus) en travers du fossé, et on enlevait à la mine le massif de terre existant sous les fondations du mur dans lequel on voulait obtenir une brèche, de sorte qu'après le travail exécuté le mur n'était plus soutenu que par des piliers en bois,

---

Pictes (Vallum Severi) entre l'Angleterre et l'Ecosse ; les retranchements romains entre le Danube et la mer Noire, dans la Dobruschka ; entre le Danube et la Theiss ; les fortifications romaines entre le Rhin à Cologne et le Danube à Regensburg.

auxquels on mettait le feu. Le mur alors se désagrégeait et tombait en ruines. Quelquefois, on s'empara de la place en faisant déboucher des galeries de mines dans l'intérieur même de la ville.

Plus tard, on fit aussi usage de **tours mobiles** (helepole) que l'on poussait jusque contre les murs. De leur plate-forme supérieure, très-élevée, on pouvait expulser les défenseurs du rempart ou bien jeter un pont-levis s'abaissant sur les créneaux.

On amoncelait aussi de grandes masses de terre, **des terrasses**, contre les murs, pour pouvoir les escalader.

Sinon, du côté de l'attaque, on employait encore **le rabe** (corvus), espèce de crochet en fer servant à démolir et à déchirer les murailles ; les **doubles échelles** mobiles (sambuca), etc.

Défense.— Pour diminuer l'effet des chocs, la défense se servait de **corps élastiques** (matelas), ou d'une **tenaille**, à l'aide de laquelle on saisissait les béliers et on les amenait en haut du rempart. On employait aussi des poutrelles très-lourdes suspendues à des cordes pour renverser ces béliers, des **galeries de mines** pour combattre le mineur ennemi ou enterrer les helepole, des matières **enflammées** pour incendier les échafaudages, etc.

Le moyen âge.

Les migrations des peuples amenèrent la décadence de l'art de la fortification, ainsi que des sciences en général.

La fortification permanente ne revint en honneur qu'après la fondation des villes en Allemagne sous l'empereur *Henri I*[er], et à la suite du danger que leur faisaient courir les incursions des Magyares.

Les fortifications étaient semblables à celles précédemment décrites, mais leurs dimensions étaient beaucoup moins considérables, vu le manque de machines d'attaque (1).

Elles consistaient en simples **murs d'enceinte** avec petites **tours**, qui ne faisaient même pas suffisamment saillie sur les murs pour flanquer la courtine, et par suite servaient plutôt **d'observatoires**.

Ce ne fut qu'un peu plus tard qu'on leur donna une plus grande saillie et qu'on les réunit à leur partie antérieure par un second mur plus bas, qui donna naissance à la **tenaille**. On prit des mesures de précaution très-minutieuses pour les **entrées** (ponts-levis, herses, mâchicoulis, tourelles de ponts, tambours).

La fig. 153 de la pl. XIV représente une partie de l'ancienne fortification de *Vienne*, telle qu'elle existait encore lors du siége par les Turcs en 1529.

Une espèce de fortification propre au moyen âge était les **burgs**, habitations fortifiées des nobles, qui étaient perchées le plus souvent sur des hauteurs presque inaccessibles (au sommet des montagnes). Dans la plupart d'entre eux, on peut distinguer : *la cour extérieure*, avec les écuries et les logements des varlets et serviteurs ; *la cour intérieure*, avec l'habitation du seigneur, et dans cette cour ou y attenant, *le donjon ou tour de refuge*, qui servait de dernier réduit et à observer l'ennemi. Une porte bien gardée, et souvent aussi un passage souter-

---

(1) On employa pourtant par endroits des machines d'attaque semblables à celles des Romains, quoique moins bien perfectionnées.

rain, constituaient les communications avec la campagne.

Les temps modernes.

1. Depuis l'invention de la poudre jusqu'à Vauban.

(A partir de la 2ᵉ moitié du xivᵉ siècle jusqu'à la moitié du xviiᵉ).

L'invention générale des **canons à poudre**, dans la deuxième moitié du quatorzième siècle, eut comme premier résultat de faire modifier la fortification de manière à pouvoir être armée d'artillerie.

On plaça dans les tours les canons, très-petits au début ; mais pour les pièces gigantesques, qui suivirent ceux-ci, on établit, derrière ou contre les murs, des parapets en terre servant en même temps à renforcer les murs (fig. 151) et à agrandir les tours, à la place desquelles on disposa plus tard des **rondelles** ou **bastilles** B (fig. 154 et 156). Encore plus tard, on remplaça le mur à bahut par un parapet en terre.

On remplaça les tours formant tête de pont par une **demi-lune** (fig. 156), qui donna ensuite naissance au ravelin.

L'invention de la poudre à canon n'exerça pourtant pas alors une influence plus marquée, et la défense restait encore dans un état d'infériorité considérable par rapport à l'attaque.

Mais avec le développement de la science de l'artillerie, surtout avec l'invention des projectiles en fonte et à la suite des progrès de l'art d'assiéger les places, les États se virent obligés de proche en proche de modifier la fortification de leurs places fortes, surtout au commencement du seizième siècle.

C'est à cette époque que remonte la découverte du bastion, qui fait époque. La nécessité de procurer un flanquement complet au fossé des rondelles, qui constituait l'objectif principal de l'attaque, amena cette innovation (fig. 155). Cette dernière est en général attribuée aux Italiens (1), considérés alors comme les maîtres dans l'art de l'ingénieur militaire dans toute l'Europe, et dont la méthode de fortification était appliquée presque exclusivement au seizième siècle.

La méthode italienne (Pl. XIV, fig. 157).

Elle est caractérisée, dans son genre le plus perfectionné, désigné sous le nom d'école néo-italienne :

1° Par de petits bastions avec de longues courtines, ainsi que des flancs hauts reportés en arrière et des flancs bas casematés, qui sont protégés par la partie saillante des faces, l'orillon o. Les flancs, étant perpendiculaires à la courtine, ne peuvent pas bien battre les fossés des faces, et on reporte ce rôle à la partie de la courtine rapprochée des flancs, les seconds flancs $b\ g$;

2° Par la grande élévation du mur d'escarpe dépassant de beaucoup le glacis (profil A B), ce qui était évidemment alors sans inconvénient pour le tir en brèche, eu égard à l'épaisseur de ce mur et au peu d'efficacité des feux d'artillerie ;

---

(1) En particulier à l'ingénieur militaire *San Michele* (Micheli) en 1527. D'autres soutiennent que les premiers bastions virent le jour en Autriche, à Tabor en Bohême, où les Hussites en organisèrent dans la première moitié du xve siècle.

3° Par l'emploi d'un ravelin et d'un chemin couvert avec places d'armes et rampes de sortie r, ainsi que d'ouvrages intérieurs, surtout des cavaliers et des citadelles très-élevés ;

4° Par des **communications** incommodes en temps de guerre (poternes étroites et escaliers p_1, porte dans les fossés a).

Le système italien suffisait d'autant plus alors, que l'art de l'attaque dut se former seulement à cette époque.

L'ancienne fortification néerlandaise
(Pl. XIV, fig. 158).

Les Hollandais surent tirer parti de la position basse de leur pays pour chercher l'obstacle à l'escalade dans **des fossés pleins d'eau**, au lieu d'employer dans ce but des murailles élevées comme les Italiens. Ces fossés étaient renforcés par des palissades pour le cas de gelées.

Ces palissades reposaient sur une berme et étaient couvertes par un parapet organisé pour la défense par l'infanterie, **la fausse braye** (profil A B).

L'ancien système de fortification néerlandaise, décrite par Freitag en 1631, consiste d'ailleurs dans une enceinte bastionnée avec de nombreux ouvrages extérieurs (contre-gardes, enveloppes, ouvrages à cornes et couronnes).

Cette méthode de fortification trouva aussi accès dans plusieurs parties de l'Allemagne, surtout dans le Nord.

L'ancienne fortification allemande.

Sous l'influence des Italiens, l'art de la fortification ne fit pas de progrès sensibles, bien que surtout en Allemagne des hommes, tels que le célèbre peintre et graveur Albert Durer, le lieutenant-colonel des ingénieurs impériaux Rimpler, expert en l'art de la guerre, et Speckle, eussent émis des vues devançant de beaucoup leur époque et que leurs idées continssent en germe les éléments de la fortification allemande actuelle.

Mais les projets de ces ingénieurs ne purent recevoir alors la sanction de l'expérience (1).

En Autriche et en Allemagne, on admit presque généralement le système italien.

On construisit d'ailleurs à cette époque très-peu de

---

(1) La description de leurs systèmes sort par suite du cadre de ce livre. Cependant ces hommes éminents méritent que nous nous permettions de signaler les projets ou propositions qui les caractérisent.

Albert *Durer* (1471-1528) est le premier ingénieur qui ait écrit sur la fortification. Il propose déjà l'emploi de coffres, de casemates défensives bien ventilées, de nombreux abris à l'épreuve de la bombe, ainsi que l'indépendance des diverses parties de la fortification et la construction d'escarpes renforcées. Il pose ainsi le fondement de l'enseignement de la fortification des États.

Daniel *Speckle*, mort en 1589, a, dans son tracé bastionné, préconisé des triples flancs brisés et perpendiculaires, partie à la courtine, partie aux lignes de défense. Il emploie aussi des murs d'escarpe bien couverts, détachés et munis de galeries en décharge; il brise la crête du glacis en forme de crémaillère et il a un chemin couvert à 2 terrasses, ainsi qu'un grand ravelin avec cavalier, disposé comme 3ᵉ bastion détaché.

Rimpler, lieutenant-colonel des ingénieurs impériaux (il écrivait en 1673), prit part à la célèbre défense de Candie contre les Turcs (1667-1669), et trouva une mort glorieuse sur les murs de Vienne, dont il dirigeait les travaux du génie pendant le siége des Turcs en 1683.

Il désignait sa méthode sous le nom de *fortification avec bastions moyens*. Elle se distingue essentiellement du système bastionné, dont elle est une combinaison particulière avec le système tenaillé; elle forme la transition à la fortification tenaillée. Rimpler s'occupe de la protection alors fort négligée des défenseurs sur le rempart, et il propose pour cela l'emploi de nombreuses casemates. Instruit par l'expérience du siége de Candie, il exige une défense active par des sorties et par l'établissement de coupures. Les glacis en contre-pente, les réduits casematés et les abris à l'épreuve de la bombe dans le chemin couvert, les dispositions à prendre pour la défense intérieure, peuvent lui être attribués.

places fortes dans les contrées faisant partie de l'Autriche. Les villes fortifiées soutinrent encore la lutte contre les Turcs avec leurs enceintes du moyen âge (1).

L'école française.

Les Français épousèrent presque complétement les idées de l'école italienne, mais ils se posèrent pourtant dès le début en adversaires décidés des casemates et ils s'en tinrent opiniâtrément au système bastionné.

Pagan, qui a devancé en beaucoup de points son illustre successeur Vauban, peut être regardé comme le fondateur proprement dit de l'école française et du système bastionné basé sur des principes raisonnés.

Siége.

Le siége suivait à cette époque la marche suivante :

On protégeait d'abord le campement du corps de siége, contre les sorties de la garnison, par des lignes tenaillées comprenant des ouvrages fermés. Ces lignes, nommées lignes de contrevallation, enveloppaient la place à une distance de 1200 à 2000^m. Pour repousser les attaques du dehors et les tentatives faites pour lever le siége, on construisait des lignes semblables, qui étaient

---

(1) Pourtant cette époque est féconde, et à maint point de vue remarquable, en idées originales émanant d'ingénieurs autrichiens. Ces derniers, en partie soustraits à toute influence étrangère, cherchèrent leur propre voie, en s'appuyant sur une grande expérience de la guerre, surtout en tenant compte du caractère des guerres contre les Turcs. Ainsi, par exemple, on trouve dans les archives du *Prince Eugène* un projet de tour, daté de l'an 1666, pour la fortification de *Carlstadt*. Ce projet s'inspire du principe qu'il faut chercher à obtenir la supériorité sur l'adversaire au moyen de pièces étagées et de casemates bien garanties pour les abriter. Cette idée, reprise un siècle plus tard par Montalembert, fit époque.

situées à une distance convenable des premières et s'appelaient lignes de circonvallation. On partait de celles-ci pour s'avancer contre la place au moyen de tranchées en zigzags (ou, comme les Turcs, en serpentant), que l'on réunissait de distance en distance par des tranchées transversales, appelées *places d'armes*, destinées à recevoir les troupes chargées de couvrir les batteries. Les batteries étaient établies dans l'intervalle des tranchées, derrière des parapets en terre ou des gabions remplis de terre, qui souvent étaient disposés sur un massif de terre très-élevé et constituaient alors un *cavalier de tranchée*. Plus tard, pour mieux protéger les batteries contre les sorties, on organisa des redoutes par endroits, aux changements de direction des zigzags, et pour couvrir les troupes de soutien, on fit un usage très-étendu de tranchées parallèles au front attaqué. On appela ces tranchées demi-parallèles, ou parallèles lorsqu'elles occupaient une longueur considérable.

Arrivé au glacis, on commençait à saper, c'est-à-dire qu'on creusait des tranchées sous la protection d'une paroi de madriers à l'épreuve de la balle et se mouvant sur des roulettes, *le mantelet*, que les sapeurs poussaient devant eux. On n'attaquait généralement que de front les parties de la fortification dont on voulait se rendre maître, c'est-à-dire qu'on ne les enveloppait pas, ce qui réduisait sensiblement la largeur du réseau des cheminements.

Ce genre d'attaque, largement pratiqué jusque dans le dernier quart du XVIIe siècle, époque à laquelle l'attaque à la Vauban lui fut généralement préférée, a été attribué par beaucoup d'auteurs aux *princes d'Orange* (père et fils), bien que ceux-ci ne puissent passer que pour l'avoir perfectionné.

On fit aussi, à partir de leur découverte, un usage fréquent des mines chargées avec de la poudre, pour faire tomber la contrescarpe et pour battre en brèche le mur d'escarpe.

Pietro de Navarro passe généralement pour avoir inventé ce genre de mines, car il en fit le premier usage en 1487, à Sarzanello.

Le défenseur combattait l'assiégeant par des feux d'artillerie et de mousqueterie, par des sorties et des mines (1), et il défendait opiniâtrément la brèche, derrière laquelle il élevait constamment de nouveaux retranchements, ou souvent simplement un palissadement (2).

2. *La période de Vauban et de ses successeurs.*

(Depuis la fin du XVIIe siècle jusque vers la fin du XVIIIe).

VAUBAN (3).

Vauban, que l'on peut à juste titre considérer comme le plus célèbre et le plus expérimenté des ingénieurs,

---

(1) On employa déjà contre les Turcs, lors du premier siége de *Vienne*, des galeries de mines au moyen desquelles on enlevait la poudre des mines de l'attaque. C'est ainsi que le 9 octobre on enleva 8 tonneaux de poudre aux Turcs, et que le 14 on déchargea complétement le fourneau placé sous le château et qui contenait 26 tonneaux de poudre. On n'avait pu découvrir deux mines situées de chaque côté de la porte de Carinthie, et leur explosion produisit une brèche de 50^m de large, à l'assaut de laquelle les Turcs se précipitèrent aussitôt, mais en vain.

(2) *Rimpler* saisit parfaitement l'avantage de ce procédé, surtout lors de la deuxième défense de Vienne contre les Turcs. Il disposa à cet effet de nombreuses coupures derrière les brèches pratiquées, en vue de faire traîner le siége en longueur.

(3) *Vauban*, né en 1633, mort en 1707 maréchal de France, fut un homme éminent par le talent et par le génie, d'une expérience consommée comme militaire et comme ingénieur, et qui réunissait en lui à un

doit surtout son renom à sa grande expérience de la guerre, au grand nombre de places fortes construites ou améliorées par lui, mais particulièrement à sa méthode d'attaquer les places. Cette méthode, qui différait essentiellement de celle usitée jusqu'alors, amenait très-rapidement la chute des places fortes ainsi attaquées.

La méthode d'attaque de Vauban amena des perfectionnements essentiels dans l'art de la fortification, ou mieux elle produisit, quoique seulement plus tard, la supériorité de l'attaque sur la défense.

C'est pourquoi nous devons d'abord l'exposer ici.

Attaque à la Vauban (Pl. XV, fig. 163).

Les éléments nouveaux les plus importants introduits dans la guerre de siége furent l'invention des *parallèles*, dans le sens actuel du mot (en 1673, à Maestricht), et celle du *tir à ricochet* (employé pour la première fois sur une grande échelle au siége d'Ath, en 1697) (1).

On entend, sous le nom de parallèles, des tranchées qui courent parallèlement à un polygone circonscrit aux ouvrages de la place attaquée. Ces parallèles réunissent entre eux les cheminements en zigzags débouchant en avant et servent au placement des troupes destinées à repousser les sorties. Les batteries de siége sont aussi établies dans ou près de ces parallèles.

---

degré rare toutes les vertus militaires et privées. Il construisit 33 places nouvelles, en améliora près de 300, dirigea en personne 53 siéges, assista à 140 batailles ou combats et fut blessé à plusieurs reprises.

(1) Vauban affirme en avoir fait usage pour la première fois à Philippshourg, en 1688.

Au moyen du tir à ricochet, on pouvait atteindre les pièces de la place suivant une direction et d'une manière contre lesquelles on ne connaissait pas le moyen de se garantir alors.

En l'absence de traverses sur les remparts, jugées inutiles jusqu'alors, le tir à ricochet arrivait dans un temps très-court à démonter les pièces et à rendre le séjour sur le rempart si périlleux, que la défense était complétement paralysée et que, par suite, le sapeur de l'attaque pouvait faire de rapides progrès.

Pour remédier à cet état de choses, on organisa un système de traverses qui a subsisté jusqu'à l'époque actuelle, mais qui, avec le grand angle de chute des projectiles, ne procurait pas un abri suffisant aux pièces placées sur le rempart et restreignait encore le nombre de pièces, assez petit déjà, à placer sur les courtes faces des bastions et du ravelin.

L'enveloppement systématique du front d'attaque fut amené aussi par l'emploi du tir à ricochet. La méthode d'attaque enseignée jusqu'alors n'en avait pas tenu compte, parce que l'on connaissait à peine les propriétés avantageuses du tir d'enfilade.

La fig. 163 de la pl. XV donne le plan d'une attaque à la Vauban, dans son expression finale au commencement du xviiie siècle. C'est celui qui, abstraction faite d'améliorations insignifiantes, fut appliqué jusqu'à l'adoption des pièces rayées.

Le siége commençait, comme auparavant, par mettre à l'abri l'installation des camps, ce qui du temps de Vauban encore avait lieu en construisant deux lignes de retranchements continus, les **lignes de contrevallation** et de circonvallation (1). On ouvrait ensuite la première parallèle en deçà de la distance la plus favorable pour les sorties, à environ 570^m de la place, et on établissait les cheminements en zigzags reliant cette parallèle avec le terrain en arrière. On construisait dans la parallèle même *les batteries de ricochet et de mortiers* (3) (R_1 à R_8, M_1 à M_8) dirigées contre les faces des bastions et du ravelin. La 1re parallèle était assez longue pour recevoir l'ensemble des batteries nécessaires. Elle enveloppait ordinairement la place en demi-cercle.

A mi-chemin des fortifications (300^m), on établissait la 2e parallèle, qui recevait les *batteries* à démonter (D_1 à D_8), plus tard aussi les batteries destinées à ricocher le chemin couvert (r_1 à r_4).

Les batteries à démonter avaient pour objectif la destruction, par le tir direct, des bouches à feu, des embrasures et des parapets, tandis que les batteries de ricochet et de mortiers pouvaient continuer à tirer sans inconvénient par-dessus la 2e parallèle. La 3e parallèle était disposée au pied du glacis et elle était munie *de mortiers-pierriers* (S_1 à S_4), qui devaient tirer continuellement sur les ouvrages de la place, mais surtout sur les places d'armes du chemin couvert, pour empêcher les rassemblements des troupes de sortie.

Entre les 2e et 3e parallèles, on établissait de petits bouts de parallèles, appelés **demi-parallèles**, dans les-

---

(1) Les lignes de contrevallation seulement dans le cas de fortes garnisons.

(2) D'après Vauban, les batteries de ricochet devaient pourtant être, autant que possible, établies seulement dans la deuxième parallèle.

quels on installait *des batteries de mortiers légers* (m_1 à m_6), *ou lourds* (M_9 et M_{10}).

A mi-hauteur du glacis, hors de la portée *des grenades à la main* (26 à 27^m), on construisait les cavaliers de tranchée (K_1 à K_3), c'est-à-dire des demi-parallèles dont le parapet était assez élevé pour avoir des vues dans le chemin couvert et pour expulser les défenseurs de ce dernier par des feux plongeants de mousqueterie. Quelquefois, on se bornait à occuper les demi-parallèles construites comme d'habitude par des *mortiers-pierriers* (S_5 à S_7). Lorsque le chemin couvert était évacué, on procédait au couronnement du glacis.

Ce couronnement consistait en une tranchée bien défilée par des traverses et établie le long de la crête du glacis. On disposait dans cette tranchée des batteries destinées d'abord à agir contre le ravelin, lesquelles devaient battre en brèche les murs d'escarpe de cet ouvrage (*batteries de brèche* B_1 à B_4) et démonter les pièces des faces des bastions qui flanquaient les fossés du ravelin (*contre-batteries* C_1 à C_4).

Une communication en forme de galerie de mines, la descente de fossé, conduisait alors dans le fossé, et une tranchée ordinaire (pour les fossés pleins d'eau, une chaussée en fascines avec un parapet par dessus) servait à traverser le fossé jusqu'à la brèche, qu'on escaladait enfin et que l'on couronnait immédiatement, en la fermant par un parapet V_2 du côté de la place (*nid-de-pie*). Après la prise du ravelin, et de son réduit par les mêmes procédés, on s'avançait contre le bastion par les mêmes moyens et ensuite, s'il y avait lieu, contre les retranchements intérieurs.

L'exécution de la 1ʳᵉ et de la 2ᵉ parallèle avait lieu pendant la nuit, en y faisant participer des rangs entiers de travailleurs en même temps (*sape volante*); mais plus près de la place, on ne pouvait plus avancer qu'avec des sapeurs, qui prolongeaient pas à pas du côté de l'ennemi les tranchées commencées (*sape pleine*).

Les sapeurs étaient garantis, en tête du travail, contre les feux de mousqueterie venant enfiler les sapes, par le *mantelet* déjà mentionné, plus tard par un grand gabion rempli de fascines (*gabion farci*), que l'on faisait rouler au fur à mesure de l'avancement du travail. Ils étaient protégés contre les coups d'écharpe par de *légers gabions*, qu'ils plaçaient successivement, d'une façon méthodique et sans s'exposer, et qu'ils remplissaient ensuite de terre.

Vauban n'a rien innové en fortification, mais il sut admirablement adapter les ouvrages au terrain et il s'efforça d'apporter la plus grande simplicité dans l'organisation de la fortification.

Vauban n'a laissé aucun écrit ayant trait directement à ses méthodes de fortification. Mais ses successeurs cherchèrent à les ramener à trois types ou *systèmes* principaux.

1ᵉʳ système de Vauban (Pl. XIV, fig. 159 et 160).

Le premier système de Vauban a un corps de place bastionné, dont les fossés sont complétement battus par les flancs des bastions.

Au début, *le flanc* est un peu retiré sur les 2/3 de sa

longueur, et il est arrondi (fig. 159) et couvert par un *orillon;* plus tard, il est disposé aussi en ligne droite sans orillon (fig. 160), et il n'est pas perpendiculaire aux lignes de défense.

La longueur P du côté du polygone comporte 341^m, la perpendiculaire $= \dfrac{P}{6}$, les faces $= \dfrac{2}{7}P$.

Devant le saillant du bastion, le fossé a une largeur de 30 à 34^m et une profondeur de 4^m,75.

L'escarpe et la contrescarpe sont revêtues. Les murs d'escarpe sont attachés et ont une hauteur de près de 12^m avec le mur de tablette servant de talus extérieur. Ils ont donc un commandement de 5^m sur les crêtes du glacis et ne sont par conséquent pas couverts contre le tir de plein fouet.

L'épaisseur du parapet est de 5^m,68, le relief de la crête intérieure comporte 8^m (1).

La hauteur du parapet est de 2^m,20, la largeur du terre-plein est de 11^m,40.

Les pièces étaient placées sur des affûts peu élevés et tiraient à travers des embrasures profondes. En dehors d'une banquette disposée sur tout le pourtour et plus tard de traverses contre le tir à ricochet, il n'était pas question d'une organisation défensive du rempart, de sorte qu'il n'existait pas d'abris blindés sur le rempart et en général presque pas de casemates, dont Vauban proscrivait l'emploi par économie.

Comme ouvrages extérieurs, on trouve :

---

(1) Les dimensions sont arrondies ici, mais dans la planche elles sont données exactement.

1° **Le ravelin**, dont les faces sont alignées sur les angles d'épaule des bastions ou, dans le cas de flancs rectilignes, sur un point situé à 9^m,50 de ces angles. Le ravelin fait saillie de 60^m sur le côté extérieur.

2° **Le réduit du ravelin R** (fig. 159) est à ciel ouvert et en forme de lunette;

3° **Le chemin couvert** a des places d'armes rentrantes et saillantes, et il est muni, sur tout son développement, d'une banquette palissadée en temps de guerre.

Il a 9^m,50 de largeur. Des traverses servent à fermer les places d'armes.

4° **Les réduits de places d'armes rentrantes** sont à ciel ouvert et affectent la forme de flèches (ils sont nommés petites lunettes par Vauban, L fig. 159).

5° **La tenaille T** est ou un petit front bastionné ou une simple tenaille en avant de la courtine. Elle sert à couvrir cette dernière, ainsi que ses poternes, et à renforcer le flanquement des fossés.

6° **Des contre-gardes C** (fig. 160), surtout en avant des bastions, mais aussi comme enveloppes (fig. 161, 1, 2, 3, 4, 5, 6).

7° **Des ouvrages à cornes** (un front bastionné avec ailes latérales, fig. 165, 40-42, 47-49, 80-82) et **des couronnes** (deux fronts bastionnés avec ailes latérales), sur les fronts d'attaque (pl. XV).

Le relief du ravelin et des contre-gardes est d'environ 6^m, celui de la crête du glacis des réduits de places d'armes et de la tenaille est d'environ 2^m,20.

Les fossés des ouvrages extérieurs ont 4^m,75 de profondeur, ceux du ravelin et des contrescarpes en moyenne 20^m de largeur, ceux des réduits 10^m.

L'escarpe (y compris le talus extérieur), la contrescarpe et la gorge sont revêtues.

On emploie comme **ouvrages intérieurs** :

1° **Des cavaliers** C dans les bastions (fig. 160). Ils sont talutés en terre à leur partie antérieure ;

2° **Des retranchements**, qui ne devaient être établis que dans le courant de la défense. Vauban d'ailleurs ne faisait pas grand cas de ces ouvrages ;

3° **Des citadelles**, composées ordinairement de pentagones ou d'hexagones bastionnés. (Pl. XV, fig. 165).

Les communications pour le temps de guerre conduisaient par une poterne p (fig. 159), établie sous le milieu de la courtine, dans l'espace situé derrière la tenaille, qui servait d'emplacement de rassemblement pour les sorties. De là, on traversait la tenaille au moyen de la poterne p_2 et le fossé au moyen d'une double caponnière ouverte u, puis on arrivait par deux escaliers dans le réduit du ravelin, ou par des rampes pratiquées dans les glacis de la caponnière on gagnait des escaliers conduisant dans le ravelin. On traversait à couvert le fossé du ravelin, par une caponnière simple u^1 à ciel ouvert. Des escaliers conduisaient alors aussi bien dans le réduit de place d'armes L que dans la place d'armes. On arrivait dans la campagne au moyen de sorties pratiquées en forme de rampe dans le glacis.

On peut voir dans la pl. XIV, fig. 160, une communication principale avec la campagne.

On traversait les fossés au moyen de ponts-levis et de ponts fixes, le rempart du ravelin par une tranchée K, que l'on pouvait barrer par une porte ou que l'on pouvait barricader. A ce dernier point de vue, on pratiquait, dans les murs latéraux, des coulisses dans lesquelles on disposait des parois formées de poutrelles, dont l'intervalle était rempli de terre.

Les eaux et les mines étaient employées dans le même but qu'actuellement.

Appréciation. — Comparé à la méthode italienne, le système de Vauban a réalisé les progrès suivants : les bastions et les ravelins sont relativement spacieux, les flancs des bastions sont disposés judicieusement par rapport aux lignes de défense, le chemin couvert et le ravelin sont renforcés par des réduits.

On ne peut signaler comme inconvénients que ceux qui ressortent de la forme bastionnée et surtout critiquer en principe le flanquement ; le mur d'escarpe est vu de l'intérieur et par suite insuffisamment couvert ; les casemates font complétement défaut pour la défense des fossés, ce qui est la conséquence de l'emploi des tenailles. Les communications sont étroites et incommodes ; elles rendaient par suite les sorties plus difficiles.

La fig. 164, pl. XV, représente une grande place (forteresse de 1re classe), fortifiée d'après ces principes. C'est la ville de Strasbourg, avec sa citadelle construite par Vauban.

2e et 3e systèmes de Vauban (Pl. XIV, fig. 162).

Le 2e et le 3e système de Vauban ne diffèrent pas essentiellement l'un de l'autre.

Le 3e ne se compose plus que de l'enceinte intérieure de *Belfort*. Les places de *Landau* et de *Neuf-Brisach*, que Vauban fortifia également d'après ce système, sont déclassées.

Les bastions sont séparés du corps de place. Ce dernier forme **un retranchement général**.

Le corps de place est bastionné et il est flanqué aux angles par des tours casematées en forme de bastions.

Il est d'ailleurs essentiel que les murs d'escarpe, qui n'ont que 5^m de haut, soient complétement **défilés**, même des coups **plongeants**, parce qu'ils sont au niveau de l'horizon. La berme est occupée par une haie, qui empêche la chute du rempart après l'exécution d'une brèche.

Cormontaigne et l'école de Mézières
(Pl. XV, fig. 164).

Cormontaigne (né en 1696, mort en 1752), successeur de Vauban, puis les professeurs de *l'École des ingénieurs de Mézières* (1), qui admirent ses idées en principe, prirent le 1er système de Vauban comme point de départ des améliorations à réaliser, et ils le modifièrent dans les points suivants :

Le corps de place fut en général construit comme celui de Vauban, mais en tenant les flancs perpendiculaires aux lignes de défense et en supprimant en même temps les orillons.

Le relief fut abaissé à 5^m,37, pour voir le chemin couvert et pour battre le glacis par des feux rasants. La maçonnerie fut mieux défilée, en éloignant les murs de revêtement du talus extérieur et en tenant la magistrale à 2^m,50 au-dessus de la crête du glacis.

---

(1) A partir de 1749.

Pour conserver au mur d'escarpe la hauteur de 9^m,50 considérée alors comme nécessaire pour le mettre à l'abri de l'escalade, on approfondit davantage les fossés (—7^{m}00) et on les fit plus étroits.

Le ravelin (demi-lune) fut agrandi et on lui donna une saillie telle que l'assaillant ne pouvait s'avancer contre les bastions avant d'avoir pris le ravelin, sans s'exposer à être pris à revers (voir page 123).

<small>Le relief du ravelin et la profondeur de son fossé étaient de 4^m,43 (1), la saillie sur le côté extérieur était de 140^m. Le prolongement des faces passe à 19^m des angles d'épaule, pour mieux couvrir les flancs des bastions (page 121, 4e point). Dans le cas de grands angles du polygone, le prolongement des faces des bastions est aussi intercepté, ce qui augmente la difficulté de ricocher ces faces (voir page 122).</small>

Le réduit du ravelin fut agrandi et on construisit des casemates sous ses flancs, pour être en mesure de voir à revers la brèche pratiquée sur les faces des bastions, lorsque l'assiégeant tentait de monter à l'assaut sans s'être emparé du réduit.

<small>Le relief du réduit du ravelin était de 4^m,75 et la profondeur du fossé de 3^m,16.</small>

Les places d'armes rentrantes furent agrandies, eurs réduits furent tracés en conséquence et leur relief porté à 3^m,80, pour pouvoir aussi battre le glacis.

On organisa un réduit casematé dans la place d'armes saillante en avant du ravelin, pour commander celui-ci

---

<small>(1) Le fossé du ravelin est moins profond que celui du corps de place pour permettre aussi aux faces du bastion de battre ce premier fossé.</small>

par des feux de mousqueterie et rendre plus difficile l'établissement d'une brèche dans le prolongement du fossé du ravelin.

Les communications furent améliorées. Elles consistent en poternes (p_4) qui traversent le réduit du ravelin, (p_5) le ravelin et (p_6) le réduit de places d'armes rentrantes. Les escaliers sont en partie remplacés par des rampes.

On disposa, en avant des bastions, des **ouvrages avancés** en forme de lunettes, en vue de forcer l'assaillant à ouvrir ses tranchées à une plus grande distance du corps de place et à s'emparer des ouvrages avancés avant d'attaquer le ravelin. On arrive ainsi à prolonger la durée du siége.

Mais les ouvrages avancés contribuent aussi à faciliter puissamment les grandes sorties, en permettant aux troupes de se rassembler à couvert et de se retirer sous la protection de ces ouvrages.

Les fossés des ouvrages avancés furent flanqués par des casemates de contrescarpe a''; la gorge de ces ouvrages fut fermée par un mur détaché.

Un glacis W, Z, avec chemin couvert, relia le chemin couvert du ravelin avec celui de l'ouvrage avancé.

On communiqua au moyen d'une double caponnière ouverte et d'un pont conduisant dans la cour de l'ouvrage à travers le fossé de gorge, ou bien par un passage souterrain P_1 (p_9 p_{10}) partant du fossé du corps de place en capitale et venant déboucher dans le fossé de gorge de l'ouvrage.

La distance du saillant de l'ouvrage avancé au bastion est de 228^m; le relief et la profondeur du fossé sont de 3^m,80.

Les bastions devaient contenir soit des retranchements, en forme de front bastionné, soit des cavaliers, qui servaient en même temps de retranchements.

Appréciation. — Le système de fortification de Cormontaigne et de l'École de Mézières réalisa sous plus d'un point des progrès importants, et jusqu'à l'invention des canons rayés, on l'admit généralement comme type de la fortification bastionnée.

Il convient de remarquer l'emploi restreint des casemates défensives, dont les Français se passaient le plus souvent et qu'ils finirent par rejeter complétement.

Les principes généraux exposés sous le titre de **système de cordon** peuvent être appliqués dans l'emploi des fortifications destinées à garantir la sécurité des **États**. Ces principes avaient trouvé leur expression la plus haute dans la création d'une triple ceinture de forteresses sur les frontières menacées de la France.

Le petit nombre de communications existantes et le système des approvisionnements par magasins qui entravait la marche, les convois énormes que les armées étaient obligées de transporter à leur suite, forçaient ces dernières à se mouvoir exclusivement *sur les bonnes routes*, qui étaient peu nombreuses.

Il suffisait de barrer une de ces routes par une forteresse pour arrêter l'armée envahissante dans sa marche en avant. Mais les petites armées de l'époque étaient presque complétement absorbées par les travaux d'un siége, ou bien il n'en restait qu'une petite partie disponible pour les opérations en rase campagne, et cette partie pouvait à son tour être arrêtée par une forteresse placée en 2ᵉ ligne.

Une 3ᵉ ligne de grandes places d'armes devait compléter tout le système.

Pour augmenter la valeur d'une place forte, Vauban l'entoura souvent d'un **camp retranché**.

Celui-ci consistait en un emplacement suffisant pour le campement de 10,000 à 12,000 hommes. La fortification de cet emplacement se composait d'une enceinte de lignes continues. La gorge du camp s'appuyait à la place, deux de ses faces étaient autant que possible flanquées par celle-ci. Le camp retranché devait empêcher l'adversaire d'assiéger la place, car, en présence de la forte garnison de celle-ci, l'ennemi ne pouvait disposer des troupes nécessaires pour investir la place et le camp, ou bien, en admettant la possibilité d'un investissement, le défenseur devait profiter de l'éparpillement des forces de l'assiégeant pour le forcer par des sorties à lever le siége.

COEHORN.

A côté de l'école française se développait l'école **néo-néerlandaise**, dont le représentant le plus élevé fut *Coehorn*, le célèbre contemporain de Vauban. Il construisit des fronts *bastionnés* et *tenaillés* d'un système tout à fait original, combina les fossés secs avec les fossés pleins d'eau, les premiers entre le haut et bas rempart, revêtit en maçonnerie les talus des fossés, renforça le chemin couvert et le ravelin par des réduits fermés et employa des casemates pour le flanquement et la défense intérieure.

Coehorn (né en 1641, mort en 1704) n'eut pourtant pas de continuateur.

L'école autrichienne.

Le prestige de l'école française s'était imposé à l'Europe presque entière, et les quelques places construites en Autriche, à savoir : *Josephstadt* (1780-1790), *Theresienstadt* (1780-1790), *Kœniggraetz* (1766-1776), *Karlsburg* (1715-1720) et *Temesvar*, furent conçues d'après les principes de cette école, au moins dans les choses essentielles, bien que les projets dénotassent constamment une intelligente indépendance.

Mais l'on s'écarta des idées françaises surtout en un point considérable, car pendant qu'en France on rejetait presque complétement les casemates, on arriva, en Autriche, à les adopter comme partie intégrante de toute fortification. Non-seulement on créa de nombreux abris à l'épreuve de la bombe en casematant les courtines, en construisant des casernes à l'épreuve qui souvent servaient aussi de retranchement général et qui, placées près du rempart, étaient couvertes par celui-ci contre le tir de plein fouet (Josephstadt), mais encore on utilisa en première ligne des casemates dans un but défensif. On casemata surtout les flancs des bastions (Karlsburg, Olmütz) et la partie des enveloppes destinées à battre les fossés des faces latérales (Karlsburg, Theresienstadt, Temesvar).

On établit d'ailleurs des casemates sous des ouvrages entiers, à Olmütz et à Kœniggraetz (cavaliers, réduits dans le chemin couvert et les ouvrages avancés).

Ainsi, par exemple, on trouve déjà à Kœniggraetz des escarpes crénelées destinées à battre les fossés et le chemin couvert, des cavaliers et des réduits qui commandent le terre-plein des ouvrages en avant au moyen de casemates à canons. Les casemates à canons dans les faces du ravelin, les blockaus en maçonnerie dans les places d'armes rentrantes, des traverses placées en travers du fossé du ravelin, pour empêcher de battre en brèche les faces du bastion à travers le fossé du ravelin, sont des améliorations essentielles réalisées alors par l'Autriche, mais qui furent plus tard attribuées aux Français, parce qu'elles ne tombèrent pas dans le domaine public (1).

L'école autrichienne marque donc un progrès considérable.

Il y a lieu également de mentionner l'emploi judicieux et très-étendu de l'eau comme moyen de renfort (Olmütz et les forteresses de la Bohême). L'installation en est due surtout à la partie néerlandaise du corps des ingénieurs.

Il est remarquable, en outre, qu'à une époque où Vauban et le système bastionné avaient fait tomber en désuétude presque toutes les autres formes de tracé, **les remparts de Vienne** furent construits en forme de lignes tenaillées, dans lesquelles on favorisa l'action du front en adoptant des angles très-obtus avec de grands redans.

Les remparts de Vienne, construits au début en terre et en toute hâte, sur les conseils du *prince Eugène*, contre les incursions dévastatrices des bandes de Racoczy, furent ensuite complétés, en 1728-1730, par l'exécution d'un mur d'escarpe de 5^m de haut. Ces remparts présentent, dans les temps modernes, le premier exemple d'une grande ville fortifiée, ainsi que d'une adaptation excellente de la fortification au terrain, eu égard à la grande étendue de la première, et d'un bon défilement marchant de concert avec une merveilleuse simplicité.

3° *Transition à l'époque actuelle.*
(Dernier tiers du xviiie et commencement du xixe siècle).

La chute rapide de la plupart des places attaquées d'après la méthode de Vauban démontrait clairement la

---

(1) Voir page 284 les principes de *Bousmard*, *Chasseloup* et *d'Arçon*.

supériorité que l'attaque avait acquise sur la défense. Il faut convenir d'ailleurs que celle-ci était le plus souvent conduite fort mollement.

Cette prépondérance s'accrut encore par les améliorations réalisées dans le service de l'artillerie, surtout par l'emploi général du tir à obus et par l'invention du *mortier Coehorn*.

Ce fait étant incontestablement reconnu, on dut naturellement s'efforcer de trouver des méthodes de fortification capables de rétablir l'équilibre détruit et de lutter avec les partisans des idées de Vauban et de Cormontaigne, qui jusqu'alors s'étaient prononcés d'autant plus catégoriquement.

Toutefois les tentatives d'amélioration faites à ce point de vue, dans le dernier siècle, demeurèrent généralement isolées et sans succès bien sensible.

Le système d'Arad.

En Autriche, à l'occasion d'une fortification projetée pour la place d'Arad, le général des ingénieurs **Harsch** (1) se livra à la première discussion approfondie qui eût été faite jusqu'alors de la fortification bastionnée. Il produisit à ce sujet un mémoire sur les principaux défauts de ce système, et il proposa une méthode particulière de fortification.

---

(1) Né en 1704, mort en 1792 comme feldzeugmeister et directeur général du génie, le comte *Harsch*, fils du célèbre défenseur de Fribourg en 1713, prit part à 15 siéges avec son père et en dirigea personnellement quelques-uns. Ses Mémoires furent publiés en 1763, l'année même où fut commencée la fortification d'Arad d'après ses projets.

Harsch reprochait au système bastionné de Cormontaigne les graves inconvénients suivants :

1° *L'action de l'artillerie* contre la campagne est trop petite, parce que les faces des bastions sont très-courtes, tandis qu'au contraire la courtine, qui est la ligne la plus longue, ne participe pas du tout à la défense de la campagne éloignée. Les longues faces du ravelin doivent rapidement succomber aux coups d'enfilade et de revers auxquels elles sont exposées. Le défenseur ne peut opposer, dans les cas les plus favorables, que 120 pièces aux 172 de l'assiégeant ;

2° *Le flanquement du fossé du corps de place* n'est pas rasant et il est notoirement insuffisant, car les flancs surtout sont exposés aux feux de revers, et la tenaille, complétement inutile, empêche le flanquement ;

3° *Les retranchements intérieurs appuyés aux faces des bastions* restreignent l'espace où l'on peut placer les pièces destinées à flanquer les fossés du ravelin ;

4° *Les troupes* qui ne sont pas de service ne peuvent avoir le repos qui leur est nécessaire, parce qu'il n'existe pas suffisamment d'abris à l'épreuve de la bombe.

Pour remédier à ces défauts, *Harsch* proposa et appliqua le système suivant :

1° Le défenseur doit pouvoir déployer contre l'assaillant *un nombre de pièces supérieur*, pour entraver les progrès de l'attaque, et surtout pour être en mesure de faire taire à tout prix les batteries de ricochet dirigées contre le front d'attaque ;

2° Pour agir efficacement contre les emplacements de pièces rapprochés (contre-batteries, batteries dans les ouvrages enlevés), il faut disposer *d'une artillerie prépon-*

dérante, que l'on ne puisse pas détruire de loin, et qu'il convient par suite d'abriter en grande partie dans des casemates jusqu'au moment de son emploi;

3° Il doit exister des *casemates à l'épreuve de la bombe* pour *tous* les hommes qui ne sont pas de service ;

4° *Les communications* entre les divers ouvrages doivent pouvoir avoir lieu absolument sans danger.

Le système d'Arad répondait à ces prescriptions.

Il consiste (pl. XV, fig. 166) en *un front polygonal* brisé intérieurement (faiblement tenaillé). Le côté du polygone va jusqu'à 530^m, contre 340^m dans Cormontaigne.

Devant le milieu du front se trouve *un grand coffre* (nommé bastion détaché par Harsch) avec rempart défensif. La tête de ce coffre occupe la place du saillant d'un ravelin.

Les flancs casematés, reportés en arrière, reçoivent 11 pièces de casemates et 11 pièces de rempart.

Le fossé du corps de place diminue sensiblement de largeur vers la capitale, pour que l'assiégeant ne trouve aucun endroit favorable pour une contre-batterie à diriger contre ce fossé. Il en résulte que l'attaque du redan du corps de place (nommé cavalier par Harsch), n'a aucune chance de succès, par suite du feu prépondérant du coffre et du réduit.

L'attaque, par suite, doit être dirigée contre le fossé en avant de la tête du coffre. Cette partie du fossé est bien battue par le cavalier, et les murs d'escarpe de la tête du coffre sont aussi renforcés artificiellement contre le tir en brèche.

La partie du coffre qui remplace le ravelin doit être minée et être battue par un nombre suffisant de pièces de la courtine, pour qu'il ne soit pas possible d'y exécuter des travaux à la surface du sol.

Les pièces dont il s'agit ne peuvent pas être atteintes de loin par l'ennemi, parce que la partie correspondante de la courtine n'est pas plus élevée que le ravelin.

La brèche pratiquée dans les faces du ravelin est, en outre, vue à revers par 3 pièces casematées du réduit, de sorte que la prise de ce réduit miné doit précéder l'attaque du ravelin.

Les flancs des coffres sont battus chacun par 4 casemates à canons et par 6 créneaux de la courtine (1).

Tout le système est muni *d'une enveloppe* avec fossés pleins d'eau. Ceux-ci sont précédés d'un chemin couvert avec places d'armes spacieuses. En cas de guerre, des réduits doivent être établis dans ces dernières.

Sur les fronts d'attaque, on organise des *retranchements intérieurs* casematés, qui commandent le terre-plein du cavalier par les pièces du rempart et par celles des casemates, c'est-à-dire par une artillerie supérieure en nombre.

La courtine est pourvue, sur tout son développement, de casemates défensives flanquées, qui augmentent considérablement la difficulté de l'attaque de cette courtine. Cela a pour conséquence de forcer l'assiégeant, après avoir pris le coffre, de s'avancer contre le cavalier, d'où

---

(1) La courtine était occupée par des mortiers pendant le combat éloigné. Ce n'est que dans les dernières périodes de la défense qu'on y plaçait des pièces de réserve.

il résulte que le retranchement intérieur ne peut pas être tourné.

La communication arrive dans le coffre par les passages à l'épreuve de la bombe des casemates de la courtine, et du coffre elle conduit dans les réduits en traversant le fossé à couvert. Des cavaliers à l'épreuve de la bombe et des rampes commodes mènent sur le terreplein de la courtine.

L'eau et les mines sont utilisées sur une vaste échelle comme moyens de renfort.

Les casemates-logements placées sous chaque courtine peuvent recevoir 600 hommes. Le défenseur était en mesure de déployer un ensemble de 296 bouches à feu contre les 140 de l'attaque éloignée, par conséquent un nombre de beaucoup supérieur. Sa supériorité contre les pièces de l'attaque rapprochée était également écrasante.

On voit donc que les principes, préconisés 13 ans plus tard par *Montalembert*, sont déjà appliqués dans le système d'Arad. On peut par conséquent conclure que ce fut ce dernier qui donna l'impulsion au système de fortification employé dans les temps modernes.

Les tendances prussiennes, qui témoignaient de même une préférence marquée pour le tracé tenaillé et les constructions creuses, ne se manifestèrent pas avec assez d'ensemble pour amener l'adoption générale de leurs principes. D'ailleurs ni les Prussiens, ni les Autrichiens ne donnèrent à leurs idées la publicité nécessaire par des mémoires écrits.

Ce furent surtout deux Français qui entrèrent les premiers dans cette voie, en vue de rétablir l'équilibre perdu entre l'attaque et la défense, de manière à faire tourner la lutte à l'avantage de la défense. Il faut convenir d'ailleurs que leurs efforts furent couronnés d'un succès complet.

MONTALEMBERT.

Montalembert (1), qui ouvrit la marche, commença par critiquer complétement le système bastionné, auquel il reprochait surtout les défauts ci-après :

1. Les bastions sont des nids à projectiles, car aucun des coups dirigés contre eux n'est perdu. Leur gorge est trop étroite pour permettre d'y établir de bons retranchements intérieurs, et c'est là le plus grand défaut du système bastionné.

2. Les flancs sont trop courts, leur armement d'artillerie est trop faible et il est rapidement détruit, parce que ces flancs sont exposés aux feux de revers et d'enfilade.

3. Les courtines et les tenailles sont complétement inutiles, puisqu'elles ne prennent aucune part à la défense du terrain en avant, notamment les tenailles, etc.

Montalembert admettait comme principe essentiel

---

(1) Né en 1713, mort en 1799, le marquis de *Montalembert* n'appartenait pas au corps des ingénieurs, mais il étudiait avec passion l'art de la fortification et la guerre de siége. 14 campagnes, 9 siéges, la connaissance de presque toutes les places fortes de l'Europe et de nombreuses applications de la fortification l'engagèrent à publier ses œuvres comprenant 11 forts volumes, dont la Ire partie parut en 1776. Il rencontra la plus vive opposition de la part des ingénieurs français, tandis que, presque immédiatement après sa mort, ses projets furent appliqués complétement dans les fortifications construites en Autriche et en Allemagne. On l'a souvent nommé le fondateur de la nouvelle école, quoique beaucoup de ses idées peuvent être rapportées à Durer, Speckle et Rimpler, ou avaient trouvé leur expression pratique dans le système de fortification d'Arad. L'auteur n'est pas en mesure d'affirmer que Montalembert, dans ses nombreux voyages, ait visité Arad.

« que chaque fortification répond d'autant mieux à son but que les pièces qui y sont placées, aussi bien en général qu'en chaque point particulier, sont d'autant plus et d'autant mieux couvertes, car l'ennemi ne pourra disposer que d'un étroit espace pour le placement de ses batteries ». Il ajoutait encore « que le moyen le plus sûr de conserver intacts, dans un siège, les ouvrages de la place, consiste à détruire les pièces ennemies dirigées contre eux, ce qui a de nouveau pour conséquence la nécessité de placer les pièces de forteresse le plus avantageusement possible ».

De ces principes, résulte l'emploi le plus étendu des casemates, savoir (voir fig. 167) :

1° Pour battre les fossés et combattre les contre-batteries (par des coffres et des casemates d'escarpe) ;

2° Pour commander la crête du glacis et le terreplein des ouvrages en avant, afin d'empêcher l'ennemi de se loger facilement dans ceux-ci (en casematant les escarpes ou en employant des constructions spéciales casematées et des murs détachés pour ces escarpes);

3° Pour défendre l'intérieur par des casernes défensives et à l'épreuve de la bombe, qui tenaient lieu de retranchements intérieurs (réduits, tours casematées);

4° Enfin pour défendre la campagne, parce que les maçonneries n'étaient pas couvertes.

Montalembert proposa aussi d'entourer les places fortes d'une ceinture de forts détachés, tant pour protéger la place contre un bombardement que pour augmenter la valeur de sa fortification, ainsi que pour former un camp retranché dans le sens de ceux de Vauban.

Montalembert ne donne aucune indication pouvant se

rapporter aux camps retranchés actuels, parce qu'il n'était guère possible à son époque de se rendre compte des exigences modernes de ce genre de fortification.

Après avoir préconisé le tracé tenaillé, cet ingénieur adopta ensuite une espèce de tracé polygonal, et il admit aussi en principe la forme circulaire pour les constructions excessivement nombreuses qu'il proposait.

Aucune grande place forte n'ayant été fortifiée d'après les projets de Montalembert, nous allons en donner ici une description approximative. La fig. 167 de la pl. XV représente l'esquisse d'un de ses systèmes polygonaux simplifiés : C'est le corps de place non revêtu, *a h* une fausse braye casematée, KK un grand coffre pour l'artillerie, AA une enveloppe en terre flanquée par des casemates à canons, GG un bâtiment casematé, RR un ravelin en terre avec flancs casematés, M une partie isolée du corps de place disposée pour la défense intérieure avec des coffres à mousqueterie B, D est une construction casematée pour l'artillerie et servant de retranchement intérieur, E est une tour-réduit casematée, à plusieurs étages, F *h* un retranchement intérieur. On peut juger déjà, par ce système simplifié, que les conditions financières rendaient à peu près impossible la réalisation des idées de Montalembert, qui ne tenaient pas non plus suffisamment compte des ressources de l'artillerie.

CARNOT.

Carnot (1) exigeait avant tout une défense énergique des places fortes, défense sur laquelle il comptait plus que sur les ouvrages créés par l'art de la fortification.

Il prescrivait de tenir la garnison en haleine par de nombreuses sorties offensives, grandes et petites, et il recommandait l'usage très-étendu du tir à mitraille et du tir à obus des mortiers.

---

(1) *Carnot*, né en 1753, mort à Magdebourg en 1817, signait une requête adressée à *Napoléon Ier* en 1810 : Carnot, capitaine du génie. Chacun sait qu'il avait été, pendant la Révolution française, le célèbre ministre de la guerre chargé d'organiser la victoire.

Au contraire de Montalembert, Carnot accordait peu de valeur au tir des canons.

Ces principes se traduisirent par l'organisation de glacis en contre-pente, de casemates à mortiers et de murs voûtés détachés. Des créneaux percés dans ces derniers permettaient le tir de petits mortiers portatifs.

Améliorations apportées au système bastionné.

Ainsi qu'on l'a dit déjà, *Montalembert* rencontra la plus vive opposition dans son pays; les Français demeurèrent malgré tout partisans du système bastionné jusqu'aux guerres récentes. Néanmoins, dans la discussion des idées de cet ingénieur, ils furent amenés à reconnaître la nécessité d'apporter des améliorations essentielles, mais qui ne furent appliquées presque nulle part. Les propositions les plus remarquables, soumises par **Bousmard** et **Chasseloup**, consistaient :

1° A tirer parti de la tenaille, en casematant les flancs pour le flanquement bas des fossés et à la protéger contre le feu des contre-batteries par des embrasures-tunnels;

2° A transformer le ravelin en un ouvrage avancé en vue :

a) De faire participer la courtine à la défense de la campagne;

b) D'empêcher l'assiégeant de battre en brèche le corps de place à travers le fossé du ravelin (1);

c) De ménager derrière la gorge un lieu de rassemblement spacieux pour les sorties;

---

(1) Déjà exécutés à Kœniggraetz.

d) Pour les grands angles polygonaux, de rendre plus difficile d'intercepter le prolongement des faces des bastions, par suite de rendre plus difficile le ricochet de ces dernières ;

3° A employer des traverses casematées ou de petits réduits dans le chemin couvert tracé en forme de crémaillère, pour permettre de tenir plus longtemps dans ce chemin (1);

4° A rendre les communications meilleures, au moyen de caponnières couvertes en avant des courtines (2), de rampes au lieu d'escaliers, d'une galerie majeure sur tout le parcours ;

5° A disposer dans les bastions des batteries couvertes pour les mortiers, et à réunir les bastions par des retranchements intérieurs ;

6° A donner une organisation spéciale au réduit du ravelin, pour lui permettre de voir à revers le glacis des bastions, ce qui avait pour conséquence de forcer l'assiégeant de s'emparer du réduit avant de pouvoir s'avancer contre le corps de place (3).

D'Arçon voulait renforcer la fortification par des lunettes détachées avec réduits en forme de bastions et par le flanquement des fossés au moyen de galeries de contrescarpe (4).

Haxo proposa, en 1826, l'emploi de casemates de rempart avec merlons en terre, déjà employés par Frédéric II.

Tous ces palliatifs ne pouvaient pas sauver le tracé

---

(1) (3) (4) Déjà exécutés à Kœniggraetz.
(2) A Arad.

bastionné d'une chute irrémédiable pour l'emploi des grandes fortifications.

L'époque actuelle.

1ʳᵉ *période*.

(Jusqu'à l'invention des pièces rayées, de 1815 à 1851).

INTRODUCTION.

Les guerres de Napoléon apportèrent une perturbation complète, aussi bien dans l'art de la fortification, que dans l'art de la guerre.

La triple ceinture de forteresses des frontières de la France ne joua, de 1813 à 1815, qu'un rôle insignifiant. En effet, ces places fortes, calculées pour résister aux faibles moyens d'attaque dont on disposait au xviie siècle, n'étaient naturellement pas en mesure d'arrêter un seul instant la marche des grosses armées des alliés, qui franchirent cette ceinture à deux reprises comme si elle n'eût pas existé. Il résultait donc clairement de ce fait la preuve que le système de fortification des États devait être modifié radicalement et que celui des places fortes lui-même ne pouvait plus être exécuté dans les mêmes conditions que par le passé.

Leur espèce devait aussi varier suivant les conditions d'établissement.

D'un autre côté, l'écroulement du formalisme suranné de la tactique, la clarté et la décision avec lesquelles Napoléon cherchait toujours, dans ses batailles, à obtenir les résultats les plus considérables par les moyens les plus simples, toutes ces causes ne laissèrent pas que d'exercer une certaine influence sur l'art de la fortification. Les ingénieurs, instruits par l'expérience de la guerre, sentirent le besoin impérieux de rechercher la valeur des fortifications, moins dans une combinaison de formes péniblement élaborées, que dans l'adaptation bien entendue du terrain et dans la défense même. Le rôle de la fortification devait être, avant tout, de permettre simplement l'utilisation décisive des moyens de combat et la conservation aussi prolongée que possible de ces ressources.

Le mouvement d'idées, que provoquèrent surtout les propositions de Montalembert et de Carnot, et la discussion que soulevèrent ces propositions, éloignèrent de plus en plus les esprits clairvoyants des types et des abstractions, et les préparèrent aux grandes modifications qui devaient se produire par la force des choses dans la construction prochaine de nouvelles fortifications très-étendues.

Les guerres de Napoléon démontrèrent clairement, qu'au point de vue stratégique, les seules places fortes qui pouvaient exercer une influence sur les grandes guerres, étaient celles qui étaient en mesure de faciliter et de protéger les opérations des grandes armées.

Pour conserver aux anciennes places d'arrêt leur importance avec les nouvelles conditions de l'art militaire, il fallait par conséquent les transformer en places de manœuvre proprement dites, permettant de recevoir une armée entière momentanément ou longtemps, de la soustraire aux coups ennemis et d'exécuter à la vue de l'adversaire des opérations impossibles sans cela.

Les exigences multiples provenant de ces diverses

causes donnèrent enfin naissance à la place forte moderne avec sa ceinture de forts (1), et spécialement aux têtes de pont et aux camps retranchés. Les anciennes places qui, après comme avant, n'avaient aucune valeur comme places d'arrêt, ne purent plus être utilisées alors que comme places de dépôt pour protéger les approvisionnements des armées, ou comme points d'appui à la landsturm, dans le cas d'un soulèvement populaire.

Ces places, convenablement modernisées, pourraient encore jouer un rôle actuellement, surtout pour barrer un chemin de fer.

On tint compte en général, dans l'établissement des nouvelles fortifications, du principe déjà mentionné de tirer le meilleur parti du terrain et d'adopter définitivement une ceinture de forts comme partie intégrante de toute grande place. Mais, en outre, on put surtout remarquer :

1° Les efforts déployés pour obtenir *une action d'artillerie* prépondérante ou du moins égale dans toutes les phases de la défense, afin de conserver la haute main dans le combat d'artillerie et de n'être pas réduit à une attitude purement passive, comme c'était le cas depuis l'emploi du tir à ricochet. Toutefois, si l'assiégeant finissait par être vainqueur dans le combat d'artillerie éloigné, la défense devait au moins être en mesure de rendre impossible, par un feu d'artillerie intense, l'établissement des batteries adverses sur le glacis (batteries

---

(1) Napoléon Ier en donna un exemple dans la fortification de Dresde, en 1813.

de brèche et contre-batteries) ou sur le terre-plein des ouvrages conquis (1) ;

2° Le réveil *de l'esprit offensif* de la garnison, qui sortit également de l'attitude passive qui lui était le plus souvent imposée dans les anciennes places et dut combattre et inquiéter l'ennemi par des sorties continuelles (2) ;

3° *La protection meilleure assurée partout aux éléments défensifs* (3).

Cette nouvelle tendance eut tout d'abord l'occasion de se manifester pratiquement en Allemagne et en Autriche, où, à la suite des traités de 1815, on dut entreprendre la construction de grandes forteresses. Ce fut alors que l'on remit en vigueur les principes exposés dans les mémoires de *Durer*, de *Speckle* et de *Rimpler*, dont on retrouve en partie les idées dans les écrits de Montalembert, et que l'Autriche et la Prusse avaient constamment appliquées en ce qui concerne la construction de casemates. On peut ajouter qu'en Autriche surtout, la forteresse d'*Arad* avait jusqu'à un certain point devancé la réalisation de ces principes, dans la limite qu'il avait été possible de satisfaire à leurs exigences avec les ressources ordinaires dont on disposait.

Le détail, la forme avec laquelle on chercha la solution du problème variaient dans chaque cas, mais s'écartèrent d'autant plus des projets de Montalembert que, pour les

---

(1) Principes du comte Harsch et de Montalembert, et aussi de Carnot, en ce qui concerne les feux de plein fouet.
(2) Carnot.
(3) Frédéric II, les Autrichiens, Harsch, Montalembert.

mettre à exécution, il n'était pas possible de satisfaire aux besoins d'argent et de bouches à feu qu'ils nécessitaient, et que l'on fut forcé de reconnaître en outre une surabondance d'ouvrages que rien ne justifiait.

Les promoteurs de la nouvelle méthode de fortification furent les officiers du génie, en partie prussiens et en partie autrichiens, chargés des projets et de la construction des places allemandes.

Tout en restant d'accord dans les principes fondamentaux, ils divergèrent souvent dans les détails.

On peut par conséquent diviser l'école néo-allemande (1) en une *branche prussienne*, représentée principalement par Aster (2), qui établit le projet de la fortification de Coblentz et commença en 1816, le premier dans cette nouvelle voie, la construction de cette place suivant ses idées, et en une *branche autrichienne*, dont le colonel du génie baron de Scholl (3) fut le premier représentant, dans le projet d'Ulm élaboré par lui.

La fortification néo-allemande.

Les principes qui se firent jour dans les projets et l'exécution de la fortification néo-allemande sont les suivants :

---

(1) Pour la distinguer de l'ancienne école allemande, représentée par Durer, Speckle et Rimpler.
(2) Né à Dresde en 1775, mort en 1855.
(3) Le baron *Franz von Scholl*, né en 1772, mort lieutenant feld-maréchal en 1838, fut nommé en 1815 président de la commission locale de fortification d'Ulm.
Sa profession de foi en matière de fortification fut publiée en 1819. Le projet d'Ulm fut conçu d'après les principes qui y sont énoncés. Il fournit aussi des projets pour les fortifications de Vérone et des places de la Franconie, et il travailla à leur construction.

Le **corps de place** doit être aussi simple que possible. Les lignes du rempart doivent en principe être rectilignes, soustraites au tir d'enfilade et aussi longues que possible pour recevoir un grand nombre de bouches à feu.

Ces conditions exigent en général une forme de tracé polygonale, sans exclure les autres tracés lorsqu'ils sont commandés par la configuration du sol.

Le feu direct des canons doit aussi être soutenu par le tir indirect des mortiers et des obusiers placés dans les casemates et faisant feu par-dessus les masses couvrantes disposées en avant.

En partant du principe de couvrir les maçonneries, on ne fait plus que très-exceptionnellement usage, sur les côtes de la mer et dans les pays de montagnes élevées, *de casemates à canon* pour battre directement la campagne, abstraction faite de quelques batteries couvertes. En effet, sur les côtes, le feu des navires en bois ne peut pas atteindre les fortifications (1) continentales et, dans les montagnes, l'ennemi ne peut pas trouver d'emplacement pour mettre en batterie un nombre de pièces supérieur (2).

On emploie en outre comme *constructions creuses sur ou sous le rempart :*

Des traverses-abris pour protéger les hommes de service ou comme magasins de munitions de distribution,

---

(1) On a émis à ce sujet le principe qu'une pièce à terre vaut un vaisseau en mer.

(2) On n'a pas tenu compte sous ce rapport des propositions de *Montalembert*, combattues surtout par *Scholl*, qui ne les admettait que dans le cas où les casemates étaient revêtues de plaques de fer. *Scholl* est, par suite, le premier qui se soit fait une idée exacte de cette question dans les temps modernes.

des abris nombreux à l'épreuve de la bombe pour la partie de la garnison au repos et aussi comme hangars couverts pour les pièces. On constitue *l'obstacle à l'escalade* principalement par des *murs détachés* ou *demi-détachés*, ou bien encore, surtout en Autriche, par des murs d'escarpe adossés, avec ou sans créneaux pour la mousqueterie (destinés à battre le fossé et le chemin couvert) et le plus souvent aussi par des contrescarpes revêtues.

Le flanquement est en principe effectué par des casemates, mais, pour le tracé polygonal, surtout par *des coffres*.

Ces coffres sont souvent construits à plusieurs étages et doivent contenir autant de canons qu'ils peuvent en mettre en action, pour arriver à obtenir la supériorité dans le combat avec les contre-batteries ennemies.

Dans le même but, le fossé des coffres est flanqué par des casemates d'escarpe, souvent à deux étages superposés. On rend les communications aussi commodes que possible et on organise de nombreuses places d'armes défensives, en abandonnant en général les simples glacis en contre-pente.

On organise des *ouvrages extérieurs* en nombre beaucoup moindre qu'auparavant.

Outre le chemin couvert, on n'emploie en général que *des ravelins* (en Prusse) et *des réduits casematés* dans le chemin couvert. Ces dehors sont destinés à couvrir la rentrée des troupes de sortie, mais souvent encore ils sont organisés pour les feux verticaux à obus. Aster fit aussi usage d'enveloppes à Coblentz.

On conserve au contraire, comme ouvrage intérieur, *un*

réduit, consistant le plus souvent en une construction ronde casematée en forme de tour ou de fer à cheval, ou en une *caserne défensive* à plusieurs étages de casemates. Ce réduit sert à battre les terre-pleins de manière à empêcher les batteries de s'y établir.

Des retranchements sont reliés à ces bâtiments et permettent une défense opiniâtre.

Quelques parties du corps de place sont *séparées* des autres et disposées aussi pour la défense intérieure, en vue de parer à l'inconvénient des lignes continues d'être « englobées » en cas de prise de la place.

Les mines et les eaux sont employées, comme par le passé, pour renforcer soit quelques fronts, soit la place entière.

Les forts, éléments nouveaux des fortifications modernes, étaient au début peu éloignés du noyau et devaient favoriser l'offensive hors de la place (1). Souvent, pourtant, on les considérait encore simplement comme des moyens de renfort pour le noyau, qui constituait la partie essentielle; souvent même on croyait pouvoir se borner à préparer le camp retranché, en réservant pour le cas de guerre l'exécution des ouvrages qui le formaient (Rastatt, Ulm, d'après l'avis de la commission des alliés).

Plus tard seulement, vint s'ajouter la condition d'éloigner suffisamment les forts du noyau pour soustraire celui-ci à un bombardement violent, et l'on fixa cette distance à 2,500 pas (1875^m).

Normalement les forts devaient être sur deux rangs.

---

(1) A Cologne, ces forts n'étaient qu'à 800 pas de la place.

— 294 —

Ceux du 1ᵉʳ rang devaient être distants l'un de l'autre de la portée efficace des shrapnels des pièces d'alors, soit 1,500 pas, et ceux du 2ᵉ rang devaient être placés dans l'intervalle des premiers et suffisamment en arrière pour battre avec des shrapnels les ouvrages de la première ligne et pour être en mesure d'empêcher une trouée dans les intervalles (1).

Exemples.

1. Dans la branche autrichienne :

La fig. 169 de la pl. XVI représente *un front polygonal rectiligne*. Le rempart forme deux grands redans et le cavalier central. La crête intérieure est brisée de manière à obtenir par les flancs fg, $f'g'$ du cavalier des feux croisés sur les capitales, et par les flancs gh et $g'h'$ des redans des feux croisés en avant du coffre.

L'obstacle est formé par une escarpe pleine revêtue, d'environ $9^m,50$ de hauteur, et par une contrescarpe revêtue, dont la hauteur est égale à la profondeur du fossé.

La tablette de l'escarpe est à la même hauteur que la crête du glacis, d'où on déduit la profondeur du fossé, qui est égale à la hauteur de l'escarpe diminuée du relief du glacis, soit environ 7^m. La largeur du fossé est de 28^m.

Flanquement. Le coffre attenant, en forme de bastion

---

(1) *Linz* peut passer pour le premier exemple d'un camp et champ de bataille retranché dans le sens actuel du mot. Cette place fut enveloppée, sur les deux rives du Danube, par une ceinture de 32 tours de l'invention du grand-duc *Maximilien* et nommées *tours maximiliennes* (construites en 1830). Paris vint ensuite en 1840 (voir pl. XIII, fig. 147), Vérone en 1848, Olmütz et Cracovie en 1854.

et avec cour intérieure (fig. 169 B, coupe O N), a 10 pièces par flanc dans deux étages de casemates et en outre 2 créneaux de mousqueterie par pièce. Une poterne conduit dans la cour du coffre.

Les flancs et les fossés du coffre sont battus par des casemates d'escarpe ; les fossés sont en outre flanqués par les flancs du redan du rempart.

La communication avec la campagne se fait au moyen d'une poterne $p^2 x$, qui conduit dans la place de rassemblement A, d'où une rampe r mène dans le fossé. Du fossé, une autre rampe arrive dans la place d'armes défensive C, située sur le côté de la place d'armes W, et de là enfin on gagne le glacis par des rampes de sorties.

Ouvrages auxiliaires. A l'intérieur de chaque place d'armes W qui bat les abords des places d'armes défensives, se trouve un réduit casematé R, disposé pour tirer indirectement à obus par-dessus la crête du glacis et pour défendre le chemin couvert par la mousqueterie. Les fossés de ces réduits sont *battus par des galeries d'escarpe*.

Dans la fig. 170, *le front est brisé extérieurement.*

Le coffre isolé, arrondi par devant, renferme au saillant 5 casemates à mortier m, qui tirent par-dessus les galeries de mousqueterie disposées en avant en forme de demi-cercle (profil P Q, fig. 170 A). Le flanquement du fossé du coffre se fait par le rempart, ainsi que par-dessus la crête d'un mur demi-détaché, dont la partie adossée est casematée. La communication, pour sortir de la cour H du coffre, traverse les portes y percées dans le mur de gorge et en avant desquelles se trouvent des ponts-levis. Aux ouvrages accessoires précédemment mentionnés, il y a lieu d'ajouter les casemates à mortier R et R' aux saillants de la contrescarpe.

Dans la fig. 171, *le front est brisé intérieurement.*

Comme obstacle il existe, outre la contrescarpe revêtue, un mur d'escarpe demi-détaché de 8^m de hauteur (moitié de droite et fig. 171 A) ou détaché haut de 6 à 7^m (moitié de gauche et fig. 171 B), flanqué à l'intérieur par les casemates m' et p.

Le coffre est disposé pour la défense supérieure; la partie antérieure, organisée avec bonnettes, sert en même temps de réduit pour la place d'armes.

La fig. 172 représente *un front polygonal brisé extérieurement avec un ouvrage isolé du rempart,* situé en arrière du coffre et disposé aussi pour la défense intérieure. Cet ouvrage, qui est par conséquent indépendant, forme, avec le bastion détaché et son réduit casematé, un fort indépendant, qui peut battre les lignes de réunion des deux côtés (fort avec lignes de réunion).

Les lignes de réunion ont un mur d'escarpe adossé et une contrescarpe en terre.

La fig. 168 de la pl. XV représente la place de *Rastatt* (1), construite d'après les idées autrichiennes. Cette place offre l'exemple d'une *fortification par groupes* admise par les ingénieurs autrichiens.

Les hauteurs des deux côtés de la Murg forment deux points qu'il importe de conserver par des fortifications et que l'on a occupés par les *ouvrages Léopold et Louis,* solidement fortifiés. Le 3ᵉ point nécessaire, pour enfermer un grand espace, fut choisi dans la plaine et occupé par l'*ouvrage Frédéric.*

---

(1) Fortifiée d'après les projets du lieutenant-colonel *Eberle,* Rastatt devait résister à une attaque à l'improviste venant de Strasbourg, former une place de rassemblement et de ravitaillement pour les troupes badoises refoulées, et enfin servir de point d'appui à un corps de 30,000 hommes.

Ces trois points furent en outre reliés entre eux par des lignes de réunion.

On accorda toute la force possible à la fortification des *ouvrages*, considérés comme les seuls points d'attaque admissibles, savoir : un flanquement énergique des fossés par des casemates, des feux verticaux par les réduits, des ouvrages avancés et surtout la défense intérieure des ouvrages par une action puissante de l'artillerie provenant de constructions à l'épreuve de la bombe, ayant 2 ou 3 étages de casemates (1 à 17).

Il n'est pas possible d'attaquer méthodiquement les lignes de fermeture, en partie à cause de leur position dans un terrain marécageux, et en partie par suite de l'action du flanquement des forts. Elles sont en conséquence tenues très-simples, elles ont des fossés pleins d'eau et, derrière le rempart, un mur détaché flanqué (indiqué sur le dessin par des tirets), qui forme avec les ouvrages un retranchement général.

Des coffres couverts ne pouvant pas facilement, dans des terrains aquatiques, être employés contre les feux éloignés, on a adopté pour ces terrains, ainsi que pour l'ouvrage Frédéric, la forme bastionnée avec des flancs retirés bien défilés. Un réduit casematé se trouve dans chacun des bastions, devenus indépendants par une fermeture à la gorge.

La fig. 173 représente *un fort autrichien* avec réduit. Ce dernier est rendu indépendant par le double coffre qui fait saillie sur le mur de gorge, et il peut à travers celui-ci prendre part à la défense des intervalles.

Le réduit bat le terre-plein en avant au moyen de casemates à canon et, du haut de sa plate-forme supérieure, il envoie des coups dans la cour du fort par des casemates de mousqueterie (fig. 173 A).

Les fig. 174 et 174 A donnent un autre exemple d'un fort également avec réduit, mais celui-ci n'a qu'un étage.

On peut voir, d'après ces exemples, qu'en présence d'un réduit à l'abri de l'escalade, il est souvent superflu de revêtir la contrescarpe, excepté quelque peu en avant du coffre (fig. 173 et 174, moitié de droite), tandis qu'en d'autres endroits, on revêt de nouveau la contrescarpe et on la munit de galeries, afin de pouvoir exécuter un système de mines.

Les coffres sont toujours disposés pour la défense par l'artillerie (ils ont chacun 2 casemates recevant chacune une pièce). Une partie de ces coffres ne sont pas flanqués (fig. 173), les autres sont battus par des murs détachés (174, moitié de droite) ou par des casemates d'escarpe, (f, fig. 174, moitié de gauche).

En principe, on n'emploie pas de chemin couvert.

Au contraire, on fait déjà usage *de batteries annexes* pour les forts dès 1850 (Olmütz).

Les fig. 175 et 175 A représentent un *fort côtier* dont la maçonnerie est découverte.

2. Dans la partie prussienne :

La fig. 176 de la pl. XVI (1) représente *un front polygonal* de 600^m de côté extérieur. Le coffre *d* est à 3 étages et il possède, outre des casemates à canon, de nombreuses casemates-logements. Ce coffre sert de réduit pour tout le front et il est disposé aussi pour la défense intérieure. De son toit on peut battre la campagne en avant. Le coffre de son côté est flanqué, à son tour, par de petits coffres *t*.

Un bastion détaché sert d'ouvrage couvrant au coffre. Les fossés de ce bastion sont flanqués par les batteries flanquantes casematées *o* et par le rempart.

Au saillant du bastion détaché est placée une traverse-abri *m* avec 4 obusiers sur chaque face, lesquels sont destinés à battre le glacis des bastions voisins. Il existe

---

(1) Les esquisses des ouvrages prussiens sont extraits de Grumbkow.

en outre sous le rempart des batteries de mortiers casematées *w* ayant le même but.

Dans la casemate en *b* se trouve un escalier, par lequel on arrive dans la poterne qui conduit au système de mines en passant sous le fossé.

Tout le front est enveloppé par un chemin couvert avec blockhaus en maçonnerie comme réduit.

La fig. 177 représente *un front polygonal brisé intérieurement avec ouvrages casematés indépendants* (nommés bastions) aux angles.

Les réduits R de ces bastions sont à un étage et ne sont pas disposés pour la défense supérieure. L'escarpe des bastions est munie de galeries de fusillade sur tout son développement.

Le coffre est à 2 étages et armé de 10 pièces par flanc; il est isolé et sans défense par le haut. Il est flanqué par les casemates à canon placées dans l'escarpe en *e*.

Le ravelin comporte un réduit *r* à deux étages, sans défense par le haut. Le fossé du ravelin est flanqué par les bâtiments casematés *q*, qui forment en même temps réduits pour le chemin couvert et qui sont battus de leur côté par les casemates à canon *g*.

Il existe en *m* une batterie de mortiers, en *b* un blockhaus en maçonnerie et en *m n* des casemates d'escarpe.

La fig. 178 représente un front dans lequel le fossé du ravelin est flanqué par des batteries d'escarpe *n*.

N. B. — Derrière les retranchements défensifs importants, on emploie de grosses casernes défensives, comme réduits principaux ou retranchements intérieurs (fort Alexandre à Coblentz, Posen).

Les fig. 179 et 180 représentent des types de forts avec grands réduits casematés R. Le flanquement des fossés est effectué par des coffres ou des batteries de contrescarpe. Il existe en *m* une batterie de mortiers. Les forts ont un chemin couvert renforcé par des blockhaus *b*.

Les fortificateurs prussiens emploient presque exclusivement, aussi bien pour les fronts que pour les forts, des murs d'escarpe détachés et des contrescarpes revêtues.

Dans les autres contrées de l'Europe, on adopta presque sans exception le système de fortification allemand, et on l'étudia dans ses applications tant aux fortifications prussiennes qu'aux fortifications autrichiennes ou construites par les Autrichiens.

Seuls les Français s'en tinrent, jusqu'à 1870, à la fortification bastionnée, qu'ils appliquèrent en 1840 sur une vaste échelle dans les fortifications de Paris.

L'enceinte principale de ces fortifications consiste en un corps de place continu simplement bastionné, sans ouvrages auxiliaires. Les forts détachés sont formés de petits carrés ou pentagones bastionnés.

Le principe polygonal a trouvé son expression la plus étendue dans la fortification de la place *d'Anvers*, construite par le colonel belge *Brialmont* (commencée en 1838).

2ᵉ *période*.

Depuis l'invention des pièces rayées de forteresse.

Dès le milieu de ce siècle, divers perfectionnements

furent apportés dans le domaine de l'artillerie ; on exécuta des pièces d'un plus fort calibre que ceux usités jusqu'alors, doués d'une plus grande précision et d'une portée plus considérable, comme par exemple les canons à bombes, les obusiers de 30 livres, les mortiers à longue portée; on inventa le shrapnel, et l'on reconnut que la proportion des obus par rapport aux boulets devait être plus grande qu'auparavant, etc. Mais toutes ces innovations n'eurent pas pour résultat indispensable d'amener des modifications radicales dans l'assiette générale de la fortification, et ce furent les pièces rayées de fort calibre qui les premières en firent reconnaître la nécessité.

Les propriétés suivantes des pièces rayées durent alors entrer en ligne de compte :

1° *La grande précision du tir en brèche indirect,* qui permettait de battre en brèche de loin les maçonneries simplement soustraites à la vue et dont la tablette était tenue comme d'habitude au niveau de la crête du glacis, car par la méthode du tir indirect on arrivait à atteindre le pied des murs sous des angles de chute de 1/4 à 1/6.

L'assiégeant se trouvait par suite en mesure de détruire, déjà à une grande distance, les murs d'escarpe et les dispositifs de flanquement, c'est-à-dire d'anéantir l'obstacle à l'escalade. Il résultait de là que l'assiégeant pouvait éviter presque toujours le travail difficile de la construction et de l'armement des batteries de brèche et des contre-batteries sur le glacis, d'où les abris casematés construits spécialement pour combattre ces dernières devenaient à leur tour inutiles.

C'est pourquoi, on admit alors la possibilité de la réussite d'un assaut de la place tenté aussitôt après avoir pratiqué une brèche, ce qui aurait naturellement pour résultat de diminuer notablement la durée de la défense.

La conséquence directe de cette propriété était : le défilement de toutes les maçonneries contre les effets du tir en brèche indirect de la manière mentionnée à la page 76 ; la suppression complète des batteries couvertes exposées aux feux de front, ou la nécessité de les blinder ; la suppression des constructions casematées pour battre les terre-pleins, des réduits avec casemates à canon et des casernes défensives, c'est-à-dire l'abandon d'un des principes de la fortification nouvelle. On obtint le défilement des murs d'escarpe du tir en brèche indirect en diminuant les fossés de largeur, en abaissant la tablette de l'escarpe, au début en approfondissant en même temps les fossés, mais tout récemment en réduisant la hauteur du mur d'escarpe et en reportant l'obstacle à l'escalade à la contrescarpe. On abandonna souvent même le chemin couvert, afin d'augmenter le défilement des murs d'escarpe par le glacis immédiatement attenant alors à la contrescarpe.

2° *La grande précision des pièces rayées* exigeait avant tout que ces pièces fussent soigneusement protégées par des traverses, surtout contre les feux d'écharpe et d'enfilade, et que les pièces inactives fussent placées dans des abris couverts.

Une autre conséquence de cette précision se traduisit par les efforts faits pour trouver des affûts à dépression, ainsi que des affûts à embrasure minima pour les pièces placées derrière des blindages.

3° *L'emploi exclusif de projectiles creux et de shrapnels* imposait également un bon traversement du terre-plein et la construction de nombreux abris pour les hommes, surtout dans les traverses, l'emploi de magasins de munitions de consommation et de niches à munitions auprès des pièces, afin d'exposer le moins possible les porteurs de munitions.

4° *La plus grande pénétration* des projectiles des calibres lourds, mais surtout l'action souterraine de leur charge d'explosion, commandait de renforcer l'épaisseur du parapet.

5° *La plus grande portée des projectiles*, tout en conservant une justesse de tir correspondante, exigeait d'éloigner les forts davantage du noyau, mais permettait aussi d'augmenter la distance de ces forts entre eux.

6° *La grande force de percussion* des projectiles lancés par les pièces colossales de la marine nécessitait l'emploi de plaques cuirassées pour la fortification des côtes, plaques dont on proposa aussi l'usage pour les fortifications continentales.

7° *Les mortiers rayés se chargeant par la culasse* construits dans ces derniers temps forçaient spécialement à renforcer avant tout les abris à l'épreuve de la bombe.

8° L'éventualité de voir tomber, presque en même temps que l'ouvrage principal, *les ouvrages auxiliaires* situés immédiatement devant ou derrière le corps de place, éventualité prouvée par la guerre de 1870-71, diminuait essentiellement la valeur de ces ouvrages et en limitait l'emploi à des cas particuliers.

D'autres causes encore que les pièces rayées peuvent exercer une influence sur la fortification. Ce sont les suivantes :

a) Les pièces à mitraille perfectionnée et *les mitrailleuses* comme pièces flanquantes;

b) L'invention *des fusils se chargeant par la culasse;*

Ces trois moyens mis en action pour repousser un assaut firent reconnaître la possibilité de diminuer la hauteur des murs d'obstacle.

c) L'accroissement des armées, qui conduisit en général aussi à l'agrandissement des places fortes (1). Mais ce furent surtout la reddition *de Metz* et celle *de Paris*, amenées par la famine, dans la dernière guerre franco-allemande, comme conséquence d'un blocus rigoureux, alors que, par suite de la nombreuse garnison de ces place, une attaque en règle n'aurait probablement pas produit le même résultat dans le même temps, ce furent surtout, disons-nous, ces capitulations qui firent surgir la question de donner aux places centrales importantes un développement tel qu'il ne fût plus possible de les investir complétement.

d) Enfin, il y a lieu de mentionner encore que *la mobilisation* rapide des armées et l'invention des mortiers rayés restreignent considérablement l'emploi *des fortifications provisoires*.

---

(1) Pour tenir compte aussi du point de vue *financier*, il convient d'ajouter que la plupart des modifications amenées par l'invention des pièces rayées se sont traduites par une augmentation sensible des frais de construction. Mais, d'autre part, les ressources très-limitées, dont peuvent disposer certains Etats pour l'amélioration des places existantes ou pour la construction de nouvelles fortifications, imposent l'économie la plus extrême et obligent à réduire à leur plus simple expression les dépenses de ce genre. Il résulte de là que ce qui concerne la valeur de la fortification descend aux limites du possible.

CONCLUSION.

Il résulte évidemment de ce qui précède que les anciennes places fortes existantes ont besoin de modifications et de constructions importantes, pour être en mesure de voir venir un siége avec un calme parfait sous tous les rapports. Mais, d'un autre côté, les avantages que les pièces rayées et les fusils se chargeant par la culasse procurent au défenseur, compensent jusqu'à un certain point la faiblesse attribuée à juste titre aux anciennes fortifications et les mécomptes auxquels leur valeur avait donné lieu.

Les pièces rayées du défenseur, quand il en possède en quantité et en qualité suffisantes, forcent également l'assiégeant à commencer ses cheminements à une distance beaucoup plus grande qu'auparavant, d'où il en résulte une perte de temps. Il faut de même établir les batteries bien plus loin que par le passé, ce qui a pour conséquence de diminuer la précision des coups, mais surtout d'augmenter les difficultés du pointage et de l'observation des coups, conditions essentielles pour obtenir un bon tir.

Ces inconvénients, surtout pour les batteries chargées du tir en brèche indirect, pèsent d'un tel poids dans la balance, que l'on arrive presque à croire, qu'en général, le tir en brèche indirect et l'assaut de la brèche ne pourront plus avoir lieu que lorsque l'assiégeant aura poussé ses cheminements jusqu'au pied du glacis, et que l'effet de ses coups et l'état de la brèche pourront être appréciés.

Le défenseur dispose d'ailleurs de moyens nombreux pour rendre la brèche impraticable, de même que, dans la période qui précède le siége, il lui est possible de disposer le rempart, au moins en partie, de manière à répondre aux exigences les plus élevées.

Pendant la guerre de 1870-71, on n'assiégea pour ainsi dire que des places construites d'après les principes du siècle précédent. Aussi voyons-nous que les petites places à la Vauban succombaient en peu de temps, par suite du manque presque absolu d'abris à l'épreuve de la bombe, de l'insuffisance notoire de la garnison et de l'armement, de l'action supérieure de l'artillerie des Allemands. Mais, d'autre part, nous voyons aussi que les anciennes grandes places, modernisées dans la limite du possible, possédant un bon armement et une direction intelligente, purent opposer une résistance plus énergique même qu'on n'aurait été en droit d'y compter auparavant.

Toutefois, la défense de Sébastopol, en 1854-55, et les guerres les plus récentes ont aussi démontré de nouveau qu'une brillante défense est moins le résultat d'une fortification bien organisée, que celui des qualités morales et intellectuelles du commandant de la place et de la garnison, mais surtout d'un armement d'artillerie solide.

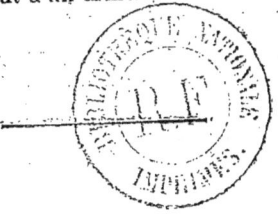

TABLE DES MATIÈRES.

	Pages.
Introduction.	1

PREMIÈRE PARTIE
Éléments de la fortification permanente.   27

1. Règles générales pour l'organisation des enceintes simples.

Le rempart et ses annexes.	29
A. Profil.	29
B. Tracé.	33
C. Organisation du rempart.	34
1. Dispositions pour le placement et l'emploi des pièces sur le rempart et pour mieux les protéger pendant le feu.	34
2. Dispositions pour la défense d'infanterie.	53
3. Dispositions pour protéger les soldats et les bouches à feu qui doivent être prêtes à marcher.	54
4. Magasins et abris pour les munitions.	58
5. Communications sur le rempart.	60
Le fossé avec ses dépendances.	61
A. Le fossé.	61
Fossés secs	62
L'escarpe.	65
La contrescarpe.	69
Choix des murs d'obstacle.	77
Fossés pleins d'eau.	79
Fossés à manœuvres d'eau.	80
B. Le glacis.	80
Détermination du parapet par rapport au glacis et au chemin couvert.	82
C. Les dispositifs de flanquement.	84
1. Le flanquement.	85
Les coffres flanquants.	85
Flanquement au moyen de casemates d'escarpe.	90
Flanquement par des casemates de contrescarpe.	90
Flanquement par le rempart.	91
Comparaison des diverses espèces de flanquement.	92
2. La défense de front du fossé.	93

	Pages.
Les communications avec la campagne.	94
Communications principales.	96
Communications servant simplement à un but militaire.	98
Composition d'un front de fortification simple.	99
Le front polygonal.	104
Le front tenaillé	110
Le front bastionné.	112

II. Règles générales pour l'organisation des ouvrages auxiliaires, des mines et des manœuvres d'eau.

Ouvrages auxiliaires.	116
A. Ouvrages auxiliaires extérieurs.	117
1. Le chemin couvert.	117
Les réduits du chemin couvert.	119
Le ravelin.	121
Contre-gardes et couvre-faces.	125
Emploi des dehors.	127
2. Ouvrages avancés.	128
B. Ouvrages auxiliaires intérieurs.	132
Retranchements intérieurs.	132
Réduits.	133
Cavaliers.	135
Emploi des ouvrages intérieurs en général.	136
Explication des exemples d'enceintes renforcées.	137
Système de mines.	140
Système de mines sous le glacis.	143
Système de mines dans les ouvrages.	148
Emploi des eaux.	149
A. Utilisation des cours d'eau à leur état naturel.	149
B. Utilisation artificielle des cours d'eau.	149

III. Règles spéciales pour l'organisation des fortifications sur les côtes de la mer et en pays de montagnes.

Fortifications côtières.	156
Obstructions des passes.	163
Fortifications en pays de montagnes.	167

IV. Règles spéciales pour l'organisation des fortifications provisoires.

Emploi.	170
Organisation de détail	175
Organisation du parapet et du rempart.	176
Le fossé et ses annexes.	179
Les communications avec la campagne.	182
Les fronts.	183
Ouvrages auxiliaires, système de mines, eaux.	183

DEUXIÈME PARTIE

Assemblage des éléments pour la constitution des forts et des places fortes.   185

Pages.

Généralités sur l'emplacement de la fortification.   186
Généralités sur l'organisation de détail de la fortification.   189
Les forts :
    A. Grandeur.   190
    B. Forme.   194
    C. Organisation de détail.   195
    1. Forts exposés à un siége en règle.   195
    2. Forts non exposés à une attaque en règle.   201
    3. Forts provisoires.   202
Le noyau :
    A. Grandeur.   205
    B. Forme.   206
    C. Nature.   207
    D. Organisation de détail.   210
    1. Les lignes continues.   210
    2. Forts avec lignes de réunion.   215
Noyau provisoire.   220

PRESCRIPTIONS RELATIVES AUX CONSTRUCTIONS CIVILES ET AUX CONSTRUCTIONS PUREMENT MILITAIRES.

    A. Zones de servitude.   221
    B. Prescriptions relatives aux constructions intérieures. . .   222
    C. Mesures sanitaires.   222
    D. Communications.   223
    E. Etablissements militaires.   226

TROISIÈME PARTIE

Emploi de la fortification permanente dans des cas particuliers.

Têtes de pont.   230
Organisation de détail.   232
Camps retranchés.   233
Ouvrages d'arrêt de défilé.   241
Ports militaires.   242

QUATRIÈME PARTIE

Aperçu du développement de la fortification permanente.

L'antiquité.   247
Le moyen âge.   251

	Pages.
Les temps modernes :	
1. Depuis l'invention de la poudre jusqu'à Vauban.	253
La méthode italienne.	254
L'ancienne fortification néerlandaise.	255
L'ancienne fortification allemande.	255
L'école française.	257
Marche d'un siége.	257
2. La période de Vauban et de ses successeurs. — Vauban.	259
Attaque à la Vauban.	260
1er système de Vauban.	264
2e et 3e systèmes de Vauban.	268
Cormontaigne et l'école de Mézières.	269
Coëhorn.	273
L'école autrichienne.	273
3. Transition à l'époque actuelle.	275
Le système d'Arad.	276
Montalembert.	281
Carnot.	283
Améliorations apportées au système bastionné.	284
L'époque actuelle :	
1re période. — Introduction.	286
La fortification néo-allemande.	290
Exemples.	294
2e période.	300
Conclusion.	305

RÉPERTOIRE ALPHABÉTIQUE.

N. B. Les noms d'hommes et de villes sont imprimés en italiques.

A partir de la page 247, les données concernent la partie historique de la fortification.

A

Abri de l'escalade. — 87. 172. 190. 194. 197. 203.
Abris pour les hommes. — 56. 161. 178. 197. 203.
Abris pour les munitions. — 58.
Abris pour les pièces. — 54. 178. 212.
Affûts. — 35. 37. 161.
Affûts à embrasure minima. — 49. 59.
Affûts à la Moncrieff. — 161.
Angle de chute. — 72.
Anvers. — 300.
Approvisionnements (vivres). — 12.
Arad (Système d') — 276.
Arçon (D'). — 285.
Armée de siége. — 6. 304.
Arsenal. — 227.
Aster. — 290.
Attaque à la Vauban. — 260.
— au moyen âge. — 251.
— brusquée. — 9.
— dans l'antiquité. — 247.
— des princes d'Orange. — 257.
— en règle. — 10. 13. 188.
— navale. — 157.
— par puits. — 142.

B

Balistes. — 250.
Banquette. — 53. 118. 196.
Barbettes. — 38. 214.
Barrages. — 163.
Bassins d'inondation. — 154.
Bastilles. — 252.
Bastions. — 121. 213. 254.
Batardeaux. — 150. 152.
Bâtiments militaires. — 226.
Batteries annexes. — 194. 200.
— couvertes. — 46.
— de brèche. — 263.
— de côtes. — 162.
— de mortiers. — 262.
— de position. — 204.
— de siége. — 11. 260. 262.
— provisoires. — 49.
Béliers. — 250.
Blockhaus. — 119.
Blocus. — 10. 249.
Bombardement. — 10.
Bombe (A l'épreuve de la). — 47. 119.
Bonnettes. — 41. 53.
Boucliers mobiles. — 250.
Boulangerie. — 227.
Bousmard. — 284.
Brèche. — 71. 212.
Brialmont. — 300.
Brise-murailles. — 250.
Burgs. — 252.

C

Camps retranchés. — 5. 20. 231. 233. 273. 288.
Caponnières. — 98.

Carnot. — 283.
Casemates. — 46. 196.
Casemates à mortiers. — 49.
— de contrescarpe. — 70. 90.
— d'escarpe. — 66. 90.
— de rempart. — 46. 160. 168.
Casernes défensives. — 136. 198.
Castels. — 6. 250.
Catapultes. — 250.
Cavalier. — 135. 213. 255. 267. 272.
Cavalier de tranchée. — 258.
Ceinture ou cordon. — 19. 288.
Chambres de chargement. 60.
Chasseloup. — 284.
Chemin couvert. — 81. 117. 123. 213. 215. 255. 266.
Cheminements. — 11. 187. 214.
Chemins de fer. — 223. 226.
Chemin de ronde. — 67. 81. 199.
Choix des points à fortifier. — 6.
Citadelles. — 6. 137. 249. 255. 267.
Coëhorn. 273.
Coffres. — 85. 108. 182.
Communications avec le coffre. — 87.
Communications avec la campagne. — 94. 106. 111. 113. 182. 199. 218. 219. 267. 271.
Communications sur le rempart. — 60. 161. 196.
Communications par eau. — 224.
Contre-batteries. — 240. 263.
Contre-gardes. — 125. 266.
Contrescarpe. — 69. 70. 77. 180.
Contre-mines. — 141. 202. 213.
Contre-puits. — 144. 147.
Corbeaux. — 253.
Cormontaigne. — 269.
Corps de place. — 14. 269. 291.
Couloir. — 88.
Coupoles. — 48. 50.
Couronnement du chemin couvert. — 263.
Couronnes. — 266.
Couvre-faces. — 125.
Créneaux. — 53. 248.

Crête intérieure. — 30.
Cunette. — 65.
Cuniculus. — 250.

D

Défense (Eléments actifs). — 12. 15. 17.
Défense (Eléments passifs). — 13. 15.
Défense (d'infanterie). — 53.
Défilement. — 33. 71. 168. 269.
Degrés de la résistance passive. 13.
Dehors. — 14. 116. 127.
Demi-coffre. — 87.
Demi-lune. — 121. 253.
Demi-parallèle. — 263.
Descente de fossé. — 263.
Dispositifs de flanquement. — 84.
Donjons. — 252.
Durée de la résistance. — 7.
Durer (Albert). 256.

E

Eaux (leur emploi). — 149. 183. 201. 213. 218. 219. 268.
Ecluses de chasse. — 150.
— d'entrée. — 150.
— de fuite. — 150.
— de manœuvre. — 151.
Ecole allemande (ancienne). — 255.
— autrichienne. — 273.
— française. — 257.
— de Mézières. — 269.
— néerlandaise (ancienne). — 255.
— néo-allemande. — 290.
— néo-italienne. — 254.
— néo-néerlandaise. — 273.
Ecoutes. — 144.
Embrasures. — 39. 160.
Embrasures tunnels. 89.
Emplacement de la fortification. — 186.
Emplacement des pièces. — 36. 37. 212. 214.
Enceinte. — 14. 252.
Entrées. — 144. 252.
Enveloppes. — 125.
Escaliers. — 61.

Escarpes. — 65. 179.
Escarpes détachées. — 68.
— en terre. — 69.
— revêtues. — 65. 78.
Esplanade. — 216.
Estacades. — 153.
Etablissements militaires. — 226.
Exemples. — 113. 128. 132. 135. 137. 194. 198. 199. 217. 219. 294.

F

Fausse braye. — 255.
Feux d'artillerie. — 13.
— d'écharpe. — 42
— d'enfilade. — 43.
— directs. — 42.
— de mousqueterie. — 13.
— de revers. — 43.
Flanquement. — 84. 90. 105. 111. 113. 123. 181. 212. 214. 217. 219.
Forages. — 144. 147.
Force à donner aux ouvrages. — 21.
Formes du tracé. — 101.
Fortification continentale. — 5.
— des côtes ou maritimes. — 6. 156.
— des Etats. — 6. 272.
— demi-permanente. — 16. 27.
— du genre provisoire. — 16. 219.
— en pays de montagne. — 167.
— par groupes d'ouvrages. — 296.
— permanente (but). — 1.
— permanente (valeur). 8.
— provisoire. — 16. 27. 28. 170. 304.
Forts. — 5. 128. 190.
Forts avec lignes de réunion. — 207. 208. 215.
Forts côtiers ou maritimes. — 161. 242.
Forts cuirassés. — 204.

Forts d'arrêt. — 5.
— de ceinture. — 20.
— de manœuvres. — 20. 239.
— provisoires. — 202.
Fossés. — 61. 122. 179. 219.
Fossés à manœuvres d'eau. — 80. 150.
Fossés diamants. — 87.
— inondés ou pleins d'eau. — 79. 149. 255.
— secs. — 62.
Fougasses. — 148.
Freitag. — 255.
Fronts. — 23. 99. 183.
Fronts bastionnés. — 112.
— d'attaque. — 23. 188. 217.
— inondés. — 149.
— polygonaux. — 104.
— tenaillés. — 110.

G

Gabions. — 264.
Galeries de contrescarpe. — 144. 182.
Galeries d'escarpe. — 66. 182.
— de mines. — 141. 143. 251.
— enveloppes. — 144. 146.
— grandes. — 144. 145. 148.
Genouillère. — 36. 37. 180.
Glacis. — 80. 123. 181.
Glacis en contre-pente. — 70. 123.
Groupes d'ouvrages. — 296.
Guerre de mines ou souterraine. — 141.

H

Hangars. — 56.
Harsch. — 276.
Haxo. — 285.
Helepole. — 251.
Hôpitaux. — 227.
Hourds. — 250.

I

Inondations. — 154.
Investissement. — 10. 12.

L

Laboratoires. — 227.
Ligne à couvrir. — 72.
— couvrante. — 72.
— flanquée. — 85.
Lignes continues. — 207. 208.
— de circonvallation. — 258. 262.
— de contrevallation. — 257. 262.
— de réunion. — 218.
— en crémaillère. — 138.

M

Mâchicoulis. — 248.
Magasins de munitions. — 58. 160. 179. 196. 212.
Magistrale. — 66.
Mantelet. — 258.
Masse couvrante. — 70.
Mesures sanitaires. — 222.
Merlons. — 248.
Metz. — 304.
Mézières (Ecole de). — 269.
Mines. — 13. 141. 218. 268.
Mines étagées. — 147.
— sous-marines. — 163.
— volantes. — 148.
Mise en état de défense. — 16. 24. 71. 72.
Mitrailleuses. — 37. 304.
Mobilisation. — 304.
Montalembert. — 281.
Monte-munitions. — 160.
Mortiers. — 38. 303.
Moyen âge. — 251.
Murs demi-détachés. — 63. 67. 78.
— de revêtement. — 62. 67.
— détachés. — 63. 68. 78.

N

Navires cuirassés. — 157.
Néerlandaise (Ecole). — 255. 273.
Neutralisation des miasmes. — 80.
Nid de pie. — 263.
Noyau. — 20. 205. 241. 243.
Noyau provisoire. — 220.

O

Observatoires. — 252.
Obstacle. — 212. 214. 217. 219.
Obstruction des passes. — 163.
Orange (Princes d'). — 258.
Organisation du rempart. — 106. 111. 112. 122. 159. 177. 195. 203. 211. 214. 217. 218.
Organisation technique. — 12. 189.
Orillons. — 254.
Ouvrages à corne. — 266.
— auxiliaires. — 116. 183. 199. 212. 215. 218. 219.
— avancés. — 14. 116. 128. 200. 213. 271.
— d'arrêt. — 241.
— extérieurs. — 14. 116.
— intérieurs. — 14. 116. 136. 213. 267.
— isolés. — 21.

P

Pagan. — 257.
Parados. — 45.
Parallèles. — 260. 262.
Parapet. — 29. 32. 122. 159. 176. 195. 211. 214. 217. 218.
Paris. — 300. 304.
Piétro de Navarro. — 259.
Pièces d'artillerie. — 34. 157. 302.
Pigeons voyageurs. — 226.
Places d'armes. — 5. 117. 199. 258. 270.
Places d'armes défensives. — 19. 98.
Places d'armes offensives. — 18. 19.
— d'arrêt. — 5.
— de dépôt. — 7.
— de manœuvres. — 5. 287.
— et rues. — 223.
Plongée. — 31.
Ponts-levis. — 97.
Portes de ville. — 96. 249.
Ports militaires. — 242.
Poternes. — 66. 87. 98.

Profil. — 29.
Prolongement intercepté. — 122.
Protection des barrages. — 166.

R

Rabes. — 251.
Radeaux. — 164.
Rades. — 244.
Rameaux. — 143. 146.
Rampes. — 60. 90. 98.
Rastadt. — 296.
Ravelin. — 121. 213. 255. 266. 270.
Réduits. — 119. 133. 200. 266. 270.
Relief. — 30. 82. 127. 159. 176. 212.
Rempart. — 29. 34. 122.
Rempart détaché. — 33.
Réservoirs. — 227.
Retranchements intérieurs. — 132. 213. 249. 267. 272.
Revêtement en décharge. — 65.
Rimpler. — 256.
Rondelles. — 253.
Routes. — 225.
Rue de rempart. — 212.
Rues et places des forteresses. — 223.

S

Sapes. — 264.
Scholl (de). — 290.
Sébastopol. — 306.
Seconds flancs. — 254.
Siége. — 10. 13. 188.
Sorties. — 13. 283.
Spechle. — 256.
Surprise. — 6.
Système d'Arad. — 276.
— de cordon. — 272.
— de fortifications. — 100.
— de mines. — 140. 148. 183. 219.

Système de Vauban. — 264.

T

Tablette. — 66.
Talus extérieur. — 31.
— intérieur. — 32.
— de rempart. — 32.
Télégraphes. — 226.
Tenaille. — 251. 252. 266.
Terrasses. — 251.
Terre-plein. — 32.
Terre-plein bas. — 32.
Testudos. — 250.
Têtes de pont. — 20. 153. 230. 249. 288.
Tir à ricochet. — 260.
Torpilles. — 163.
Torpilles automatiques. — 164.
— électriques. — 164.
— mixtes. — 165.
— offensives. — 167.
Tortues. — 250.
Tourelles. — 160. 168. 212.
Tours. — 248. 251. 252.
Tours maximiliennes. — 294.
Tracé. — 33. 210.
Tracé bastionné. — 91. 112.
— polygonal. — 104.
— tenaillé. — 110.
Traditors. — 212.
Tranchées-abris. — 56.
Traverses. — 42. 119. 160.

V

Valeur de la fortification. — 8.
Vauban. — 259.
Vienne. — 275.
Vivres. — 12.
Voûtes en décharge. — 65.

Z

Zones de servitude. — 221.

Paris. — Imprimerie de J. DUMAINE, rue Christine, 2.

www.ingramcontent.com/pod-product-compliance
Lightning Source LLC
Chambersburg PA
CBHW070623160426
43194CB00009B/1355